国家社会科学基金西部项目"新型牧区畜牧业经营主体构建与草原畜牧业现代化研究"（项目批准号：15XMZ094）

内蒙古畜牧业经济研究基地、内蒙古农村牧区发展研究所资助出版

新型经营主体与草原畜牧业现代化

杜富林　著

中国财经出版传媒集团

经济科学出版社

Economic Science Press

图书在版编目（CIP）数据

新型经营主体与草原畜牧业现代化/杜富林著．－－
北京：经济科学出版社，2021.10
ISBN 978 - 7 - 5218 - 2983 - 9

Ⅰ.①新…　Ⅱ.①杜…　Ⅲ.①草原 - 畜牧业经济 - 经
营管理 - 研究 - 中国②草原 - 畜牧业 - 现代化 - 研究 - 中
国　Ⅳ.①F326.3

中国版本图书馆 CIP 数据核字（2021）第 212017 号

策划编辑：李　雪
责任编辑：高　波
责任校对：王肖楠
责任印制：王世伟

新型经营主体与草原畜牧业现代化

杜富林　著

经济科学出版社出版、发行　新华书店经销
社址：北京市海淀区阜成路甲 28 号　邮编：100142
总编部电话：010 - 88191217　发行部电话：010 - 88191522
网址：www. esp. com. cn
电子邮箱：esp@ esp. com. cn
天猫网店：经济科学出版社旗舰店
网址：http：//jjkxcbs. tmall. com
北京季蜂印刷有限公司印装
710 × 1000　16 开　19.25 印张　275000 字
2021 年 11 月第 1 版　2021 年 11 月第 1 次印刷
ISBN 978 - 7 - 5218 - 2983 - 9　定价：76.00 元
（图书出现印装问题，本社负责调换。电话：010 - 88191510）
（版权所有　侵权必究　打击盗版　举报热线：010 - 88191661
QQ：2242791300　营销中心电话：010 - 88191537
电子邮箱：dbts@ esp. com. cn）

序　一

《新型经营主体与草原畜牧业现代化》一书是作者经过多年对我国草原牧区调查、理论研讨和思维升华而形成的成果。其研究方向和基本思路清晰，按照习近平新时代中国特色社会主义思想和中央提出的《关于坚持农业农村优先发展做好"三农"工作的若干意见》《中共中央国务院关于全面推进乡村振兴加快农业农村现代化的意见》等中央文件的指导精神，紧紧围绕内蒙古自治区坚定不移走以生态优先、绿色发展为导向的高质量发展道路，进行扎实研究、锐意进取。毋庸置疑，在筑牢我国北方重要生态和祖国北疆社会稳定屏障方面，在推动能源和战略资源基地绿色低碳转型和促进农畜产品生产基地优质高效转型方面，在提升向北开放重要桥头堡建设水平的战略定位方面，都是我们理论和实际工作者义不容辞的责任。

草原畜牧业是牧区经济发展的基础和保障，实现草原畜牧业又好又快发展，直接关系着我国牧区和畜牧业现代化以及生态文明建设。在习近平总书记指出的从全面建成小康社会到基本实现现代化，再到全面建成社会主义现代化强国的新时代"两步走"战略背景下[①]，如

---

① 新华社. 习近平指出既要决胜全面建成小康社会，又要开启全面建设社会主义现代化国家新征程［N/OL］.（2017 - 10 - 18）［2021 - 10 - 1］. http：//cpc. people. com. cn/19th/n1/2017/1018/c414305 - 29594395. html.

何构建现代草原畜牧业是实现乡村振兴战略目标的关键，也是推进畜牧业转型升级和巩固拓展脱贫攻坚成果的强力支撑，更是小牧户与现代畜牧业有机衔接的基础。

党的十八大明确提出，要坚持和完善农村基本经营制度，依法维护农民土地承包经营权、宅基地使用权、集体收益分配权，壮大集体经济实力，发展农民专业合作和股份合作，培育新型经营主体，发展多种形式规模经营，构建集约化、专业化、组织化、社会化相结合的新型农业经营体系。草原畜牧业的发展应结合牧区改革发展实践，大胆探索、勇于开拓，以新的理念和思路破解草原牧区发展难题，为推动党的理论创新、实践创新提供不竭源泉。作者注重于研究内蒙古牧区的实际问题，多年来一直从事与草原畜牧业经济发展相关的研究，坚持知行合一，调研足迹遍布内蒙古自治区内外草原牧区，深入了解草原牧区实际，力求解决实践中存在的问题，并提供理论支撑，凸显了本书解决问题的针对性和可操作性。

作者试图运用马克思主义的立场、观点和方法观察、分析新阶段草原畜牧业的实际问题，探索草原畜牧业现代化的基本内涵，从事物发展的客观规律中找出清晰的答案。在探索解决草原畜牧业现代化发展的过程中，必然会遇到一些问题，例如，在如今生态文明建设被提高到一个新的战略高度的背景下，既要保护环境，又要发展经济；既要对牧民进行补贴，又要让他们不成为等靠要的群体；既要保存游牧经济的合理内核，又要与现代化相结合等。本书结合草原牧区实际情况，颇有见地地提出了符合草原牧区特征的草原畜牧业现代化发展路径：即由生产资料"传统型"向"传统与现代融合型"发展；由劳动力"传统经验型"向"现代知识型"发展；由经营组织"个体单一型"向"联户合作型"发展；由草地利用"无控制型"向"控制型"发展；由产业功能"单纯产品生产型"向"多功能型"发展；由畜产品流通"单一型"向"多元型"发展。相信这些研究成果对内蒙古自治区牧业经济的深化改革会有一定的参考作用。

我真诚地希望学者们能真正以马克思主义的立场、观点、方法研究我国草原畜牧业的实际问题，以获得更多更好的富有影响力的成果，为我国牧区产业振兴做出更大的贡献！

李主其

原国家科教领导小组办公室专职副主任

原国务院办公厅秘书局局长

原国家自然科学基金常务副主任

内蒙古农业大学教授

2021 年 10 月

序　二

党的十九大明确提出，要构建现代农业产业体系、生产体系、经营体系，完善农业支持保护制度，发展多种形式适度规模经营，培育新型农业经营主体，健全农业社会化服务体系，实现小农户和现代农业发展有机衔接，加快推进农业农村现代化。党的十九届五中全会提出，优先发展农业农村，全面推进乡村振兴。坚持把解决好"三农"问题作为全党工作的重中之重，走中国特色社会主义乡村振兴道路，全面实施乡村振兴战略，强化以工补农、以城带乡，推动形成工农互促、城乡互补、协调发展、共同繁荣的新型工农城乡关系，加快农业农村现代化。近年来，中央一号文件一直强调建设新型农业经营主体。2018 年的中央一号文件明确指出，要加大对新型农业经营主体支持力度，实施新型农业经营主体培育工程，注重发挥新型农业经营主体带动作用；2019 年的中央一号文件强调，要突出抓好家庭农场和农民合作社两类新型农业经营主体，启动家庭农场培育计划，开展农民合作社规范提升行动，深入推进示范合作社建设，建立健全支持家庭农场、农民合作社发展的政策体系和管理制度，落实扶持小农户和现代农业发展有机衔接的政策，完善"农户＋合作社""农户＋公司"利益联结机制；2020 年的中央一号文件进一步强调，要重点培育家庭农场、农民合作社等新型农业经营主体，培育农业产业化联合体，通过订单农业、入股分红、托管服务等方式，将小农户融入农业产业链；2021

年的中央一号文件指出，把农业现代化示范区作为推进农业现代化的重要抓手，围绕提高农业产业体系、生产体系、经营体系现代化水平，加快健全现代农业全产业链标准体系，推动新型农业经营主体按标生产，培育农业龙头企业标准"领跑者"。

《2019 中国新型农业经营主体发展分析报告》中明确指出，"新型农业经营主体是推进农业农村现代化和乡村振兴的有生力量，推动新型经营主体高质量发展，对培育农业农村发展新动能，充分释放各类资源要素活力具有积极作用。"

草原畜牧业作为我国农业的重要组成部分，是牧区经济发展的基础和保障。实现草原畜牧业高质量发展，直接关系着我国牧区和畜牧业现代化，以及生态文明建设。在实施乡村振兴战略背景下，如何构建现代草原畜牧业是全面实现农业农村现代化总目标不可或缺的重要驱动力，也是推进传统草原畜牧业向生产专业化、规模化、标准化、集约化现代草原畜牧业转型升级和巩固拓展脱贫攻坚成果的强力支撑，更是小牧户与现代畜牧业有机衔接的基础。

《新型经营主体与草原畜牧业现代化》一书是以生态优先、绿色发展为导向的高质量发展的思路开展研究的。基于新型经营主体的草原畜牧业现代化的路径研究不仅对缩小地区发展差距、加快牧区经济发展、实现乡村振兴战略总目标具有重要作用，而且对于实现草原生态与经济协调发展、巩固拓展脱贫攻坚成果同牧区振兴有机衔接，具有重要战略意义。

本书在草地产权"三权分置"制度背景下，从新阶段牧区草原畜牧业面临的困境出发，详细阐述了构建新型经营主体的必要性、重要性和紧迫性，提出草原畜牧业发展的最终目标，即要抓住机遇大力培育新型草原畜牧业经营主体，打造集约化、专业化、组织化、社会化相结合的新型畜牧业经营体系，实现草原畜牧业现代化。系统阐述了新型经营主体形成的制度背景、政策影响、经济机制、社会机制、文化机制、环境机制。从组织管理机制、劳动分工机制、资源配置机制、利益分配机制、风险管理机制之间及其内部的合作机理对新型经营主体运行机制进行了深入分析。

主要成果表现如下：一是新型经营主体利益分配机制。明确指出在不同发展阶段新型经营主体利益分配的具体机制，如在初期阶段，新型经营主体的内部成员很少能实现利益分配；在成长到成熟的中期阶段时，能较大程度上实现经营主体与内部成员的双赢；在末期阶段可能重新回到初期阶段的利益分配方式，也可能与其他新型经营主体合作实现共赢。二是草原畜牧业现代化的新动能。从生产管理智能化、产品营销网络化、社会服务平台化及科技投入多元化视角分析新型经营主体是草原畜牧业现代化新动能的理论逻辑，强调了加快科技创新驱动畜牧业高质量发展、引领传统草原畜牧业转型升级、推进现代草原畜牧业发展思路的紧迫性。三是草原畜牧业现代化发展路径。即由生产资料"传统型"向"传统与现代结合型"发展；由劳动力"传统经验型"向"现代知识型"发展；由经营组织"个体单一型"向"联户合作型"发展；由草地利用"无控制型"向"控制型"发展；由产业功能"单纯产品生产型"向"多功能型"发展；由畜产品流通"单一型"向"多元型"发展等路径。四是传统与现代草原畜牧业的有机融合。要实现草原畜牧业的可持续发展，应当将传统草原畜牧业与现代草原畜牧业进行有机融合，逐渐形成游牧、轮牧等生产方式的现代化，也就是将游牧、轮牧的思想理念与现代科学技术进行有效的互补与衔接，最大化的发挥现代草原畜牧业为经济、社会、生态、文化带来的溢出效益。五是经营主体生产效率。揭示了普通牧户、合作社牧户、家庭牧场、合作社＋家庭牧场的生产效率依次递增的规律。强调走合作化道路是提高生产效率的有效途径，并明确了以家庭牧场为主体组建合作社是新型经营主体的发展方向。六是草原畜牧业现代化的建设方向。把草原畜牧业现代化建设方向定位为以城镇化程度高的城市作为中心，向周围输出具有绝对优势的资源要素与吸纳周边具有相对优势的生产要素相融合，辐射带动周边草原牧区，以此实现整体地域的草原畜牧业的均衡发展。总之，上述成果在一定程度上较好地体现了其学术价值和实践应用价值，并将会产生较好的社会影响，为牧区建设带来一定的经济、社会和生态效益。

相信本书将为新型牧区经营主体构建、草原畜牧业现代化研究提供重要参考。诚然，草原牧区的特殊性、草原生态的复杂性、草原畜牧业的可持续性都会对该领域的研究成果产生影响。只有得到更多人的关心、支持和参与讨论，草原牧区现代化才会得以顺利推进。

杭栓柱

内蒙古自治区政府参事

内蒙古大学创业学院战略与规划研究中心主任

原内蒙古自治区社会科学界联合会主席

2021 年 10 月

前　　言

　　本书是 2015 年国家社会科学基金西部项目"新型牧区畜牧业经营主体构建与草原畜牧业现代化研究"（项目批准号：15XMZ094）的最终成果，且该课题已于 2020 年 5 月通过了专家组鉴定。另外，项目的部分阶段性成果已在《中央民族大学学报（哲学社会科学版）》《科学管理研究》等重要学术期刊公开发表。本书集成了这些公开发布和尚未公开发布的研究成果，吸纳了专家组在项目结题鉴定会上提出的修改意见。

　　本书旨在全面、客观、准确和精练地探究新型经营主体与草原畜牧业现代化的关系，从整体上阐述新时代牧区草原畜牧业面临的困境及构建新型经营主体的必要性、重要性和紧迫性，从而深入分析如何在构建新型经营主体的基础上促进草原畜牧业现代化实现这一最终目标。一方面，充分利用理论分析、实证检验及案例研究来说明新型经营主体的形成机制、运行机制、生产效率和草原畜牧业现代化的实现程度，并明确辨析了新型经营主体与草原畜牧业现代化之间的关系；另一方面，为有兴趣做新型经营主体、草原畜牧业现代化等的学习者提供必要的方法论知识背景及理论基础。

　　本书与同类其他书籍相比，具有如下特点：第一，本书从形成机制（制度政策、经济、社会、文化、环境）和运行机制（组织管理、劳动分工、资源配置、利益分配、风险管理）两方面、多维度对新型经营主体进行全方位阐述。第二，以往文献中对于单一类型新型经营主体生产效率的研究较多，但鲜有文献将不同新型经营主体之间的生产效率进行对比分析。因此，本书将普通牧户、家庭牧场、合作社牧户、"合作社＋家庭牧场"这四者的生产效率进行了较为详细的对比分析。第三，考虑到学术界和政策制定部门对新型经营主体、草原畜牧业现代化等相关内容分别进行过大量的研究，而鉴于新型畜牧业经营主体的构建与草原畜牧业现代化的实现是相互影响、相互协调、相辅相成的，因此，本书基于新型经营主体和草原畜牧业现代化之间辩证关系的视角，把新型经营主体与草原畜牧业现代化的关系进行了更深入的挖掘与探讨，并填补了该领域的空白。第四，通过梳理新型经营主体是草原畜牧业现代化的载体的理论逻辑，提出基于新型经营主体的草原畜牧业现代化发展模式，并特别指出草原牧区选择何种路径不是一成不变的，而是根据自身特点，在因地制宜的基础上，合理、科学地选择相应的发展路径。第五，本书表达了实现草原畜牧业现代化需要将传统草原畜牧业与现代草原畜牧业进行有机融合的重要观点，即在游牧、轮牧的思想理念与现代科学技术有效衔接的基础上，充分发挥现代草原畜牧业为经济、社会、生态、文化带来的高效益。

本书以内蒙古自治区草原牧区为研究区域，以牧区草原畜牧业面临的困境为切入点，集成了新型经营主体和草原畜牧业现代化所涉及的众多方面的问题。在当前经济稳步、多元发展的趋势下，对于培育新型牧区畜牧业经营主体与构建草原畜牧业现代化体系的研究至关重要，对于促进农牧业现代化的快速实现具有重要的推进作用与现实意义。

杜富林

2021 年 9 月

目　　录

第一章

导　论

研究背景

一、牧区草原畜牧业面临的困境

草原畜牧业既是牧区经济的主体，也是我国畜产品的重要来源，还是牧民的主要生计之基。它是以草原生态为依托，以放牧饲养为手段，取得畜产品的基础、优势产业。特别是从 20 世纪 80 年代开始实施家庭承包制以来，牧民草场管理意识逐渐提高，生产积极性得到最大限度的调动。例如，承包草场面积小、饲养牲畜头数少且有扩大生产经营规模意愿的牧户，通过草场流转的方式增加自家经营性收入。特别是对草地产权制度的进一步改革，即所有权归集体、承包权归牧户、经营权归市场的"三权分置"，这一系列举措都有利于促进草场流转、推动分散小牧户形成规模经营。于是，大量的新型草原畜牧业经营主体不断涌现，畜产品产量大幅度增加，畜产品质量显著提升，牧区畜牧业经济得到快速增长。但是，草原畜牧业仍然面临着体制机制、草原生态、气候变化、经营管理、人才科技、组织化、规模化、标准化、品牌化，以及保障体系等诸多困境。

（一）家庭承包经营体制困境

草原牧区多为干旱、半干旱地区，生态环境十分脆弱，不宜超负荷利用，因此，一直以来以"逐水草而居"的传统游牧为主要生产方式。家庭承包制的实施草场被分割，导致过度碎片化，打破已有草地利用格局，加速了传统游牧业的终结。家庭承包制极大地调动了牧民的生产积极性，牧民为了追求更多的收益，便在自己承包的草场上饲养更多的牲畜，普遍出现超载过牧现象，导致草场退化、沙化。

家庭承包制实施后，由于草地产权不明晰，导致边界不清，引发牧户之间，以及嘎查①之间的矛盾，甚至由此而引发严重的民事纠纷或刑事案件。除此之外，人们的合作意识不强、合作能力较弱，不利于规模经营与草原畜牧业现代化的实现。加之非牧户组织、个人侵占牧民草场、非正规开发利用等情况尚未彻底根除，极大地损害了牧民权益。

（二）草原生态环境退化困境

草牧场的严重退化已然成为草原畜牧业发展过程中面临的最大困境。一方面，家庭承包制实施后，草地利用格局和方式被彻底改变，随着牧户饲养牲畜数量的增加，超载过牧加重，导致草地退化、沙化。另一方面，由于人口基数不断扩张，乱垦、乱采、乱挖等违法乱纪活动屡禁不止，促使草地退化加快。另外，由于气候变化，如干旱、洪涝、冰雹、寒流、暴雪、大风等极端气候频发，特别是连年干旱、旱灾加速了草地退化、沙化。

目前，内蒙古退化草地面积 3867 万公顷，比 10 年前增加了 22 个百分点，其中，严重退化的占 20% 左右。从不同草地类型地区草地退化情况来看，呼伦贝尔草原草地退化面积超过了 20%、锡林郭勒草原草地退化

---

① 嘎查：蒙古语，意为行政村。

面积超过了 40%、鄂尔多斯草原草地退化面积甚至接近于 70%。每公顷草地生产量由 20 世纪 50 年代初期的 1920 千克下降至 60 年代的 1875 千克，从 70 年代的 1275 千克到 90 年代末的 795 千克，减少近 60%。进入 21 世纪，国家开始实施"退耕还林还草""退牧还草""京津风沙源治理工程""草原生态补奖"等一系列政策和制度，因此，2000～2010 年内蒙古草地生产力基本维持在 20 世纪 90 年代的水平，2011 年之后，整体上有所好转，但其主要决定因素仍是自然气候条件①。

沙漠化是世界上普遍存在的环境问题之一。内蒙古自治区土地沙漠化面积 7436 万公顷，相当于全区 65% 左右的土地面积全部都是土地沙漠，其中，草原牧区沙化面积接近于 5667 万公顷，并且以较快的速度不断蔓延。长此以往，对于草地资源环境的绿色发展极其不利②。

总之，由于草地长时间得不到休养生息，不仅草原群体性、整体性、多样性等特征明显减弱，而且人类、草原和家畜协同进化成千上万年所形成耦合的草原生态系统越来越脆弱。

（三）自然气候变化影响困境

草原对全球生态系统的稳定和安全起着举足轻重的作用。特别是对土壤沙漠化、水土流失等生态环境的调节和生物多样性的保护都具有不可替代的作用。但是，随着气温上升，降水减少或时空分布失常，旱灾、雪灾、冻灾、寒流等极端气候现象增多，加之不利于生态环境的人类活动，使草原生态环境不断恶化。另外，气候变化也对草原畜牧业、草原牧区和广大牧民的可持续发展带来了较大程度的不利影响。

干旱是对草原畜牧业影响最严重和最广泛的气候事件。在过去一个世纪以来，全球 49% 的草原牧场中，降水量年际变化越来越明显，不仅影响着植物生长，而且也限制了畜牧业发展。随着我国草原牧区基础设施建

---

①②　杜富林. 内蒙古草原畜牧业超载过牧现状分析及对策——以西乌珠穆沁旗为例［J］. 内蒙古农业大学学报（社会科学版），2008（4）：82 - 83.

设，如棚圈设施的完善，以及清雪设备、取暖保温技术等的推广应用，牧民应对雪灾、冻灾和寒流等极端气候的能力有了较大提升，适应能力也在逐渐增强。然而由于河流、湖泊、泉眼干枯，地下水位大幅下降而造成水资源短缺，并且也无法走敖特尔①的情况下，如何才能有效应对干旱、旱灾将成为草原牧区广泛关注的焦点。牧民为了降低损失、适应极端气候变化，虽然可以通过打井引水缓解当期困难，但因水资源开发成本过高，也将影响牧民生计。可见，为保障草原畜牧业、草原牧区、草原牧民实现健康持续发展和全面现代化，从当地政府到牧民都应提高对气候变化的规律和特征的认知程度，从而提升气候变化特别是极端气候事件的适应能力。

（四）经营管理能力薄弱困境

首先，牧区的教育资源短缺、分布不均，无论是全日制教育还是职业教育均存在布局不够合理、教育水平不高、教育手段单一等问题。其次，一方面，牧民受教育程度较低，市场意识、商品意识、科技意识、经营意识、管理意识不强；另一方面，牧民由于自身缺乏专业技能的培训，一些先进的科技难以及时投入畜牧业生产经营中，这将直接影响牧区劳动力的整体素质，从而在一定程度上阻碍草原畜牧业的可持续发展。最后，接受过良好教育的部分青年宁愿进城打工或者另寻他径，也不愿再回到牧区从事畜牧业经营。如果牧区草原生态环境仍然得不到改善，那么继续从事草原畜牧业生产经营将面临更大的挑战。即便部分有才华、有技能、有情怀、善于接受新生事物且能抓住机遇的年轻牧民已经投身于畜牧业的生产主力中，但他们并不足以引领和带动草原畜牧业生产经营的现代化。

---

① 蒙古语，又叫走场，生产经营者可根据不同季节把草场划分为春营地、夏营地、秋营地和冬营地，敖特尔多指离开定居点前往夏、秋营地进行放牧、挤奶、出售活畜及畜产品等生产经营活动。

（五）组织化、规模化滞后困境

由于人们的利己惯性思维严重，合作意识不强，组建真正意义上行之有效，并长期稳定的牧民合作经济组织非常困难。现如今，虽然牧民专业合作社不断增多，组织化程度有所提高，但多数合作社是有壳无核的"休眠体"或者"僵尸体"，合而不做，实际上早已名存实亡。相较于分散的牧户而言，联户经营既能够有效地整合草场资源、合理规划、有效提高草场利用率与产出率，又能够及时地克服劳动力短缺的问题，但是针对自然风险、疫病风险与市场风险等方面发挥的效果微乎其微。然而从整体来看，草原畜牧业生产经营的主体仍然以单户经营为主。这种小生产、分散决策的局面势必会遭受大自然和大市场的不利影响。笔者通过调研发现，牧民之间的草牧场流转仍具有很大的随意性和自发性，且流转率偏低，并以亲朋好友之间的内部流转为主；多商定口头协议，以短期流转为主。即使签订了流转合同，也不规范。而且存在草牧场流转信息平台应用不足现象，草牧场流转双方缺少及时有效的信息沟通，造成草牧场流转不畅，无法达到最大化发挥规模效应的目的。只有有效地将分散牧户组织起来，实行高度组织化与类企业化的管理，才能够在大幅度压缩生产成本的同时提高生产效率，既提高了牧户对于畜产品的议价能力，还能够有效提升牧户抵御市场风险的能力，从而最大限度地增加牧户利润。

（六）标准化品牌化滞后困境

众所周知，内蒙古自治区奶业高举大草原旗帜，成功培育了"伊利""蒙牛"等国际知名品牌，虽然现在也有不少肉牛、肉羊品牌，如乌珠穆沁肉羊、苏尼特肉羊等，但其市场占有率依旧较低，没有将草原畜牧业的绿色优势充分发挥出来，缺乏竞争优势。在畜产品供应链中，一方面，企业生产加工规模小，高端牛羊肉产品比重低，同质化现象严重，差异化消费需求没有体现；另一方面，品牌扶植滞后、知名度不高、市场影响力不强，优质不优价，附加值不高，严重影响畜牧业产出效益，从而制约了牧民增收，阻碍草原畜牧业转型升级。

（七）科技支撑体系薄弱困境

科技成果转化的覆盖面、受益面与畜牧业经营主体自身的经营能力与政府的推进效果均有关联。由于技术从研发到推广普及中间的环节较多、周期较长，再加上针对基层畜牧业领域的技术推广经费有限等因素，造成了多数最新的科技成果很难被应用于实际生产活动之中。此外，我国有关于人工授精与胚胎移植等方面的专业技术人员较稀缺，这也造成了牲畜品种改良这一工作尚未得到全面、系统落实。在饲草料方面，主要面临牧草良种繁育体系薄弱、优质牧草种植技术、收获技术、贮藏技术缺乏，蛋白饲料、能量饲料等严重短缺问题。当前，兽医管理体制不健全，防疫基础设施条件较差，动物防疫测报体系不健全，防控技术措施相对落后。虽然我国已经在动物疫病防控监管体系、牧区基础设施建设方面有所加强，但整体而言，我国畜牧业生产方式较为落后，经营方式较为粗放，检疫行为不够规范，动物疫病防控总体形势依旧不容乐观。我国肉羊屠宰加工业中存在机械化程度低、技术成果转化率不高、产品种类单一、资源利用率低、企业规模小、经济效益偏低、缺少知名品牌、质量监督体系不够完善等问题，缺乏有力的科技支撑体系。畜产品精深加工技术薄弱，如在副产品深加工方面，由于技术限制，资源往往得不到充分利用。

（八）保障体系发展滞后困境

当前，我国主要针对自然险与疫病险出台了一些政策性保险，且只是在某些地区开展试点工作，大多数地区并没有普及。加之保险公司保费高、赔偿金额小、定损理赔手续过于烦琐、道德风险防范难、畜牧兽医部门与保险公司缺乏配合，且缺乏专业的人才来精确厘定各地区的保险费率，这一系列的现实因素对于畜牧业的稳定发展几乎没有产生什么显著的促进作用。不稳定的畜产品价格既不利于国民经济与畜牧行业的平稳发展，又不利于社会稳定。针对这一现象，我国畜牧业急需相应的险种来维护行业发展的稳定性与长久性。畜牧业作为一个特殊的产业，与牧区人民的利益息息相关，畜产品收入是牧民收入的主要来源，收入多少直接影响牧民的生计情况。当前，牧民在产销技术上尚不成熟，因而成本高、效益低，但关于畜产品保护价的保障体系尚不完善，频繁波动的市场价格严重影响牧民的生产积极性，不利于畜牧业产业的长久发展。物资是进行畜牧业生产经营的基础，但当前畜牧业经营主体面临饲草料、资金缺乏等难题。当发生旱灾、雪灾等自然灾害时，由于饲草料有限，往往会增加牧民的损失。畜牧业生产经营投入大、耗时长，但牧民贷款难，在资金上很难得到及时的支持。

二、构建新型经营主体的必要性、重要性和紧迫性

（一）必要性

当前，草原牧区发展正面临常住人口减少、劳动力老龄化、草场退化沙化、债务普遍化、增收乏力等诸多挑战。同时，与农业一样又面对"双高"（高成本、高风险）的新形势（陈晓华，2012），因而如何进一步突破制约草原畜牧业经营的各种瓶颈障碍，有效解决未来"草原由谁来管理""畜牧业由谁来经营""草原生态由谁来保护""文化由谁来传承发展"等一系列问题，已经成为亟待研究和解决的重大课题。党的十八大报告强调，我国走"四化同步"道路的难点是农业现代化。而广大牧区与农村和其他地区相比，无论是生产特点还是生活方式乃至自然环境、社会文化都具有较大的差异性和特殊性。作为牧区特色优势产业的草原畜牧业，其现代化发展水平直接影响着我国农业现代化进程。那么，这里需要回答的问题是由谁来完成如此重要的历史使命？也就是说，谁是实现

草原畜牧业现代化的主体？这对加快构建新型经营主体提出了更加紧迫的要求。

2013 年中央一号文件和党的十八大报告指出："培育新型经营主体，发展多种形式规模经营，构建集约化、专业化、组织化、社会化相结合的新型农业经营体系"。党的十八届三中全会提出《中共中央关于全面深化改革若干重大问题的决定》（以下简称《决定》），在该《决定》中政府倡导创新农业经营方式，鼓励农牧民积极尝试家庭经营、合作经营与企业经营等多种模式，构建新型经营体系，深化改革农业发展方式。解决上述诸多困境和问题，即牧业、牧区和牧民"三牧"问题，必须先要构建新型经营主体，这是草原畜牧业生产经营实现规模化、标准化、集约化、科技化和社会化的主体，也是推动草原畜牧业现代化建设的基础和核心。因此，构建以"家庭牧场、合作社与龙头企业"为主的新型经营主体是未来农牧业发展的必然趋势，要充分利用现代科技，有效配置资源，使生产关系适应生产力，进而推进生产力的发展，为草原畜牧业现代化建设提供新动能，加快现代草原畜牧业的建设步伐。

（二）重要性

构建新型经营主体是新时代实施乡村振兴战略的根本要求，也是促使我国早日快速实现草原畜牧业现代化的重要举措。对于加快现代草原畜牧业的建设，增强草原牧区经济发展活力具有极其重要的现实意义。

首先，加快新型经营主体的构建是实现乡村（牧区）振兴战略目标的根本要求。乡村（牧区）振兴战略目标就是实现农村牧区现代化，就是要解决"未来草原畜牧业由谁来经营"的问题。因此，加快培育新型职业牧民，让他们担负起新型经营主体组织者、经营者和管理者的重任，推进畜牧业经营体制机制创新，加快实现草原畜牧业乃至牧区现代化。

其次，促进新型经营主体的形成也是适应畜牧业生产方式快速转变的必要前提。新型经营主体通过组织化、规模化、标准化、品牌化经营，实现一二三产业融合，延长产业链和价值链，最终获得更多的效益，是扩大市场规模，提高市场占有率，提升市场竞争力的结果，也是牧民收入增加、集体经济壮大、草原生态保护和文化传承发展的有效途径，更是达到草原牧区产业兴旺、生活富裕、生态宜居、乡风文明、治理有效目的的新动能。

最后，加快构建新型经营主体是适应现阶段草原畜牧业生产成本高、极端气候风险、疫病风险和市场风险的重要力量。新型经营主体能够克服或解决小牧户或散户经营户无法适应或应对的问题和风险。

（三）紧迫性

构建新型经营主体是让广大牧民尽早摆脱举债经营的困境、巩固脱贫攻坚成果与乡村（牧区）振兴有机衔接、实现牧区现代化的重要新动能。

三、草原畜牧业发展的最终目标

现阶段，草原畜牧业正处于由传统草原畜牧业向现代草原畜牧业转型升级的关键时期。草原畜牧业发展本身是由现代科技成果武装，即与现代科技要素有机结合融为一体的过程，也就是现代化的过程，这个过程的终点就是形成现代草原畜牧。然而，发达国家于 20 世纪 60～70 年代就已完成了这一目标。党的十五大报告中提出"两个一百年"奋斗目标，其中，指出到新中国成立一百年时，我国要基本实现现代化。因此，草原畜牧业现代化也不容滞后，必须跟随中国特色社会主义现代化的步伐，二者要保持进程一致。因此，要抓住机遇大力培育新型经营主体，竭力打造新型畜牧业经营体系，实现草原畜牧业现代化。

第二节

目的和意义

一、目的

具体目的涉及如下三个方面：

一是整体把握牧区草原畜牧业经营主体现状，并在此基础上探讨如何构建新型草原畜牧业经营主体及其典型模式。

二是明确新型经营主体与草原畜牧业现代化之间的辩证关系，即新型经营主体是草原畜牧业现代化的基础和主体，又是新动能和载体，而草原畜牧业现代化水平直接影响新型经营主体的形成及其提升发展。

三是充分体现草原畜牧业现代化实现程度及其最终实现路径。

二、意义

新型畜牧业经营主体的构建与草原畜牧业现代化的实现是相互影响、相互协调、相辅相成的。新型牧区畜牧业经营主体的构建对草原畜牧业现代化具有积极的推动作用，而草原畜牧业现代化的发展同样也会对新型畜牧业经营主体的构建和形成产生促进作用。培育新型经营主体是转变经营模式、提升生产效率的重要措施，同时也是完善现代畜牧业生产模式的先决条件，提升畜牧业现代化水平的必然要求。在当前经济稳步发展、多元发展的趋势之下，对于培育新型牧区畜牧业经营主体与构建草原畜牧业现代化体系的研究至关重要，对于促进农牧业现代化的快速实现具有重要的推进作用与现实意义。

2007 年，中央一号文件《中共中央国务院关于积极发展现代农业扎实推进社会主义新农村建设的若干意见》颁布以来，人们对现代畜牧业建设开始空前关注。学术界关于现代草原畜牧业的研究应运而生，很多学者都积极探讨现代草原畜牧业的建设措施与建议，这对于提升牧区经济，推动传统草原畜牧业向现代草原畜牧业的转型升级都具有重大的现实意义和深远的历史意义。面对草原畜牧业的转型升级，要从全局出发，充分认识传统草原畜牧业发展中面临的诸多问题。目前，学术界关于该领域的研究主要集中在现代畜牧业的内涵、特征、转型升级路径及发展模式选择等方面，要在牧区实现现代草原畜牧业的发展模式，必须要构建一套科学合理的指标体系，对现阶段牧区的草原畜牧业发展水平与进程进行定量测评。

首先，草原畜牧业现代化是实现农业现代化不可忽视的一个重要组成部分，也是推动我国"新四化"同步发展不可或缺的力量。其次，推进草原畜牧业现代化建设，符合国内外畜牧业发展的普遍规律，也是草原畜牧业行业经济发展的必然动向，又是提升牧民利润空间的有效措施，更是提高畜牧业综合生产效率的必要措施。最后，草原畜牧业现代化是牧区振兴的产业基础，是实施乡村振兴战略对牧区工作的必然要求，也是认真贯彻落实《国务院关于促进牧区社会经济又好又快发展的若干意见》的具体体现。

构建新型草原畜牧业经营主体，以及推进草原畜牧业现代化不仅有利于牧区经济社会的快速发展，而且对于牧区草原生态环境的恢复与改善具有重要的现实意义与社会价值，更有利于切实解决牧区人民的生存困境、提升牧民生活质量、生活满意度与幸福指数。

第三节

研究内容、研究方法及技术路线

一、研究内容

本书以内蒙古自治区草原牧区为研究区域，以牧区草原畜牧业面临的困境为切入点，详细阐述构建新型经营主体的必要性、重要性和紧迫性，提出草原畜牧业发展的最终目标。在理论基础之上，通过对新型牧区草原畜牧业经营形成机制、运行机制、发展现状及生产效率的探讨，引出新型经营主体与草原畜牧业现代化之间的逻辑、辩证关系，进而深入分析如何在构建新型经营主体的基础上促进草原畜牧业现代化的实现，归纳提炼重要结论和观点，最终提出建设现代草原畜牧业的对策建议。本书的具体内容由以下几个部分构成。

第一章为导论。主要阐述在牧区草原畜牧业面临的困境的背景下，研究基于新型经营主体的草原畜牧业现代化实现路径的目的及意义、研究内容、研究方法，以及技术路线进行了相关介绍。

第二章是对新型牧区草原畜牧业经营主体概述。分类阐述专业大户、家庭牧场、牧民合作社和龙头企业等新型经营主体的类型及其基本特征、性质与主要职能，并基于发展现状分析，指出其现存的问题。

第三章是新型牧区草原畜牧业经营主体形成机制。从新型经营主体形成的理论基础、制度和政策入手，通过新型牧区草原畜牧业经营主体的经济、社会、文化及环境这四个方面，对其形成机制进行深入分析。

第四章是新型牧区草原畜牧业经营主体运行机制。主要从组织管理、劳动分工、资源配置、利益分配及风险管理五个方面对新型经营主体的运行机制进行阐述。并在此基础上，进一步具体分析各类新型经营主体内部及各主体之间的合作机理。

第五章为新型经营主体的发展现状。在整体分析我国草原畜牧业新型经营主体发展现状的基础上，分别对内蒙古自治区的锡林郭勒盟、呼伦贝尔市、阿拉善盟，以及新疆维吾尔自治区、青海省的新型经营主体的发展现状进行阐述。

第六章是新型经营主体生产效率分析。以锡林郭勒盟调研数据为基础，运用数据包络分析法对锡林郭勒盟不同草地类型地区的家庭牧场的生产效率、牧民合作社的生产效率进行实证分析。在此基础上，对不同畜牧业经营主体的生产效率进行比较分析，即普通牧户、合作社牧户、家庭牧场、合作社＋家庭牧场的生产效率进行对比分析。

第七章是对草原畜牧业现代化的概述。全面、系统地阐述草原畜牧业现代化的概念、基本特征、原则、目标及任务，并结合实地调研数据分析草原畜牧业现代化的发展现状及其存在的问题。

第八章是草原畜牧业现代化指标体系构建与评价。首先，以内蒙古自治区典型草原牧区呼伦贝尔市的新巴尔虎右旗①、锡林浩特市的西乌珠穆沁旗和苏尼特左旗为例，采用层次分析法对内蒙古自治区草原畜牧业现代化的发展水平及趋势进行客观评价。进而运用熵值法对2017年锡林郭勒盟的9个旗（市）的草原畜牧业现代化的发展进程进行测评。

第九章为新型经营主体与草原畜牧业现代化。本章以马克思主义生产力与生产关系理论为指导，在对畜牧业经营主体与科技创新融合发展历程进行全面梳理的基础上，重点讨论了新型经营主体与草原畜牧业现代化之间的辩证关系。

第十章是基于新型经营主体的草原畜牧业现代化的发展路径。本章以生态优先、绿色发展为导向的可持续发展理论为指导，主要通过生产资料、劳动力、经营组织、草地利用、产业功能和畜产品流通这六个方面，实现由"传统"向"现代化"的转型过程，并对草原畜牧业现代化的发展路径进行研究。

第十一章为实现草原畜牧业现代化的保障措施。主要从如何构建新型牧区草原畜牧业经营主体及如何实现草原畜牧业现代化两个角度进行分析探讨。

第十二章为结论与建议。分别从研究目的和意义、主要内容和重要观点、对策建议、学术价值和应用价值，以及社会影响和效益方面进行归纳总结。

---

① "旗"意为县。

二、研究方法

（一）实地调研

实地调研是指调研人员针对研究内容与被调查主体基本情况设计调查问卷，询问被调查者获取一手数据资料的过程。实地调研主要包括访问法、观察法与实验法。访问法是指调研人员通过电话或面对面的方式询问相关信息并记录获取所需资料的过程；观察法是指调研者在现场直接观察某些具体事物或具体活动并记录情况的一种调查方式；实验法是指在某种控制条件之下，对所研究的对象从不同方面因素进行控制，目的是测试不同因素间的差异并得出结论。经长期的实地跟踪调研，已走遍了内蒙古自治区最典型的新巴尔虎左旗、新巴尔虎右旗、西乌珠穆沁旗、东乌珠穆沁旗、锡林浩特市、阿巴嘎旗、正蓝旗、正镶白旗、镶黄旗、苏尼特左旗、苏尼特右旗、阿拉善左旗等纯牧业旗（市），所搜集整理的数据资料为本书奠定了良好的研究基础。

（二）定性方法

1. 文献研究法

本书的研究是在大量的文献阅读基础上进行的，通过对文献内容的阅读与梳理，归纳分析与新型经营主体、草原畜牧业现代化领域已有的研究进展与未来的研究方向，找出本领域的研究空白和问题，试图选取合适新颖的研究方法解决具体问题。本书以内蒙古自治区草原牧区为研究对象，主要以新型牧区草原畜牧业经营主体的形成、运行机制、效益评价及草原畜牧业现代化的发展水平为研究视角，深入分析了新型经营主体对草原畜牧业现代化的影响、加快培育新型经营主体的重要性，总结出促进草原畜牧业现代化的政策建议。

2. 实证分析与规范分析相结合的方法

在内蒙古自治区新型经营主体的效益评价和草原畜牧业现代化指标体

系的构建与评价中采用了实证分析。而对新型经营主体的形成机制、运行机制、发展现状及新型经营主体对草原畜牧业现代化的影响、基于新型经营主体的草原畜牧业现代化的发展路径研究属于规范分析。本书将实证分析与规范分析相结合，保证了研究问题的客观性。

3. 微观分析与宏观分析相结合的方法

对新型牧区草原畜牧业经营主体的形成机制、运行机制和基于新型经营主体的草原畜牧业现代化的案例分析等属于微观经济学的范畴，要运用微观的分析方法。与此同时，对于任何事物的分析均离不开宏观经济背景，因此，要适当地采取宏观分析方法。本书中有关牧区发展新路径的研究紧密结合我国当前的宏观经济建设形势、政策与倡导趋势，以求得到科学完善的结论。

4. 理论联系实际的分析方法

从内蒙古自治区草原畜牧业现代化的实际发展现状出发，对新型牧区草原畜牧业经营主体的发展现状及其对草原畜牧业现代化的影响进行总结，并利用相关理论深入研究分析。以现有的理论为指导，结合我国牧区现代草原畜牧业的发展与建设实践，力求提出有利于草原牧区畜牧业发展的可行路径。

（三）定量方法

1. 数据包络分析法（DEA 模型）

根据对内蒙古自治区锡林郭勒盟的家庭牧场、牧民合作社收入与支出的实地调研数据，运用 DEA 模型测算家庭牧场及牧民合作社的综合技术效率、纯技术效率和规模效率，对其生产效率进行全面分析。

2. 层次分析法（AHP 法）

以内蒙古自治区典型草原牧区呼伦贝尔市的新巴尔虎右旗、锡林浩特市的西乌珠穆沁旗和苏尼特左旗为研究对象，建立评价指标体系，对现代草原畜牧业的发展程度进行量化研究，以此来判断现代草原畜牧业处于何种发展程度。

3. 熵值法

通过构建评价指标体系，利用熵值法对2017年内蒙古自治区锡林郭勒盟锡林浩特市、东乌珠穆沁旗、西乌珠穆沁旗、阿巴嘎旗、苏尼特左旗、苏尼特右旗、镶黄旗、正镶白旗、正蓝旗共8旗1市的草原畜牧业现代化发展水平进行综合评价。

三、技术路线

笔者根据本书的研究内容及研究方法绘制了本书的研究技术路线图，如图1-1所示。

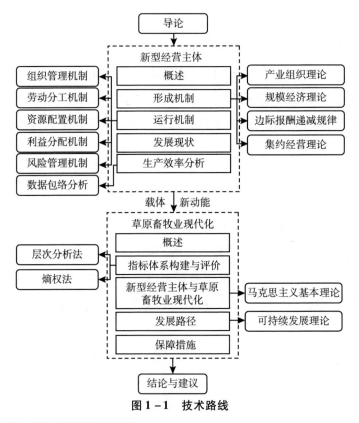

图 1-1　技术路线

资料来源：笔者根据资料整理绘制。

第二章

新型牧区草原畜牧业经营主体概述

第一节
新型经营主体类型与特征

一、类型

新型经营主体已成为诸多学者研究关注的热点和重点。宝力道（2013）用实证分析和规范分析相结合的方法，对内蒙古自治区牧民专业合作社的发展情况进行研究，指出内蒙古自治区牧民专业合作社仍处于初步发展阶段，发展势头良好，但仍存在规模小、内部管理不完善等问题。剧思均（2013）用实证分析和规范分析、案例分析、比较分析的方法对河南省信阳市农民专业合作社的发展现状及其存在问题进行研究。郑丕甲（2015）结合统计数据对河南省农民专业合作社的发展情况进行研究，指出其特色产业发展迅速，但仍存在发展倾向盲目、缺乏资金支持等问题。刘双双（2016）选取河南省农民专业合作社中具有代表性的个案进行实地调研，研究其发展模式、变迁过程、取得的成就，以及存在的问题。张瑞荣（2018）等运用二元 Logit 模型分析了内蒙古自治区牧区影响牧民加入专业合作社的主要因素，并提出相对于农户，牧民更需要加入专业合作社。李生静（2015）对甘肃省临泽县的家庭牧场进行研究，指出其面临着管理方式落后、资金不足、文化素质低等制约因素。张涵（2017）对克什克腾旗的家庭牧场进行研究，利用 SWOT 分析法了解其发展优势与劣势。可以看出，新型经营主体作为一个新生事物，因没有现成的经验可供借鉴，因而在发展中面临着各种各样的问题，所以政府应及时给予帮扶，在资金、人才上大力支持（张照新、赵海，2013；张秀生、单娇，2014）。

以上研究仅根据发展现状提出对应的政策建议，但是并没有具体测算各经营主体的生产效率，不利于不同经营主体之间进行比较分析。易晓峰等（2015）运用随机前沿面超越生产函数对西部地区种植型马铃薯合作社运行技术效率进行测算，指出其技术效率提升潜力较大。杨婷婷等（2016）利用 DEA 方法对甘肃省祁连山处于不同草地所有权下的肃南县和天祝县的家庭牧场生产效率进行对比分析，得出不完全承包到户的草地所有权下，家庭牧场的生产效率高于完全承包到户。陈清明（2014）、吴晨（2016）、朱继东（2017）用 DEA 方法分别对重庆市、广东省、信阳市不同新型农业经营主体的生产效率进行比较分析，但并未对畜牧业经营主体进行分析，而且在分析不同类型新型农业生产经营主体时，没有和普通的农户做比较，不能有效判断出新型经营主体相对于小农户的发展优势。

要通过畜牧业现代化振兴草原牧区，加快构建新型畜牧业经营体系尤为重要。新型畜牧业经营体系对于地方经济的发展特别是畜牧业增长方式转变、牧民收入提高都至关重要。新型畜牧业经营体系是指培育发展新型经营主体，逐渐形成以家庭承包经营为基础，专业大户、家庭牧场、畜牧业合作社、畜牧业龙头企业为支撑，社会化服务主体为辅助的一种新型畜牧业经营体制。新型经营主体是相对于一般牧户而言的，可以弥补普通牧户传统生产方式的生产效率低下、生产成本居高不下、生产规模不经济等缺陷，从而逐渐成为促进传统畜牧业向现代畜牧业转变的主要抓手。新型经营主体不仅包括畜牧业生产流程中的生产经营组织，同时还将为畜牧业生产经营提供高质量服务的经营组织纳入其中。社会化服务主体是指能够满足经营主体生产、销售等需要，为其提供各种服务而形成的组织。对于农村而言，农业社会化服务业是未来农村的支柱产业之一，也是实施乡村振兴战略需要着力培育的重要动能（孔祥智，2018）。而在草原牧区，畜牧业社会化服务体系同样发挥着关键作用。畜牧业社会化服务主体主要包括畜牧业合作经济组织、涉牧企业、高等院校及科研院所等，能够提供基础设施建设、技术推广、资金投入、信息共享、政策咨询、法律援助等各种草原畜牧业产前、产中、产后的多方面、多渠道、多环节全范围、一体化的服务。如畜牧业饲草料供应、疫病防控等技术服务，以及代加工、代销售等服务。

畜牧业社会化服务体系指的是，在客观把握草原牧区经济社会发展的基础上，经由各类经济、经营形式，多方向、多层次地相互配合、联系，且更为精细、到位的系统化服务。服务的主要内容不仅包含了与畜牧业生产环节相关的多项服务，还涵盖了包括提供技术、资金支持、畜群经营管理及畜产品加工营销等在内的各类服务。而服务功能更为全面，涉及从单一项目的服务到全程配套服务。进而通过将多种生产要素集中整合与优化利用，形成具有较高经济效益和社会效益的网络体系，加快促进草原畜牧业生产经营环节的完善，推动草原牧区经济高质量发展。

畜牧业社会化服务体系的两大特征分别是：服务的社会化和组织的系统性。前者表明，畜牧业的再生产过程不仅需要个体生产经营者的参与，还需要其他产业部门的积极配合；后者则指根据畜牧业产业部门服务方式及内容的不同，需要其以畜牧业再生产的各个环节为中心而构筑相应的组织载体，形成有机、统一的组织体系，从而更加高效、科学地实现畜牧业的生产经营。由此不难看出，畜牧业社会化服务体系并非单独、简单的组织系统，而是一个由各类服务组织构成，同时提供多样化服务内容及功能的系统工程。

二、特 征

专业大户、家庭牧场、牧民合作社、畜牧业龙头企业等新型经营主体将草原畜牧业作为长期、终身的生计和发展产业来抓，这与分散经营的小牧户生产行为，以及将畜牧业定位为副业的短期行为有明显区别，稳定性相对较高。其特性主要集中在以下四个方面：一是适度的规模化。一般而言，新型经营主体的经营规模要大于普通牧户，能够在自有劳动力得到充分利用的情况下实现良好的规模经济效益。二是集约化经营。与普通牧户不同，新型经营主体在经营管理上更具现代化理念，机械化程度更高，科学技术的应用更为普遍，在集约利用各类资源禀赋的基础上，仍然能够实现较高的劳动生产率、土地产出率等。三是专业化生产。更为细致的劳动分工和更为专业化的畜牧业生产，能够在充分发挥劳动力资源优势的基础上，使生产效率得以提高。四是市场化程度高。新型经营主体能够根据市场需求状况及时对畜牧业的生产经营活动作出调整，从而实现与市场的有效对接。

(一) 专业大户

国外的专业大户一般大多数是规模化种植的大型农场。其研究主要集中在土地规模经营理论和农业生产经营规模与效率之间的关系两方面。在土地规模经营理论方面，弗朗斯瓦·魁奈 (Francois Quesnay, 1983) 对法国大、小农场的经营模式分别进行了对比分析，研究发现，大农场在生产经营中相对于小农场而言具有比较优势，从而指出法国农业的快速发展可以通过推行大农场经营来实现。在农业生产经营规模与效率之间关系的研究方面，部分学者认为大农场不一定有优势，其规模和效率之间可能呈反向关系 (Sen, 1962)。还有部分学者认为中型农场和适度的规模经营是最好的。霍克 (1988) 通过对孟加拉国的农场规模经营状况进行分析研究，得出孟加拉国的农场最佳经营规模为 7 英亩（1 英亩 ≈ 0.405 公顷，此处为原文引用，故不作修改）的结论。安妮·布斯（Anne Booth，1985）认为，在一个适当的经营规模下，农场的单位产出量才会达到最高。

专业大户和家庭农牧场功能接近。目前，对专业大户的研究主要聚焦于农区。一部分学者肯定了专业大户的地位，认为发展专业大户是当前推进现代农业建设最为实际和可行的路径，以及推动现代农业快速发展的重要因素（纪永茂，2007；张硕辅，2013）。黄祖辉（2010）调查得出，农业专业大户的个体经营规模已经远远超过了普通农户，这些专业大户往往以加入合作社或参与订单农业的方式分享品牌效应。另一部分学者认为，专业大户的土地承包关系不稳定，抗风险能力较低（郭亮，2015；翁贞林，2015）。

在影响因素上，主要表现为土地流转不畅、农村金融落后等（张硕辅，2013；张照新等，2013）。为使专业大户的发展更加稳定和完善，学者们从不同思路对集约化、专业化、组织化、社会化相结合的新型经营主体的构建提出了相应的建议。王征兵（2016）指出，对于专门从事农业的专业大户的培育，应当从科学选择农业项目，科学营销农产品并进行科学管理这些方面着手。张照新等（2013）主要提出，要完善土地承包政策、发展政策性农业保险、加大扶持力度和加强人才队伍的建设。孟园（2013）从可持续发展的视角对养殖大户的发展提出了进一步的优化意见。

迄今为止，对专业大户尚未形成规范、通用的概念，对专业大户的界定是个比较复杂的学术问题。就畜牧业专业大户而言，由于各个地区生产条件不同，特别是草场规模和质量、牲畜种类和品种等要素的差异，不易界定统一标准的定义。畜牧业专业大户可定义为：草原畜牧业经营收入占家庭总收入 80% 以上的，自有草牧场或通过转入他人草场达到一定规模以上，或者牲畜饲养头数达到一定规模，并且应具备较高水平的机械化、信息化、商品化、辐射化的准家庭牧场程度的牧户。

专业大户与小牧户经营方式相比，具有较大的经营规模，较强的生产能力和较高的综合效益，在提高牧民专业化程度、建设现代畜牧业、促进牧民增收等方面发挥的作用明显。

专业大户的主要特征：一是以家庭经营为基础，牧户以家庭为基本单位承包较大面积的草场或通过租赁草场扩大草场面积，以畜牧业收入为家庭劳动力的重要收入来源。专业大户保持了以家庭承包经营为基础，统分结合的双层经营体制，既摆脱了生产经营规模过小的困境，又维持了以家庭经营为基础的优势，极大限度地激发了牧民的生产积极性。二是在家庭劳动力、基本生产工具的基础上，通过相应部门提供的社会化服务来配合畜牧业的生产经营。三是专业大户所经营的牲畜头数较多。一种表现为以某种牲畜为主要畜种的专业化、规模化、良种化经营模式，如养羊专业大户、养牛专业大户、养马专业大户、羊驼专业大户等；另一种表现为以多畜种兼养的多元化、综合化、协调化经营模式，如一个大户同时饲养绵羊、山羊、牛、马、骆驼等不同牲畜。四是由于基础设施、机械设备、网络通信等生产条件优越，因此，劳动强度较低、劳动生产率较高、获取信息和抵御风险能力较强。五是多投入多产出，规模化经营，市场地位较高，价格优势明显，决定了较高的经济效益。

（二）家庭牧场

国外专家学者对于家庭牧场的研究多集中在技术效率方面（Wang，2001；Alvarez et al.，2003；Bravo – Ureta et al.，2007；Bojnec，2008；Asmild et al.，2016；Baležentis，2016）。但所用方法有所不同，王（Wang，2001）利用柯布道格拉斯函数形式的随机前沿模型进行分析；阿尔瓦雷茨（Alvarez，2003）等通过将技术效率作为参数引入生产模型进行分析；布拉沃 – 乌雷塔（Bravo – Ureta，2007）等运用多元回归分析法进行分析；博伊内克（Bojnec，2008）等使用数据包络分析（DEA）方法进行分析；阿斯米尔德（Asmild，2016）等利用 MEA – Malmquist 指数进行分析；巴尔泽蒂斯（Baležentis，2016）将随机生产前沿与微观数据相结合，进行分析与估计。

除了对家庭牧场在技术效率方面的研究外，部分专家学者在放牧方式等方面也有所涉足。韩（Han，2004）等通过对家庭牧场在暖季轮牧和连续放牧这两种不同放牧方式下所饲养牲畜的体重变化进行了比较研究。结果显示，连续放牧所获得的牲畜体重增加值比轮牧高。汤姆森（Thomson，1995）指出，新西兰家庭牧场的牧场主对牧草产量和草畜平衡发展的重视程度很高，这些牧场主在一个月内会对牧草的产量进行 2 ~ 4 次全方位的检测，这就促使当地制定了以草定畜的政策来发展畜牧业。澳大利亚的家庭牧场发展较早，当地的家庭牧场以种养结合的方式作为基本发展模式，这就保证了土地在不同时间段内，可以合理地进行饲料的种植和家畜的放养。戈德堡（Goldberg，1990）等美国学者对美国佛蒙特州的 15 个家庭牧场进行了比较研究。结果表明，连续放牧、轮牧、舍饲将对奶牛的产奶量产生不同程度的影响，这就为美国当地家庭牧场如何更为科学合理地制定可持续饲养的管理方式提供了理论依据。

关于家庭牧场的内涵和在新型经营主体中的定位及作用，在 2013 年的中央一号文件中首次得到了提及。家庭牧场在草原畜牧业的生产经营管理中发挥着至关重要的作用，并且在某种程度上促进了牧民的定居，是保证草原畜牧业可持续发展的重要模式之一。由于这样的规模化经营主体在草原畜牧业现代化发展进程中展现出了显著的生产经营优势，因此也受到了相关部门、专家学者及牧民的广泛认可。现阶段，关于家庭牧场的研究主要集中在其发展现状（李治国等，2015；张涵，2017）和生产效率（杨婷婷等，2016）上。作为新型畜牧业经营主体的一种重要形式，家庭牧场存在着明显的优势。家庭牧场的建设有助于加快推进畜牧业现代化步伐，进而实现现代畜牧业。家庭牧场在推动畜牧业的产业化、集约化进程中扮演着重要角色（杨仕芳，2000）。适度的经营规模是家庭牧场的主要特征之一，也是实现现代畜牧业的重要前提，更是提升畜产品商品率、劳动生产率和投入产出率的内在要求。由于家庭牧场仍然以家庭经营作为内核（萨础日娜，2017），家庭成员是生产活动的主要参与者，也是利益的直接获得者，因而生产积极性较高，节约了管理费用、降低了生产成本。同时，自主生产、自主经营的特点使家庭牧场的生产方式更为灵活（马彦丽、魏建、刘亚男，2014）。我国家庭牧场的发展仍处于探索阶段，在这过程中也出现了一些成功典范，如四川省川西北牧区的"五·四·三"模式（泽柏，1998）；内蒙古自治区新巴尔虎左旗的"七个一"模式（杨威、杜富林，2013）；甘肃省甘南州的"六化"模式（李贵霖、丁连生，2006）；青海省环湖牧区的"调结构、改良种、引技术"模式（常祺，2006）等。

家庭牧场是实现畜牧业产业化、集约化经营的有效途径，也是实现畜牧业适度规模经营的理想模式。此外，由于主要劳动力为内部家庭成员，因此，在一定程度上节省了雇佣劳动力的成本，同时也带来了生产经营方式上的灵活性。作为家庭牧场主，其不仅是家庭牧场的主要经营决策者，更是生产管理中的直接获益者，这就极大限度地激发了各个家庭成员的生产积极性。

家庭牧场是指在以家庭成员为主要劳动力的基础上，以畜牧业收入为主进行畜牧业规模化、商品化生产的新型经营主体。在一般情况下，畜牧业经营大户、专业大户等达到一定生产经营规模的牧户，在当地工商行政管理部门登记注册，才能成为真正意义上的家庭牧场。

家庭牧场要求家庭经营在一定程度上应具备规模化、标准化、集约化、知识化、市场化、企业化的特征。在不改变家庭经营基础地位这一基本经营制度下，改善基本经营制度中经营过于分散、草牧场过于细碎化、网格化的天然弊端。

家庭牧场具备的标准：

（1）家庭牧场经营者应具有牧区居民户籍（即非城镇居民或国家公职人员）。

（2）以家庭成员为主要劳动力。即理论上无常年雇工或常年雇工数量不超过家庭务牧人员数量。

（3）以畜牧业收入为主。即畜牧业净收入占家庭牧场总收益的80%以上。

（4）生产经营规模处于规定的标准水平且波动范围较小，应达到当地旗（市）级以上农牧部门确定的规模标准。

（5）家庭牧场经营者应接受过畜牧业技能培训。

（6）家庭牧场经营活动有比较完整的财务收支记录。

（7）对其他牧户开展畜牧业生产有示范带动作用。

家庭牧场的特征：

一是家庭经营。与专业大户类似，家庭牧场也是以家庭经营为主，即家庭是其经营单位的主体。但其在集约化程度、经营管理水平、生产经营的稳定性等方面均比普通专业大户的要求更为严格，而且接收了众多现代畜牧业的生产要素，实现了家庭承包经营制度更进一步的发展和完善。

二是畜牧业生产的适度规模化。家庭牧场需要达到适度规模经营的原因主要有两点：一要在达到一定生产规模之后，才能与现代化畜牧业的生产要素相结合。二要由于受到牧场主生产决策能力、风险防范能力等的制约，家庭牧场的生产规模必须在可控范围内。

三是企业化管理。家庭牧场在运营管理过程中，根据畜牧业生产条件、生产业态、技术水平、劳动力数量、资金储备等多个因素采取适宜的经营规模，明确饲养计划，做好防范风险工作，以企业管理模式指导家庭牧场运营。

四是市场化运作。家庭牧场所生产的畜产品销售不仅有更加广阔的营销渠道，而且还利用各种现代化的营销平台与载体，使消费者能够更加清晰直观地了解到不同的畜产品类型，全面的筛选信息，最终获得理想的产品。除此之外，相比分散的小牧户而言，家庭牧场拥有更加整合的资源与系统详细的生产计划，在这样的经营基础之下，家庭牧场所提供的畜产品种类繁多、质量上乘，不仅考虑环境保护，还可以解决社会就业问题；提升家庭牧场竞争力的同时树立品牌优势，履行社会责任。

五是以畜牧业为主要收入来源。自 2013 年以来，家庭经营模式在党中央的政策扶持和大力推行下逐步推广开来，基本涵盖了金融、保险、社会化服务等多个领域。

（三）牧民合作社

于 1844 年成立的"罗虚代尔公平先锋社"，距今已 170 多年。其成功的经营模式、经验做法、机制机理快速传播到了世界各个角落，掀起创建合作社的热潮。于是，19 世纪 40 年代至 20 世纪 30 年代对于合作社的研究广泛又深入，许多新成果问世，特别是最早起源于欧美的合作社制度对全世界影响颇大。一些学者主张将合作社垄断农业市场合法化，但是也有部分学者反对此观点。他们普遍认为合作社能够改善和提高农民市场中的话语权、谈判地位和影响力；增加其收入；保护农民整体利益和权益，有利于提升生产、加工、营销等各环节的整体运作效率。

国外学者对于合作社的研究主要集中在利益分配、资源配置、组织效率、发展模式及战略和制度等方面。在利益分配和资源配置方面，以产业组织理论作为基础，以合作组织的价格和产量为参数，分别建立了长期和短期的决策模型。通过对该模型的分析发现，合作经济组织通过计算其成员的惠顾比例，对他们的利益进行合理分配，以此达到提高产品价值的目的。

在组织效率方面，合作社之所以能维持和继续发展的主要原因在于：合作社的经营管理者自身具备丰富的经验，同时还需要合作社成员与经营管理者之间保持良好的沟通。如果想要促进合作社不断向好发展，就要充分利用现有的科学技术资源，这在一定程度上能够改善农村贫困人口的生产生活状态。另外，在资源紧缺的地区，通过促使处于低收入水平的农民加入合作社，有利于对社会资源进行有效、合理的整合。合作社对于解决贫困问题有着十分重要的现实意义，合作社的出现为社会提供了更多的就业机会。如有学者通过对土耳其民众价值观的分析，得出当地妇女专业合作社能够提升当地女性的受教育水平，提供更多的就业机会的结论。

在发展模式及战略方面，欧洲的综合性合作社在总体上的绩效要比专业性的合作社更好。多元化战略比较适合规模较大的合作社，而农民收入的增加要依靠整个产业链上下游之间进行整合，推动合作社的纵向一体化。在现如今的经济发展形势下，合作社一体化发展是必然趋势，其发展战略将从竞争转向与企业及其他组织的合作。

在制度方面，合作社的产权制度应当随着农业特征的改变而随时进行调整。合作社在产权界定方面存在不清晰、效率低下等现象。合作社能够在不断变化的市场环境中存活下来，是由于其自身制度、组织形式等的不断创新和调整。

《中华人民共和国农牧民专业合作社法》颁布 10 多年来，农民合作社发展呈现方兴未艾的良好态势，覆盖范围稳步扩大。发展农民专业合作社是提高农民组织化水平的关键措施（孔祥智等，2018）。与此同时，随着社会经济的发展，特别是农业现代化和农业产业化水平的不断提高，农牧民专业合作社面临新问题、新情况、新挑战。这使农牧民合作社及关联组织和成员的权利、利益等方面的诉求面临前所未有的挑战和压力；对农民合作社由发展向规范、数量向质量的要求越发迫切。2013 年，中央一号文件明确提出要"抓紧研究修订农民专业合作社法"（张梅，2016）。因此，为了有效规范合作社的健康发展、理顺其各项组织行为、保护其生产主体地位、入社成员的合法权益，2017 年 12 月 27 日，党的十二届全国人大常委会第三十一次会议通过了《中华人民共和国农民专业合作社法（修订）》。这意味着将解决农牧民合作社的成员少、人才缺、规模小、资金不足等问题，具有重要的现实意义。农牧民专业合作社作为农民专业化经营载体，是现代农业发展的必然产物，在新常态下，加快农牧民专业合作社的发展有利于推动农产品供给侧结构性改革，有利于促进农业产业化和农民增产增收（李凤艳，2017）。然而，在合作社的发展过程中出现了数量与质量偏离的问题，单纯追求数量规模型发展成为主旋律，而保证质量效益型发展滞后，且尚未得到足够重视，尤其是合作社的发展后劲日益引起各界的关注。至今仍存在许多伪合作社不规范的问题（刘骏等，2017）。当农牧民成立或加入合作社时，应对合作社的定义、内涵、特征、性质、经营范围、组织属性、将面临问题的预期等方面有充分的认识，这对增强自信心，健康、持续发展农牧民专业合作社具有重要现实意义和实用价值（郑林，2012）。现阶段，我国符合合作社本质规定而运行的合作社少之又少。究其原因，由于农牧户的异质性和政策环境的差异性，大多数农牧户依然愿意维持独立经营的现状，或者选择"公司＋农户"等经营模式（邓衡山、王文烂，2014）。

牧民合作社是建立在草原牧区的家庭承包经营之上的，采取自愿参与、民主管理的形式，使畜产品的生产经营者或畜牧业生产经营的提供者联合、互助的一种经济组织。牧民合作社作为带动草原牧区经济发展的新型实体，能够将牧户有效地带入经济市场中。

牧民合作社特征：

一是坚持以家庭承包经营为基础。

二是合作社成员基本由牧民组成，但也不排斥从事与合作社生产经营业务相关的企事业单位或社会团体参与其中。《中华人民共和国农民专业合作社法》中规定，牧民合作社的成员中牧民应当不少于总成员数量的80%。

三是以为社员提供服务为基础。牧民合作社是由组织内成员组建起来的利益共同体，在开展各类生产经营活动的过程中应当使社员利益有所保障，同时提高牧户在市场中的议价能力。

四是通过以草牧场、劳动力、牲畜、畜牧业机械设备等形式入股或合作，合作社在将其整合的基础上，统一进行生产、销售。

五是《合作社章程》是连接各个合作社成员的桥梁，也是合作社从事生产、经营等活动的依据准则。在各项活动开展过程中的重要事项决议与人事任免，合作社成员大会、董事会均对其有决定权。

六是合作社以自愿联合和民主管理为原则，且合作社成员均有依据自我意愿加入或退出合作社的权利。

七是具有互助性质。合作社成立的根本目的是通过以家庭经营为基本单位的牧户之间的相互配合与合作，实现自由零散的牧户难以独自完成的生产经营活动。合作社在合理利用生产资源的同时，又能降低个人风险，从而实现规模经济，提高规模效益，发挥"1+1＞2"的效应。

八是效率优先，兼顾公平。效率体现为合作社是基于牧户之间经济联合的形式而改善畜牧业生产资料的合理配置，通过市场中畜产品的需求状况调整生产与经营，实现合作社成员的利益最大化。公平则是依照自愿加入、民主管理的准则，加入合作社的各个牧民在组织内部的地位都是平等的。

九是合作社作为现代企业制度的一种重要形式，其在拥有独立、明确的法律地位和法人资格的基础上，能够依法开展各项生产经营活动。

（四）龙头企业

在国外，没有"农业龙头企业"这一概念的提法，这一概念在国外一般是指农业综合企业，所以，相关研究也并未指明是"农业龙头企业"。国外的"农业一体化"或者"农业产业一体化"与我国农业产业化相似。农业综合企业对专用性资产加大投资力度，能够在一定程度上提高其自身与农户间合作的成功率。对于农业产业化概念研究界定为，农业产业化是指在农产品及食品生产阶段的统一及企业的一体化过程，是指由专业化的劳动者按照专业化方式在专业化的设施中进行生产。

目前，关于龙头企业的研究肯定了龙头企业的作用。在各地区畜牧业的快速发展大部分归功于龙头企业的示范引导和辐射带动作用（朱继东，2017），简言之，龙头企业对于推动畜牧业经济的发展起主导作用，在提升、推进畜牧业产业化经营方面扮演着重要角色，是对市场供求信息最敏感也最活跃的主体（赵军洁、徐田华，2019）。超过60%的龙头企业在对生产经营、市场供求、品牌建设等信息的获取方面显著高于其他主体（韩旭东等，2018）。以龙头企业为核心，建立"龙头企业＋合作组织＋生产基地"的现代畜牧业模式才能够使养殖基地与企业结成利益共同体，最终实现产业发展、企业增收、农户增收的多赢格局（王雁秋，2007）。

畜牧业龙头企业在发展中也存在一些问题。如畜牧业龙头企业带动模式管理中仍存在着农牧户谈判能力低下，龙头企业经营战略不明确，畜产品加工企业和以畜产品交易为主的商贸企业较少，体制不畅通（曹志涛，2009）；"订单式"发展的履约率低，合约的制定不健全（钟钰等，2016）；抗风险能力差，缺乏资金、技术、人才（徐雪高等，2016）；辐射范围窄、带动能力弱且产品研发能力低（吕萍、葛鹏飞，2014）等问题。

为了畜牧业龙头企业的快速发展，学者们也提出了相应的政策建议。于健南等（2015）提出，要充分培育和利用中介服务组织、科研机构为龙头企业的技术创新提供支持。重视营销方式方法的创新及企业文化制度的建设（谌种华、蒋海龄，2019）。同时，针对大、中、小不同规模的龙头企业分别制定不同的扶持政策体系，使其快速成长并适应市场的发展需求（张明林、刘克春，2012）。通过"企业＋"等组织模式，让企业与农牧户形成利益共同体（张红宇，2018），即推动龙头企业与农牧户建立紧密型利益联结机制（汪发元，2014），以便发挥其服务和引领作用。

龙头企业，即能够对所在行业的其他企业起到指引、示范的作用，同时对该行业甚至对某一地区、对国家做出过重要贡献的企业。而畜牧业龙头企业则是在畜牧业生产领域中，对其他相关企业产生示范效果、起到引导作用的企业。畜牧业龙头企业通过"公司＋牧户""公司＋基地＋牧户""公司＋合作社＋牧户""公司＋基地＋合作社＋牧户"等合作形式，不但使畜牧业生产资料的供应得以保证，而且对辐射、带动周边牧户，助其增收具有重要意义。在规模上，龙头企业较其他经营主体更为庞杂，管理体系上也更为系统，对于品牌的建设更为重视。在资金来源上，银行或信贷是其获取资金来源的主要途径。绝大多数的畜牧业龙头企业有实力拓宽和稳固畜产品销售渠道，以保证自身在市场竞争中的优势地位。另外，包括产前、产中及产后的畜牧业产业链通过龙头企业连在一起，以更为创新的一体化经营模式提高了生产效率，在降低企业生产成本的基础上实现了多元化运作。

畜牧业产业化龙头企业是指以畜产品生产、加工或流通为主业，通过股份合作、订单合同、价格保护、服务协作和流转聘用等利益联结方式与牧户建立生产和利益联系，使畜产品生产、加工、销售有机结合、相互促进，在企业规模、经营指标和产品质量安全上达到规定标准，并经政府认定的畜牧业企业。

根据 2018 年 5 月 17 日国务院 8 个部门发布了对 2010 年印发的《农业产业化国家重点龙头企业认定和运行监测管理办法》和 2020 年 12 月 2 日印发的《关于修订印发〈内蒙古自治区农牧业产业化重点龙头企业认定和运行监测管理办法〉的通知》规定的内蒙古自治区农牧业产业化龙头企业基本标准如下：

1. 企业组织形式。依法设立以畜产品生产、加工或流通为主业、具有独立法人资格的企业。包括依照《公司法》设立的公司，其他形式的国有、集体、私营企业，中外合资或合作经营、外商独资经营的企业和直接在工商管理部门注册登记的畜产品专业批发市场等。

2. 企业经营产品。企业中农畜产品生产、加工、流通的销售收入（交易额）占总销售收入（总交易额）70% 以上。

3. 农畜产品加工、流通企业规模。总资产规模 4000 万元以上，固定资产规模 2000 万元以上，年销售收入 5000 万元以上。

4. 以规模化种植、养殖基地为主业的企业规模。总资产规模 3000 万元以上，固定资产规模 1000 万元以上，年销售收入 4000 万元以上。

5. 农畜产品专业批发市场。年交易规模达到 3 亿元以上，入住商户 200 户以上或解决就业人数 1000 人以上。

6. 企业效益。企业的总资产报酬率应高于现行一年期银行贷款基准利率；企业应不欠工资、社会保险金和资产折旧，无涉税违法行为，产销率达 80% 以上。

7. 企业负债与信用。生产、加工企业资产负债率一般应低于 60%，流通企业资产负债率一般应低于 70%；有银行贷款的企业，近 2 年内不得有不良信用记录。

8. 企业带动能力。鼓励龙头企业通过农牧民专业合作社、专业大户和自建基地等形式直接带动农牧户。通过股份合作、订单合同、价格保护、服务协作和流转聘用等利益联结方式带动农牧户的数量一般应达到 800 户以上。企业从事农畜产品生产、加工、流通过程中，通过合同、合作和股份合作方式从农牧民、合作社或自建基地直接采购的原料或购进的货物占所需原料量或所销售货物量的 60% 以上。

9. 企业产品竞争力。在同行业中企业的产品质量、产品科技含量、新产品开发能力处于领先水平，企业有注册商标和品牌。产品符合国家产业政策、环保政策，并获得相关质量管理标准体系认证，纳入自治区质量安全追溯信息管理平台监管，近 2 年内没有发生产品质量安全事件。

10. 申报企业应取得盟市级农牧业产业化重点龙头企业资质。

农畜产品专业批发市场不受本条 3、4、8 款条件限制。

第二节

新型经营主体性质与职能

新型经营主体是草原畜牧业现代化快速发展的重要支撑。由于不同新型经营主体特征不同，在未来畜牧业发展和经营过程中势必会有不同功能定位和不同方向的发展趋势。家庭牧场是未来畜牧业生产的基本主体，也是新型经营主体的主要发展方向。因此，专业大户相对于其他牧户更有条件率先向家庭牧场转变；当然，牧民合作社作为一种组织形式，是未来新型经营主体的主要存在形态。牧民合作社作为新型经营主体不仅具有生产、加工、营销及提供社会化服务的职能，而且是连接各个新型经营主体的桥梁纽带；在一般情况下，龙头企业相对于牧民合作社而言，特别是在畜产品加工和流通领域更具优势和代表性方面，是连接包括牧户在内的广大经营主体与市场的纽带和基本主体。

新型经营主体的培育是一个长期的过程，在这个过程中，必须坚持家庭经营的基础地位，重点扶持家庭牧场；在畜牧业生产性服务和畜产品销售环节重点扶持牧民合作社；在畜产品加工和物流环节做强畜牧业龙头企业。

专业大户的核心职能可以概括为生产和供给畜产品。派生功能则是通过参与草牧场流转，促进规模化、集约化生产经营。与此同时，为普通牧户提供生产、经营、管理环节的技术指导，加快普及畜牧业科学技术的使用。

由于市场主体地位的本质差别，家庭牧场与专业大户之间差异明显。家庭牧场的重要职能是在保证畜产品质量安全的前提下，稳定增加畜产品的供给。派生功能就是解决当地闲置的劳动力，加大力度培育新型职业牧民，因地制宜地实现现代企业部门经营管理模式在草原牧区经济发展领域中的应用。

牧民合作社的核心职能是通过连接牧户与市场，为合作社社员提供产加销环节的系统服务。派生功能主要是管理集体资产、加强社员之间的互动合作、以解决小生产与大市场之间的矛盾。

畜牧业龙头企业的核心职能是以畜产品精深加工的形式，延长价值链和产业链，从而提高畜产品在市场上的竞争力。派生功能是在与其他新型经营主体建立利益联结机制的基础上，降低市场上的交易成本；发明和推广适用于畜牧业生产经营的技术，打造具有区域特色的畜产品品牌，并通过网络化平台进行营销，从而实现畜产品的增值。

第三节

新型经营主体发展现状与问题

现阶段，我国在推动传统草原畜牧业向现代草原畜牧业转变的进程中，培育了众多诸如专业大户、家庭牧场、牧民合作社及畜牧业龙头企业的新型经营主体，不仅使畜牧业产业化经营得以快速发展，同时促进了牧民增收。

一、发展成效明显

1. 畜牧业专业大户初具规模

近些年来，各地相关部门积极引导牧民进行草牧场的合理、适度流转，不断规范行为，明确原则，规定程序和监督管理，推动了草牧场的规范化流转。随着草场流转工作的推进，畜牧业生产经营规模慢慢扩大，一些专业大户逐渐兴起并发展起来。

2. 家庭牧场健康发展

各地把家庭牧场建设作为培育新型经营主体的主要抓手，制定了严格的建设标准和考核验收办法，按照建设标准、认定程序对申报的家庭牧场进行实地考察评估，对于符合条件的予以认定发证。目前，政府在项目上对畜牧业予以扶持，通过项目建设进一步加强家庭牧场基础建设、优化品种结构等，有效地推动了家庭牧场的健康发展。

3. 牧民合作社蓬勃发展

21 世纪初，为了解决资金、技术等方面存在的问题，同时更好地顺应市场发展的需要，开始出现牧民自发组成的各种技术专业协会。其中，"双峰驼专业技术协会""良种种畜繁育专业技术协会""绿色奶业专业技术协会"等都是内蒙古自治区组织的专业技术协会。2007 年，《中华人民共和国农民专业合作社法》颁布后，曾具有合作社功能的专业技术协会均先后成立了牧民合作社。牧民合作社应是独立法人，其介于政府与牧民个体之间，是联系政府与市场主体的桥梁和纽带，也是缓冲政府与牧民个体矛盾的中间地带。牧民合作社是带动牧民进入市场的基本主体，是发展牧区集体经济的新型实体，是创新牧区社会管理的有效载体。随着《农民专业合作社法》的颁布及相应扶持政策的实施，合作社如雨后春笋般成立并快速蓬勃发展。

4. 畜牧业龙头企业不断壮大

近年来，我国的龙头企业以"公司＋合作社＋基地＋牧户"的产业化发展模式在畜产品流通、基地建设等方面积极发挥组织带头作用，推动畜牧业生产在带动牧民增收中逐渐向集约化、市场化靠拢，制定并完善畜牧业产业化发展政策，延长产业链条、提高畜产品品牌的知名度与信誉度，从而壮大扶持顺应产业发展趋势、生产高效优质的龙头企业，培育领军型组织化经营主体。

5. 新型职业牧民开始形成

现代草原畜牧业的持续发展需要在以市场为导向的基础上，在各个环节投入更多的科技要素，并在现代科学技术的广泛应用下，高效利用有限资源进行生产，以达到社会效益、经济效益、生态效益的有机统一。在现代化畜牧业生产经营过程中，具有良好专业素质的牧民是不可或缺的。这一类新型职业牧民充当着传统畜牧业向现代畜牧业转型的中间桥梁，而日本、荷兰等国家的现代畜牧业发展历程同样证实就是如此。因此，我国应当在家庭牧场、牧民合作社等经营主体范围内培育新型职业牧民队伍的形成，打造一批善经营、有技术、懂牧业、爱牧区、爱牧民的新型职业牧民，进而为现代草原畜牧业的发展增添新的生命力。

二、存在的主要问题

近年来，随着畜牧业生产力的进一步发展，牧区以家庭承包制为代表的基本生产关系一直在持续调整，"三权分置"逐渐形成。由此产生的生产力和生产关系矛盾运动的事实，充分体现了生产关系反作用于生产力，也是事物的发展从肯定到否定，再到否定之否定，形成一个周期性的螺旋式上升的规律。乌兰夫同志曾经也明确指出过，改革的目的是发展生产力，解放生产力①。对牧区的改造绝不能机械、形而上学地照搬农区；对于草原牧区的改造应当有别于农区，而牧区的新型经营主体的构建与发展同样应当区别于新型农业经营主体。在培育与建设初期，应该正确面对主体构建所面临的各种问题。

1. 草场流转不规范制约新型经营主体的构建

20世纪90年代，随着草牧场承包到户、草牧场退化逐渐趋于严重等现象的涌现，牧民对于草牧场的需求急剧攀升，牧户之间的草场租赁、借用等草场流转行为逐渐增多，一定程度上推动了草牧场使用制度的改革。早在1991年《内蒙古自治区草原管理条例（修正）》中明确规定，草原的承包经营权可以有偿转让，但直到草牧场第二轮承包，苏木②或嘎查之间、小组或浩特③之间、牧户之间的草牧场借用、租用、转让行为相对较少，或未能影响双方使用草牧场和发展畜牧业的正常秩序。草场承包工作在20世纪90年代中后期全部完成，草场边界划清，围栏的大量出现一定程度上制约了跨界放牧，而以收取流转费用为媒介的草牧场流转行为开始出现。内蒙古自治区政府相继出台了《中共中央、国务院关于当前农业和农村经济发展的若干政策措施》《国务院批转农业部关于稳定和完善土地承包关系意见的通知》，并在1999年12月颁布了《内蒙古自治区草原承包经营权流转办法》，草牧场承包经营权流转成为草牧场家庭承包经营制度完善机制中的一部分。

草场有偿转让，牧区的草场承包制度在未来50年将不再改变，克服

① 乌兰夫. 乌兰夫文选（上册）[M]. 北京：中央文献出版社，1999.
② 蒙古语，意为乡镇。
③ 蒙古语，意为蒙古族牧民居住的自然村，也指城市。

了有草无畜或畜多无草使草场资源发生浪费的矛盾，有利于规范草场，促进新型经营主体的构建，但是，现阶段草场流转还不够稳定，还不足以给新型经营主体的构建创造一个好的基础。

2. 政府的扶持与融资问题

法律和政策框架都是原则性的，缺乏实施细则，有些条款不合理。例如《中华人民共和国农民专业合作社法》规定，5人以上可以成立合作社，门槛低，服务面小。多部门管理没有形成管理、指导、服务合作社的比较规范的机构、队伍和制度规范。政府的扶持方式与新型经营主体的构建和发展不相匹配，制约着发展效率，公共投入不足，基层如苏木、镇政府的年度考核中基本没有体现此项指标，同时，没有特定的扶持政策和国家、省级无偿资金扶持项目，基层政府畜牧主管部门对新型经营主体的构建还不够重视，一些相关政策、资金、项目还没有向新型经营主体倾斜。

牧民普遍缺乏资金积累，银行信贷很困难，利率高、周期短。合作社进入流通领域后，面临与中间商（经纪人）的竞争。中间商形成价格联盟或不正当手段垄断市场。合作社进入加工领域，面临与本地区所谓龙头企业的竞争。各类金融机构对牧区现阶段的发展目标还不够明确，无法建立信贷网点。由此可见，政策性的金融支持力度不够。畜牧业的信贷手续也比较复杂，对文化程度水平普遍偏低的牧区来说，这一系列的问题就会将牧民难倒，阻碍了金融机构的支持进程。

3. 思想观念落后，人力资源不足

在新型畜牧业主体的构建中，技术人才无疑扮演着至关重要的角色。有经验、号召力和责任心的领导在新型经营主体的构建中具有举足轻重的作用，他们可以带领牧民实现现代化的畜牧业生产，能够有力调动组织内部成员的积极性，对内对外都能形成统一的力量，最终有利于获得牧民群众的支持，扩大组织的力量。

然而，经过近40年的家庭承包经营，人们的合作意识和合作能力减弱，一些年老的牧民对初级合作社组建中对个人私有财产的剥夺记忆犹新。其中，最大的问题是牧民缺乏在市场经济条件下的商业合作经验，大户、家庭牧场等富裕户合作积极性不高，小户、贫困户较为积极，但"搭便车""等靠要"，以及短期行为严重。

新型经营主体的后备力量不足是牧区共同面临的困局。年轻一代在外上学、外出务工，有能力的人都外迁，一批思想先进、开放，掌握一定科学知识与管理知识的人都不愿从事草场管理、牲畜饲养管理工作。留守在牧区的劳动力年龄偏大，经济状况偏差，使现代化的建设面临来自人力资源方面的巨大压力。

因此，通过诸如建设大学生创业园、设立大学生畜牧业创业基金、提供大学生创业贴息贷款等手段或措施吸引大学生创业，并将大学生逐步培育成为新型经营主体的中坚力量。

4. 新型经营主体机制不完善

构建新型经营主体的过程中，有不少人追求短期利益而成立合作社。据调查和有关部门统计，已成立的合作社中大多数是为获得项目资助而成立的。一些地方政府追求合作社的数量，而不顾质量。

合作社的项目申报机制不完备。对项目实施对象的人力、财力、物力、管理能力缺乏真实可靠的信息。虚假的项目申请报告给国家造成很大的经济损失，合作社财务监管不到位。畜牧业经营者的创新机制不够完善，缺少新型畜牧业经营者的能力鉴定机制，不能实现公平竞争。

5. 专业大户、家庭牧场、新型职业牧民有待进一步培育

在制度约束条件下，草牧场规模经营是要建立在牧区人口有序流动、转移就业、草牧场流转、牧民合作基础上的，因此，如果没有新产业、新业态、新市场，那么转移就业的支撑就得不到保障；快速推进规模经营，加快构建新型经营主体就不可能实现。目前，我国新产业、新业态、新市场，以及城镇化发展程度较低，制约了草场流转规模及速度，因受资源、资金及封闭思想观念的限制，以一家一户为主的分散经营形式仍然占大多数。在草牧场流转的过程中，逐渐形成了一些专业大户、家庭牧场，也随

之形成新型职业牧民，但各自内生力量薄弱，自身发展潜质不强，且仍是单兵作业、单打独斗，尚未形成有效合力，应对市场风险的能力较弱，也难以实现规模效益。

6. 牧民合作社功能发挥有限

一是合作社的组织带动能力不高。主要经营的是低附加值的初级畜产品，竞争优势很低。二是需进一步规范制度和运行过程。合作社在治理的过程中，财务制度不完善，缺少必要的民主监督管理制度。牧民合作意识和风险防范意识有待提高，进而将个人利益与合作社利益密切相连。三是合作社发展的不平衡性。经营管理者的整体素质有待提高，以预防敷衍了事和应付考核等不良现象。

7. 畜牧业龙头企业带动力弱

畜牧业实现产业化发展目标离不开龙头企业的带动作用，有限的规模制约了辐射带动能力。从当前的情况看，龙头企业与牧民已设立了一定的利益联结形式，但是在这种模式中，牧民没有充分的话语权，增值收益有限，相比处于劣势地位。"公司＋牧户"的联结形式散漫，部分行业的订单履约率较为低下。对于龙头企业来讲，贷款融资是其面临的难题之一，尚待解决。畜产品精细加工环节做得还不够到位，还需进一步挖掘，将产品档次提升，进而提高产品的竞争力。

8. 各类畜牧业经营主体尚未融合

"产、加、销"一条龙的产业化经营和专业化服务是畜牧业发展的目标，需要龙头企业、专业大户、家庭牧场、牧民合作社等各种形式的经营主体密切合作和配合，但这一目标尚未达成。不同类型的经营主体在各自的领域发挥作用，产业链不连贯，资源优势没有得到整合，各种社会化服务组织缺少引导，没能形成良好的培育环境，制约了现代化畜牧业的发展方向。

第三章

新型牧区草原畜牧业
经营主体形成机制

第一节

理论基础

一、产业组织理论

1890 年英国著名经济学家马歇尔首先提出了"组织"这一概念。他把组织定位为一种新的生产要素，包括主体内部组织、主体间的组织、组织形态，以及政府组织等。

产业通常是指生产替代产品或服务的主体集合。产业组织是同一产业内主体间的市场关系，通过竞争、垄断形成完全竞争型、垄断竞争型、寡头垄断型和完全垄断型等市场结构。它反映了同一产业内不同主体间市场运行机制的差异。在此基础上，为降低交易费用，提高产业组织效率，产业内主体通过兼并、重组、合作、联合形成新的组织形态，如合作社联合社、企业集团、企业系列、产业化模式等。

产业组织，是产业的"集合体"或"联合体"，具体就是产业部门。它具有生产性、商品性、求利性和组织性的特征。生产性是指产业组织的生产功能、服务功能和创造财富功能；商品性是指生产的产品和提供的劳务均不是自我消费，而是用来交换的；求利性就是通过产品和劳务获得尽可能多的效益，以实现职工劳动的价值，并实现产业的发展。组织性是指每个产业集合体的基本单元都是有机组成的小集合、子系统，因而才能形成产品生产规模化的能力，这种能力越强集合体的内部构成有机性就越强，组织越严密，功能越健全。

20 世纪 60 年代国际上出现了"结构主义"和"芝加哥"学派两种产业组织理论流派。结构主义重视对经济绩效的衡量和结构与绩效的关系。而芝加哥学派更加重视对"结构—行为—绩效"的理论分析，提出确保价格等于长期边际成本下的配置效率和价格等于企业长期平均成本曲线最低点下的技术效率，实现长期均衡中的市场的竞争效率。

本章中基于产业组织理论的新型牧区草原畜牧业经营主体构建框架如图 3-1 所示。

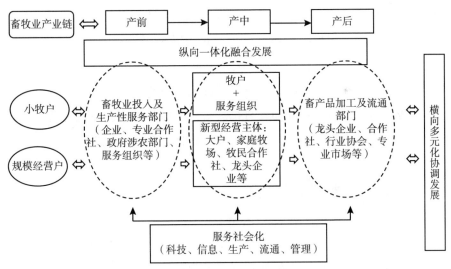

图 3-1　基于产业组织理论的新型牧区草原畜牧业经营主体构建框架

资料来源：笔者基于研究成果绘制。

二、规模经济理论

在一定时期内，规模经济理论是指在生产技术水平不变的前提下，生产要素投入比例不变，随着生产规模的扩大和产品产量的增加，其单位产品成本不断下降，说明扩大生产经营规模使产品平均成本降低，从而扩大利润空间。

在经济学说史中，亚当·斯密是规模经济理论的奠基人，但实际意义上的规模经理论起源于美国，典型代表人物分别是阿尔弗雷德·马歇尔（Alfred Marshall）、张伯伦（EHChamberin）、罗宾逊（Joan Robinson）和贝恩（JSBain）等。马歇尔解开了规模经济理论谜底，明确提出"内部规模经济"和"外部规模经济"两种规模报酬形成途径。前者是来自企业的组织和经营效率的提高，以及对资源的充分有效利用；后者是来自企业之间的合理分工与联合、企业与区域之间的合理布局与分工等。规模经济报酬的变化规律表现为随着产品产量的增加和生产规模的扩大，规模报酬从规模报酬递增向规模报酬不变转变，最后转向规模报酬递减三个阶段。因此，新型经营主体的构建及新型经营主体间的联合必须遵循规模经济理论，既不能由于资金、劳动力、土地草牧场、科技等要素不足使经营规模过小，也不能因为追求利润而盲目扩大规模，而是尽可能地把经营规模维持在单位生产成本最小的最佳经济规模，即适度规模（见图 3－2）。

三、边际报酬递减规律

从规模经济报酬的变化规律看，进入第三阶段规模报酬递减，即遵循边际报酬递减规律。边际报酬递减规律是相对的，对短期生产过程中有效的一种基本规律。边际报酬递减规律可称为边际收益（或效益）递减规律，是指在其他技术水平不变、其他生产要素不变的条件下，当连续投入

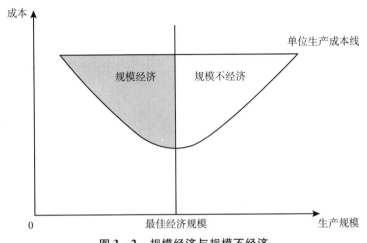

图 3 - 2　规模经济与规模不经济

资料来源：笔者根据资料绘制。

等量单位的某一种可变要素时，每一单位这种可变生产要素的投入所带来的边际产量是递增的；将连续投入等量单位的这种可变要素到一定生产时点，即该要素投入累计超过一个特定值时，边际产量是递减的。

　　边际报酬递减规律是由固定生产要素和可变生产要素的比例关系决定的。当固定要素比例大于可变要素比例时，应增加可变要素，可变要素投入量达到一定水平时，生产要素的投入比例也达到最佳组合状态，从而其边际产量递增，当固定要素与可变要素的配合比例恰当时，边际产量达到最大，即总产量达到由递增增长转为递减增长的拐点。如果再连续增加可变要素投入量，由于固定生产要素投入量变少，导致生产要素之间的投入量比例就愈来愈偏离最佳的组合比例，于是边际产量就呈递减趋势，总产量开始递减增长。当边际产量下降至 0 时，总产量达到最高水平。当边际收益等于边际成本时，利润达到峰值（见图 3 - 3）。新型经营主体生产经营在规模经济理论指导下必须注重边际报酬递减规律，根据边际平衡原理科学判断和决策生产经营活动，实现利益最大化的目标。

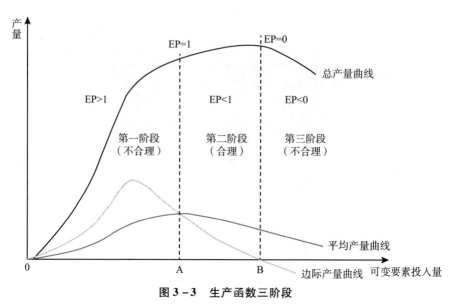

图 3-3　生产函数三阶段

资料来源：笔者根据资料绘制。

四、集约经营理论

集约是相对粗放而言，传统的生产经营活动基本表现为粗放型特征，即生产经营活动主要是依靠传统落后的生产工具，劳动者凭借经验或技能来完成的。而"集约经营"是指在生产经营活动中，通过生产要素数量的增加、质量的提高、组合的合理、投入的集中等方式提高效益。马克思在《资本论》中对农业集约化经营作了精辟的论述："所谓耕作集约化，无非是指资本集中在同一土地上，而不是分散在若干毗连的土地上"①。现在集约经营主要表现在资本密集型、技术密集型、劳动密集型等，朝着高投入、高产出、高效益的生产经营方式发展。草原畜牧业向现代草原畜牧业转型升级过程中大力推进集约经营方式，集约经营方式本身就是草原畜牧业现代化的重要举措。新型经营主体的形成和构建就是各经营主体整

---

① 马克思. 资本论（第三卷）[M]. 北京：人民出版社，1975.

合各种生产要素，既增加生产要素总量的同时，又提高其质量的过程。

第二节

新型经营主体形成的制度和政策

一、制度背景

家庭承包制是我国现阶段农村牧区的一项基本经济制度。在农业生产中，农户独立承包集体土地，一般是按照家庭户口记载的人数按比例分配土地，农户拥有高度的自主决定权来决定生产和经营的作物种类与数量。我国农村经历了三个阶段，从而完成了农村经营体制的根本性转变：由集体劳动到小段分工、定额计酬；由包工到包产；由包产到户到包干到户，逐步形成和完善了农村集体土地家庭联产承包责任制。20 世纪 80 年代，党中央对于土地承包明确提出了新政策，农民对于土地承包的期限在 15 年以上①，这一决定对于安定农民生产具有重大意义。根据这一精神，全国各地农村陆续将土地承包期确定为 15 年。党中央的政策是建立在各地土地承包的实践基础上的，从 1993 年到 1997 年，各地第一轮承包相继到期，党中央及时提出了再延长 30 年不变的第二轮承包政策②。

党的十一届三中全会后，内蒙古自治区重新设计了草场产权制度，在牧区实行了类似农区的"草场公有、承包经营"的责任制，这是牧民由游牧转变为半游牧或定居的巨大转折点；随后，政府又推出了"草牧场有偿承包使用制度"和草牧场两权分离的"双权一制"，进一步加大了对草地的保护，试图改变之前在草场使用上出现的"大锅饭""重使用、轻建设"行为；1982 ~ 1989 年，内蒙古自治区正式开始实行"草畜双承包"，

---

① 人民日报. 中共中央关于一九八四年农村工作的通知［N］. 人民日报，1984 - 1 - 1.
② 中国法制出版社. 中华人民共和国农村土地承包法［M］. 北京：中国法制出版社，2019.

嘎查可以自主为牧户划分草场；随后的 6 年时间里，自治区进一步完善了上述承包政策；到 1998 年，政府颁布了《内蒙古自治区进一步落实完善草原"双权一制"的规定》，在该文件中，把草场使用权彻底承包到户。2003 年，为了彻底改变草地退化、沙化的现象，国家实施了大范围的退牧还草工程，以期改善当时的草地状况。

依照法律法规政策，本着保护生态环境安全与可持续发展的原则，国家提出了草场确权。草场确权是指通过调查草原资源，进一步明确个人草原权属性质并颁发草原所有权证和使用权证。草原确权的开展能够有效地保障牧民的合法权益，有利于维护国家生态安全、强化草原监管力度、稳定牧区和谐、及时发现与制止"使用无偿、破坏无罪"的现象。除此之外，针对过去存在的草场界限不清晰与证实不符的问题，草场确权立竿见影地解决了这些顽固的问题；这一举措有利于稳定现有草场承包关系、保障牧民合法分配得到的草场不被占有与应有的使用收益权。"草畜双承包责任制"、草原"双权一制"等重大改革措施不但大力调动了牧民生产积极性，还为牧民提供了自主决定的权利，大大提高了内蒙古牧区的生产效率。如今，在生态优先、绿色发展为导向的高质量发展新路径战略背景下，草地确权为牧区进一步深入改革注入了强大动力。目前，草场承包经营权流转存在市场不够规范、法律欠完善等问题，内蒙古自治区为了规范草原承包经营权流转行为，进一步完善草原承包制度，颁布了《内蒙古自治区草原承包经营权流转办法》，规定草原承包经营权流转遵循自愿、有偿、合法，以及不改变草原用途的原则，并有利于发展畜牧业生产，有利于草原的保护和建设，任何组织和个人不得强迫当事人进行草原承包经营权流转。在以上制度的基础上，各新型经营主体陆续兴起并逐渐发展起来。

二、政 策 影 响

党的十八大报告提出，要继续坚持并不断完善农村牧区基本经营制度，依法维护农牧民合法的土地使用权；并且要大力发展壮大集体经济，鼓励农牧民革新生产经营方式，主体之间加强合作，积极培育新型经营主体，创新经营模式，构建新型农业经营体系。2013 年，党的十八届三中全会围绕"让广大农民平等参与现代化进程、共同分享现代化成果"为指导，提倡在农业经营中大力发挥家庭经营的效用，促进多方主体共同发展的农业经营新方式。2017 年，中共中央办公厅印发《关于加快构建政策体系培育新型农业经营主体的意见》，在该文件中，政府明确倡导各方共同努力，积极构建新型农业经营主体发展框架。2017 年，党的十九大报告提出，"发展多种形式适度规模经营，培育新型农业经营主体，健全农业社会化服务体系，实现小农户和现代农业发展有机衔接"。2018 年和2019 年的中央一号文件接连提出了关于落实扶持小农户和现代农业发展有机衔接的政策。在扶持小农（牧）户发展的同时培育新型经营主体，推进新型农业经营主体培育项目深入实施，为"家庭农（牧）场、合作社、龙头企业"等多种形式产业联合体提供良好的发展环境；加快土地草牧场确权颁证，推进经营权有序流转，促进多种形式的适度规模经营。

第三节
新型经营主体形成的经济机制

一、成本效益的优化

成本和效益是一个矛盾的统一体，二者互为条件，相伴共存，又互相矛盾，此消彼长。从经济学视角分析，任何经营行为都存在着成本与效益的博弈。按照成本核算与管理的不同要求，成本可以划分为直接成本和间接成本，其中，直接成本是指与产量直接相关的、随着产量增加逐渐递增的项目；间接成本是指不容易直接计入生产核算的项目。同理，效益也可以分为直接效益和间接效益。传统的散户规模小、经营分散，技术水平低，市场信息滞后，往往都是高成本、低收益。比如，无论是生产成本还是交易成本，均相对较高。为了解决这一困境，新型经营主体应运而生，它有四个特点：规模化经营、集约化经营、专业化生产、市场化营销。规模化经营有利于实现对自身资源的充分利用，取得较好的规模经济效益。经营规模的变动或者说是由于生产力诸要素集约程度的变动所引起的经济效益的提高。适度合理的经济规模可以带来规模经济效益。即由于规模扩大而带来的长期平均资本的下降。新型经营主体以优良的物质装备为基础，运用现代化的管理手段与先进的生产技术，合理配置资源要素，提高投入要素的边际产出与各类资源的利用效率。专业化生产能够提高生产效率和投入要素的使用率。新型经营主体的市场化营销，能够实现和市场的有效衔接，商品率、经济效益均高于传统牧户。诚然，新型经营主体中的较小牧户更加注重成本效益的变化及其规律，在一定投入比例和技术水平保持不变的前提下，通过生产规模的扩大，可以达到降低成本，提高效益的目的。

二、要素配置的高效

培育新型经营主体，主要涉及草场、人才、资金、技术四大生产要素。第一，草场。当前的关键是全面推动草地"三权分置"的具体落实，要加快配套建设草场流转市场，必须要在充分尊重牧民意愿的前提下，使草场有序流转。草场流转要因地制宜、因势利导，尽可能地把草场流转至新型经营主体，实现规模经营，但绝不允许嘎查集体或一部分人为达到自身利益最大化目的，使用恐吓、威胁、欺骗等强制手段迫使牧民流转草场的不良行为。第二，人才。人才培育无疑是非常重要的，培育新型经营主体，必须要以人为本。提供公益性岗位以吸引本地出生且尚未就业的大中专毕业生，充实到新型经营主体中。培训本土有能力的人、吸引本地在外人才，接受大学及乡土专家的职业培训，结业合格后派驻新型经营主体，在畜产品生产、加工、仓储、物流、营销及餐饮服务等环节，充分发挥乡土人才优势、优化资源配置作用，促进牧区产业现代化的发展。第三，资金。新型经营主体资金配置主要考虑三个方面的渠道：一是自有资金即资本金的融资，又叫直接融资。首先，是来自参与新型经营主体的各成员所提供的资金；其次，是来自通过发行股票、有价证券等手段融资的资金。二是新型经营主体的借入资金，又叫间接融资。是指从银行及非银行金融机构、企业、团体、个人借入的资金。三是无偿援助、赠款和财政支持资金。实际上主要就是以项目形式得到的财政支持资金，为支持新型经营主体扩大规模，引进新技术新装备，中央到盟市、旗市各级政府及其部门所提供的项目资金。政策支持应采取以下两种制度：一是普惠制。只要达到政策规定的规模要求且达到起点，都应该进行财政支持，而不应该是选择性地支持，不能搞政策歧视；二是建立科学的、严谨的资金投放和追踪监管制度。第四，技术。新型经营主体与小牧户不同的是，在产前、产中、产后各个阶段更需要科技的支撑，越来越与现代科技要素深度融合的趋势。并且科技要素的作用逐渐得到重视，是提高新型经营主体可持续发展，以及提高其竞争能力的决定性要素。总体来说，培育新型经营主体，提升畜牧业生产组织化程度，必须把握好新型经营主体培育的这四个要素。

三、市场机制的完善

在新型经营主体形成之前，牧户主要以小规模生产、粗放经营、自主决策为主，"小生产"与"大市场"的矛盾始终没有得到很好地解决。由于小牧户生产、加工及储运机械设备不配套、不完备，而包括羔羊等畜产品几乎都销售给中间商，与自己或者委托屠宰、加工和销售相比，其收益明显偏低。即便把活羊等畜产品直接运送至屠宰场或冷库，也是由于数量规模小而没有强有力的话语权，屠宰时间被拖延，甚至在更苛刻的条件要求面前毫无回旋余地，所能获得的收益自然较低。由于小牧户往往收集信息、得到市场行情等能力远低于新型经营主体，导致信息不对称。那么，对于生产多少、销售多少、何时出售、到哪儿出售、何种方式出售等市场的供求关系、价格动态、竞争状况等方面的情况，小牧户不能及时、全面、真实地了解和掌握，带来的又是收益损失。因此，在社会化服务体系尚未全面、系统地形成的背景下，改变散户经营，进行组织化、集约化、商品化经营是克服以上问题，提高生产力水平，发展草原畜牧业的必由之路，而构建适应市场经济和生产力发展水平的新型生产组织形式——新型经营主体则是草原畜牧业现代化不可或缺的重要组成。新型经营主体可以实现由牧民小规模经营向规模化转型升级，由牧户分散经营向组织化经营转型升级，由牧户粗放经营向集约经营转型升级，由牧户商品性经营向市场化经营转型升级，由牧户差异性产品经营向标准化产品经营转型升级，由牧户大众型产品经营向品牌型产品转型升级，其结果，一是提高市场话语权，与市场的博弈能力得到提高；二是畜产品销售方式和销售渠道得到优化；三是能够广泛搜集市场相关信息，对于生产多少、销售多少、何时销售、何种方式销售的决策更具科学化、精准化；四是由于群策群力的优势，能够有效降低市场带来的各种风险；五是与牧户相比，新型经营主体更加善于开发、引进应用现代科技支撑的营销手段，如"互联网＋"、大数据、云计算、人工智能等，这将大大提高市场竞争能力；六是由于规模化生产、标准化经营、品牌化营销，使畜产品附加值大幅提高，从而增加经济效益。

四、技术效率的提高

随着社会经济的发展，科技进步、科技创新周期越来越短，速度越来越快，同时，对社会经济发展提供更加强有力的科技支撑。草原畜牧业也不例外，在漫长的历史演变过程中，由过去完全依靠传统生产工具和经验决策向以现代科技为支撑的、依托信息技术科学决策的现代化迈进。在漫长的草原畜牧业发展过程中，科技要素逐渐渗透到其各个领域，助推传统草原畜牧业向现代草原畜牧业转型升级，反之，草原畜牧业生产经营活动也越来越离不开现代科技要素，即现代科技与草原畜牧业融合发展轨迹越来越显著，例如，机械畜牧业、信息畜牧业、数字畜牧业、智慧畜牧业等。与牧户相比，首先，新型经营主体相对资金雄厚，一方面可以购买、引进新技术，广泛应用于其生产、加工、储藏、运输、营销等经营活动中，以提高技术效率和生产效率；另一方面，可以通过技术研发、创新、推广应用于生产实践，达到其最终目的。其次，新型经营主体具有组织化、规模化、集约化、人才化的优势和条件，无论是时空上，还是硬件和软件条件方面，均具备了一定优势，从而降低技术应用成本。如畜产品生产、加工、储藏、运输、营销技术，智能放牧技术（无人机放牧、GPS和北斗导航系统放牧技术、手机 App 等）。

第四节

新型经营主体形成的社会机制

一、人口流动的影响

苏联人口学家雷巴科夫斯基曾指出："从经济角度来看，迁移是生产和人口之间的联系环节；从社会发展的立场看，它是调整劳动力平衡的最重要手段，是社会整体化、族际接近和城乡差别消灭的必要条件；从个人角度看，迁移也是改善生活条件，达到预定目的和表现社会积极性的道路之一"①。人口作为人力资源要素的基础,人口流动遵循社会学、经济学规律,即由社会福祉低的地区向社会福祉高的地区移动,由经济收入低的地区向经济收入高的地区移动。流动主体本身多为相对文化素质高、有一定技术、技能且具有一定年龄优势的人群。随着社会经济的发展,同农区一样,越来越多的牧区人口向城镇、都市转移,加剧了牧区人口的老龄化、学历素质的下降,但与此同时,对畜牧业生产合作、草牧场流转、新型经营主体的形成产生了积极影响。由于牧民长期生产生活在草原牧区,与外界交流甚少,在他们中间存在不愿意沟通或沟通困难、无法适应新时代要求等问题。因此,通过构建新型经营主体把千万个孤立分散的牧民组织起来,使其成为有组织、有平台、有管理的命运共同体。

二、脱贫致富的效用

牧区贫困问题所指的是综合贫困,首先,牧区草原生态退化、沙化、盐渍化,即生态系统脆弱造成的贫困;其次,是牧民生产生活所面临的生计贫困;最后,是牧民受教育年限短,知识、技能匮乏造成的贫困。因此,要想解决"三牧"贫困问题,走可持续发展道路,就要充分重视牧区已有的资源禀赋、草地利用制度、本土知识和现代科技。那么如何才能把上述要素与"三牧"有机结合呢?以组织化、规模化、集约化、社会化为特征的新型经营主体能够通过市场机制有效配置各种要素,与现代科技要素相结合,通过季节轮牧或小游牧实现草地资源的合理利用,使其能够休养生息,既不影响畜牧业生产的同时,草地资源也能够得到恢复和健康发展。新型经营主体的龙头企业可以发挥龙头的驱动作用,以产业化经营的形式辐射带动一批甚至一大批贫困牧户实现脱贫致富;牧民合作社可

① 雷巴科夫斯基. 苏联人口七十年 [M]. 郭丽群,译. 北京:商务印书馆,1994.

以吸收一批贫困牧户成为社员，通过合作社运行，即牲畜委托、直接帮扶、股份红利等措施使其脱贫致富；家庭牧场与贫困牧户合作，做到草场共同利用或租赁利用，传授经验、技术、方法等措施，当然，也可以以示范带动作用，使其达到脱贫致富的目的。

三、治理更加有效

我国国家治理体系和治理能力是中国特色社会主义制度及其执行能力的集中体现。家庭承包制实施以来，由于集体经济组织统领能力的弱化，基层社会治理正面临空前挑战，在草原牧区，传统牧户的经营分散，更是不便于治理。在新型经营主体不断涌现、畜牧业发展方式向好转变的同时，也为牧区基层社会治理带来了体制机制优势。新型经营主体是完善群众参与基层社会治理的制度化渠道。因此，地方政府和嘎查集体要高度重视新型经营主体在基层社会治理中的作用，为其创造更多的有利条件和优惠政策，大力调动新型经营主体的组织能力、带动能力、执行能力，达到有效治理政治、经济、社会、文化和生态的目的。

为了进一步挖掘草原畜牧业发展潜力，不论是龙头企业，还是牧区土生土长的牧民合作社、家庭牧场，都应建立规范的法人治理结构。在经营主体内部，应构建激励相容、公平合理的利益分享机制。同时，重视草场流转的后续服务和监管。加强草原畜牧业生产前、中、后的纵向一条龙整合，强化畜牧业产业与关联产业之间的横向一体化协同，是畜牧业产业转型升级和创新发展的方向和路径。

新型经营主体的生产经营活动是以生态环保理念为指导，深度落实绿色发展理念，坚持节约资源、保护环境，坚定走"三生"，即生态良好、生产发展、生活富裕的高质量发展新路子，把祖国北疆这道风景线打造得更加靓丽。

第五节

新型经营主体形成的文化机制

一、优秀文化的传承

习近平总书记指出:"像爱惜生命一样保护好历史文化遗产"①。在草原牧区,游牧生产生活方式在漫长的演进过程中形成了深厚的理论、高尚的理念、严密的组织、理性的行为,这不是漫无边际、无方向、无目的的游动,而是在社会规范、自然法则、经济实力等诸多方面共同影响下所表现出来的,具有强大生命力的人类生存、发展和繁荣的社会生产方式。这种移动性是一种适应多变的自然生态合理科学的能力表现,也体现出在复杂多变的、不确定的社会经济条件下,为坚持其组织性、保持其秩序性的一种能力。游牧的显著特征表现在游牧生产和游牧生活的多方面,如游牧主体的观念、信仰、风俗、习惯,以及社会结构、政治制度、价值体系等。习近平总书记强调坚持人与自然和谐共生,"万物各得其和以生,各得其养以成"②,大自然是包括人在内一切生物的摇篮,是人类赖以生存发展的基本条件。大自然孕育抚养了人类,人类应该以自然为根,尊重自然、顺应自然、保护自然。不尊重自然,违背自然规律,只会遭到大自然的报复。自然遭到系统性破坏,人类生存发展就成了无源之水、无本之木。我们要像保护眼睛一样保护自然和生态环境,推动形成人与自然和谐共生的新格局。游牧生产方式,它不仅包括游牧生活方式,还包括宗教、风俗、习惯、礼仪、语言、哲学等一系列要素,以及他们的习惯法和成文

---

① 李斌,樊攀,乌梦达.像爱惜生命一样保护好历史文化遗产——习近平总书记"出"的这道题北京西城如何答[N].新华社,2018-4-16.
② 习近平.共同构建人与自然生命共同体[N].人民日报,2021-4-23(2).

法。它崇尚自然，与丰富的自然资源融为一体，自然环境是游牧生产方式产生并发展壮大的温床。长期的游牧生活使得牧民早已适应了高寒干旱的气候条件，这样的生产生活方式逐渐形成了人类文明与智慧的结晶。数千年的生产实践证明，游牧生产方式是低成本、利草场的最有效的组织模式，是草地利用制度的优先领域。近代以来，由于制度调整、空间缩小、技术水平滞后、生产效率低等因素，导致游牧生产方式逐渐消失，随之引起以游牧为主的牧民数量锐减，游牧业的重要地位逐渐下降。特别是我国实行"双权一制"制度，使过去在使用上完整、有序、多样的草场加速碎片化、网格化、单一化，促使牧户过上了定居的生产生活，从此游牧的生产生活方式濒临终结。党的十九届中央委员会第四次全体会议的决定中强调：坚持人与自然和谐共生，坚守尊重自然、顺应自然、保护自然，健全源头预防、过程控制、损害赔偿、责任追究的生态环境保护体系。为传承和发展生态文明及其优秀文化精髓和核心提供了重大的政策和制度条件。这就必须要有相应的载体来将其传承下去，因此，相对而言具有组织化、规模化的新型经营主体理应充当这一重要角色。

二、多元文化的共荣

文化是相对于政治、经济而言，人类精神活动所创造的产物，它承载着历史发展的印记，是人类社会发展的积淀。准确地说，文化的形成是以物质为基础的，却又游离于物质之外，既包含着一个国家的风土人情、地理历史，又蕴含着文学艺术、思维方式与价值观念等；它是人类之间进行交流与沟通的桥梁，也是人类对客观世界的感性认知与经验升华。所谓文化多元化是指在中华文化的大系统中，为推动各地区、各民族共同发展繁荣，一方面，培养本土优秀文化；另一方面，兼收并蓄其他国家的优秀文化，取其精华、去其糟粕，从而形成以本土文化为主，其他文化为辅的多元文化系统。多元共存是指各种文化都有充分的空间与权力自由衍生发展，相互之间和谐共处、和合共生。这样的发展规律符合文化发展的内在规律与需求。每一种文化都有其独特的魅力与思想内涵，多种文化能够取长补短、借鉴优势、相互交流、共同繁荣发展的源泉是文化的多元共存。从而形成了源远流长、多姿多彩的人类文明景观。每一个民族在其发展的历程中都逐渐形成了一套适合自己的价值理念与生活方式，即形成各自特有的文化，这代表着民族生命与精神源源不竭地向下延续。由此可见，人类文化的形成、交流与创造是伴随着人类社会活动形成的。因此，文化多元化虽然在一定程度上给民族文化带来一定影响，但总的来说，文化多元化有利于世界民族和文化的繁荣与发展。与牧户相比，新型经营主体有条件、有能力、有义务、有责任传承发展适应本土的优秀文化的同时，更有必要吸收全人类优秀与先进的文化，使各种文化取长补短、彼此借鉴，通过新型经营主体的生产生活使多元文化共荣共赢。

三、文化创新的需要

曾经的游牧方式指导着牧民、部落之间的生产与生活，牧民吸取先进生产方式与技术手段的渠道狭窄，很多客观条件导致生产潜力没有被最大限度地开发利用。在家庭承包联产责任制之后，生产主体以一家一户为主要单位，每家每户的生产模式雷同，同样面临着生产手段落后的困境。然而，随着国家大力倡导培育新型经营主体的政策落实，不同新型经营主体的生产管理模式有了显著的差别。新型经营主体不断培育与壮大的同时，生产方式与经营运作模式都会发生崭新的变化，一方面，主体内部之间的资源进行了有效地整合；另一方面，不同主体之间的交流与合作日益加深，随之带来的便是文化交流碰撞与融合，即新型经营主体是文化创新的载体之一。无论是合作文化还是技术创新，这些都是一种文化本身的创新发展表现，文化不能封闭，封闭则亡，开放则荣。一种文化的发展繁荣依赖于汲取异质文化的精髓，在相互融合的过程中按照自身的价值观念自主选择，从而不断发展、繁荣自己。

遵循中国特色社会主义先进文化的发展规律，不断深化文化体制改革，是社会主义核心价值观的具体体现，有利于创造文化繁荣发展的环境，进一步激发文化创新创造活力，健全生产经营机制和文化管理体制。完备的文化产业体系同样也会作用于生产市场，刺激生产者提供更多有价值且种类繁多的商品。

第六节

新型经营主体形成的环境机制

一、适应气候变化

在草原牧区，旱灾、雪灾、寒流及暴风等极端气候变化会直接影响牧草的长势和质量，进而会对牲畜的数量甚至质量产生不利影响，最终导致牧户购买饲草料、建设棚圈等畜牧业生产支出增加，家庭收入减少，生活质量下降。特别是在对这些灾害毫无预见性的前提下，对生产规模小、经营资金少、信息流通不畅且抵御自然灾害风险能力有限的牧户造成的损失极大。绝大部分牧户都是在极端气候发生后，才采取相应措施去应对、适应气候变化。为了降低气候变化对畜牧业生产及牧民生活的不利影响程度，新型经营主体的形成显得尤为必要。一方面，由于新型经营主体经营规模大，技术水平高，信息获取能力强，相比牧户适应和应对气候变化的速度快、能力强、效果好；另一方面，新型经营主体是以合作为基础的，因此，困难时刻能够抱团取暖，合作共赢。同时，也能够及时有效地将信息传递给广大牧户，使其能够提前做好灾前预防措施和灾后保障措施，从而最大限度地降低极端气候变化给牧户带来的损失。

二、有效利用水资源

对于草原牧区而言，气候条件较为干旱，再加之旱灾频繁，水资源的补给量总是少于消耗量，因此，其储存量极为有限。而牧户在畜牧业生产、生活中恰恰需要较多的用水量。然而，由于对草原牧区无节制、不合理的矿产、天然气、石油、有色金属等有限资源的开采，极大限度地引起了地下水位的急剧下降。尤其是内蒙古自治区的部分地区，地下水水位平均下降 30 米，不仅影响到了牧户的畜牧业生产，还严重威胁到牧民的生存。特别是家庭承包制实施后，在草场合理利用方面缺乏有效的监督管理，从而导致了草地资源的不合理利用。在草场租赁制度不完善、草场流转不规范的情况下，过度放牧的现象频繁发生，致使草场退化尤为严重，难以形成自然界良好的水循环，从而再次使干旱加剧。在此局面下，为了防止和缓解水资源过度消耗，解决草场管理涣散的问题，就需要建立组织化、制度化的统一管理主体，在水资源遭遇瓶颈的条件下，合理、有效地对其进行利用、开发与管理。而新型经营主体的形成便能很好地解决以上问题的产生。在水资源的利用方面，在网围栏出现之前，牧户利用水资源，包括大口井、机井在内，非常方便，而网围栏出现之后，这些水资源基本被网围栏内的牧户独占使用，给其他牧户带来了极大不便。如合作，机井中的水资源得到了均等化利用，降低了其他牧户的打井投资和用水费用。另外，由于新型经营主体拥有较为雄厚的资金，在畜牧业生产中可投入智能化设备，如水槽，不但能够解放牧区的劳动力，同时水资源也能得到合理利用。在水资源开发方面，新型经营主体可以利用自身的资金、技术优势，选择地下水位较高的地段打井使用，可节省散户单独打井的交易成本。在水资源的管理上，新型经营主体能够科学地为不合理利用水资源的牧户制定规则并重新调整，在合理范围内调节其用水量。

三、合理利用草地资源

由于人类不恰当的经济活动导致本就脆弱的草原生态环境急剧恶化，自中华人民共和国成立以来，内蒙古自治区草地资源呈现持续不断的退化状态，截至 21 世纪初，退化的草地面积已经达到整个内蒙古地区可利用草地面积的 70% 以上。在草原植被逐渐退化的背景下，可供牲畜采食的牧草种类日益减少，天然草场的质量每况愈下，因此，在难以形成大气云层、不易固定土壤、流失地表营养物质的情况下，草原生态环境又会进一步恶化，从此形成恶性循环。在此背景下，传统的放牧方式已不再适应牧区的生产生活，新型经营主体应运而生。在草地利用方式上，将草场资源重新整合并统一管理。通过草场流转扩大草场面积，对部分草场进行划区轮牧或小范围游牧，给予天然草地以休养生息的时机，从而使其得以可持续发展和利用，在合理利用中得以恢复。在草场建设方面，新型经营主体在资金、技术上拥有散户所不具备的优势。例如，在合作社形成后，便可利用自身信用进行抵押、银行贷款等，以弥补资金短缺的问题，从而将其用于草场改良、建设人工草地及饲草料基地等。在技术应用方面，与普通牧户相比，新型经营主体的集约化程度较高，特别是资金问题得以解决的前提下，无论是在饲草料加工、牧草新品种培育等方面的技术都能得以实现。另外，先进的生产工艺，全面的安全认证都能在一定程度上避免散户在畜产品生产过程中可能出现的质量安全问题，从而在草原生态环境逐渐向好的条件下，为新型经营主体能够生产出高质量、绿色畜产品、形成绿色畜产品输出基地夯实基础。在资金与技术的支持下，牧户便能实现增收。在监督管理方面，新型经营主体的专业化分工更为明确，而且能够在畜牧业生产的各个环节实现良好的管理与互相监督，尽可能保证草地资源的可持续利用。

第四章

新型牧区草原畜牧业
经营主体运行机制

第一节
新型经营主体运行机制

一、组织管理机制

专业大户实质上是在家庭承包经营的框架内，通过投入要素的增加和配置的优化，使家庭经营的容量得到有效的扩充和提升，是在家庭内部发家致富的新领域。与普通牧户相比，专业大户的经营者大部分更懂技术、善经营、会管理，无论是对于资源的配置，还是在提高利润与收益水平上，都有着更加灵活的主动权与控制权。作为商品生产者，讲求经济效益，充分利用规模经济效应，最大限度地降低饲养的边际成本，整合各类资源与技术，发挥不同主体的特长优势，提高该主体中资金流通速度，扩大畜产品的销售途径，使生产的专业分工和多样化有机融合。

新型经营主体内部的管理与运转要遵从计划、组织、指挥、协调与控制等职能。

首先，新型经营主体好比一个庞大的企业，那么管理意味着展望未来，预见是管理的一个基本要素，预见的目的就是制订未来的行动计划。在计划的同时，各类职能之间要进行有机的协调。例如，家庭牧场实行牧场主负责制，牧场主统揽全场工作，主要是拟定发展目标和计划，制定管理制度；牧场主制定的计划内容主要包括未来一段时间内的各个职能部门涉及的业务计划，管理生产的负责人拟订未来的生产计划，未来饲养的牲畜数量是否有大幅变动、未来所需要的草料数量等；负责营销的专业人才则主要把控畜产品的销量与价格，并根据未来的市场供求状况及时与生产部门协调，调整期初的生产计划；财务管理的负责人需要根据生产与销售端口的情况来计划本年所需要的资金使用量，若有不足，应及时采取贷款等一系列有效措施，尽量做到资金略有盈余等。

其次，新型经营主体的组织与协调功能也十分重要。例如，牧民合作社治理机构通常有以下机构：成员大会（或成员代表大会）、理事长或者理事会、执行监事或者监事会、经理（经营机构）等。合作社成员大会是合作社的主要机构之一，由全体成员组成，是合作社的最高权力机构，该成员大会对于合作社每年的生产、财务、销售、利润分配等方面有着绝对的控制权。合作社内不同的人员有着明确的分工与职责，结合自身的实际经验与专业技能承担起不同的职责，协调解决合作社重大事宜。生产岗位的负责人主要的工作内容为制订年度生产计划、按需筹备生产资料，严抓生产实施技术规程，并提供技术辅助与指导；销售岗位的管理人员主要负责拓展销售渠道、签订销售合同并落实销售计划，做到及时回款。在提高销售数量的同时最大可能地降低销售成本，一方面，可以保证农牧民提高收入水平；另一方面，提升畜产品的品牌知名度。财务岗位的主要任务是制订年度财务计划与预算方案，筹备年度生产所需资金；建立健全会计基础账簿，组织财务核算，按时提交、报送财务报告。上述各个部门的实际行动都要受到总负责人的控制，信息沟通与交流上下贯通，传播迅速，使整个新型经营主体在面临市场这个宏观的大环境之下能够做到有组织、有计划、反应迅速、及时纠偏、抵御风险等功能。

最后，新型经营主体的控制功能也不可忽视。法约尔认为，控制就是要证实企业的各项工作是否已经和计划相符，其目的在于指出工作中的缺点和错误，以便纠正并避免重犯①。在新型经营主体内，无论是家庭牧场主还是合作社成员大会，抑或是畜牧业龙头企业负责人，对于经营主体的控制内容涵盖范围十分广阔。对人力资源而言，新型经营主体加强人力资源管理，充分调动人的积极性、创造性和主观能动性，使合作社全体成员形成一个团结合作、奋发向上的优秀团队，这是一个合作社能否在市场竞争中占据主动的关键；对生产要素而言，经营主体有着更加灵活的空间合理地调整生产计划来应对市场的外部变化；对风险而言，经营主体比分散的小牧户有着更强的抵御风险的能力。

二、劳动分工机制

人类是唯一会交易的动物。亚当·斯密在《国富论》中敏锐地指出了这一点。全世界的经济是一张人类合作的神奇网络，在这张网络中，我们所有人都专注于大量生产某种或某几种东西，相信其他人也是一样，由此生产出各种不同但互补的商品。因此，在这个生产过程中，分工合作就显得尤为重要。

过去，许多分散的小牧户在一个完整的饲养周期内，不仅需要雇用长期工，还需要雇用短期工来协调生产需要，除此之外还需要身兼数职，既承担起饲养的重任，还要承担起草料购置、维修机械、防疫、销售等重任；忙碌时，雇工资源短缺造成人力成本提高，再伴随着近年来物价普遍上涨与气候的不利变化，促使各种生产要素的购置成本逐年攀升；企业奶牛场岗位设置比较复杂、琐碎，管理更为烦琐，经营者没有直接参与具体工作当中，主要作业由雇工完成。不仅要雇用具体环节的工作工人，还要

---

① 亨利·法约尔. 工业管理与一般管理［M］. 迟力耕，张璇，译. 北京：机械工业出版社，2007.

雇用管理人员，例如，场长、会计、配种员、兽医等专业技术人员。这样固有的生产思路与模式带来的往往是生产成本提升、生产效率低下与资源利用潜能发挥不足等问题。因此，应该充分利用合作社和各类社会化服务组织，借助各类社会化分工，由各类服务组织去完成相应的工作，形成规模经营，降低成本，提高资源利用效率。此外，尝试发展专业大户的经营模式也是我国实现畜牧业生产专业化、规模化、产业化、标准化的重要途径。因此，要认识到小而全自给或半自给小牧户生产模式的局限性，加强牧户的合作意识，合理分工，明确各自的工作责任，不断提高生产效率与效益。

分工能提高操作熟练度，因为简单地重复某一个动作时，久而久之便会熟能生巧，自然缩短了完成工序的时间，提高了效率。与一般牧户相比，新型经营主体中人员分工更加细化，专业化程度更高、管理人员素质更高，对市场的了解程度、谈判技巧、销售技能等更加专业；通过劳动分工，使具有不同劳动特长的社员充分发挥自己的聪明才智，保证有专业技术水平和丰富经验的社员来养畜，有管理经验的社员来管理，有市场经验的社员来跑市场，这样分工能够给合作社带来更高的效益。此外，合作社中的人员各司其职，不会因为频繁地转换任务而增加熟悉的时间，这样就可以大大降低成本。在解放了劳动力的同时，更加能够发挥个体的特长与优势，细化管理、提高专业化程度，经过良性循环之后，可以不断增加牧民的收入。

三、资源配置机制

从经济学意义上来说，资源配置即效率。资源配置机制是指对资源使用的数量、规模、结构、布局等方面进行调节的一种经济机制，合理的资源配置能够生产出更多社会所需要的产品和劳务，以此实现更高的社会效益。资源配置机制按照传统经济学进行分类，可分为两类：一是市场，二是政府。在党的十八届三中全会中，政府提倡积极构建开放并有序竞争的市场体系，使市场对于资源配置起到决定性的作用，为企业的经营创造公平竞争的氛围，加快要素之间的有效交换与流动，竭力清除不利壁垒。这就意味着赋予了每个具体的经营主体平等的市场地位，要求新型经营主体以市场为导向，按照市场需求组织农业生产，为新型农业经营主体参与市场竞争、提高市场竞争力指明了方向。

政府在市场配置资源的基础上通过行政命令对资源进行再分配，以弥补市场失灵的缺陷。除市场和国家政府这两种资源配置的力量之外，还存在一种非市场非政府的资源配置方式，即由习俗惯例、伦理道德等组成的对资源进行补充性配置的力量。陈振平曾指出，合作社事业的发展离不开对资源进行补充性配置的第三种资源配置力量。他认为，合作社从最初建立所需要的互助合作精神，到正常顺利运行所需的规范制度和契约精神，再到改善社员经济社会状况、让社员共享合作社的发展成果，都需要第三种资源配置的力量。因此，无论是国家政策倡导趋势，还是自身发展需要，新型经营主体都能够极大限度地提高资源配置效率。市场配置资源是通过价格、供求、竞争等机制来配置资源的，推动草场经营权流转是发挥市场对资源配置的决定性作用的客观要求，有利于提高草场资源的利用率，推动畜牧业生产力的发展。

这样的主导形势，为新型经营主体的运营提供了新的思路与渠道。以畜牧业为主的专业大户与家庭牧场，基本上生产的畜产品种类较为稳定，生产结构是否变化主要由市场供求关系主导。因此，对于家庭牧场和专业大户而言，首先应该制定正确的生产决策，并结合当地资源禀赋条件与市场状况，提升获利能力。就畜牧业龙头企业而言，应该通过发挥产业集约优势和组织优势，以产业联接、带动的形式，为牧户提供市场、技术信息，建立自身生产运营的标准流程，拉伸延长生产价值链，不断提升畜产品的附加值，使生产与市场精准对接，在提供丰富多样的畜产品的同时，提供畜牧业社会化服务。借助互联网平台，加强信息交流与沟通，为牧户科学决策、饲养和疫病防治提供参考信息。

四、利益分配机制

现阶段，虽然我国牧区合作社发展较快，但仍处于初级发展阶段，且大部分合作社缺乏完善的利益分配机制。

牧户成为新型草原畜牧业经营主体成员后，作为股东享受成本节省、价格提高、利润返还和"三险一金"等方面的实惠，从而收入增加（见图4-1）。

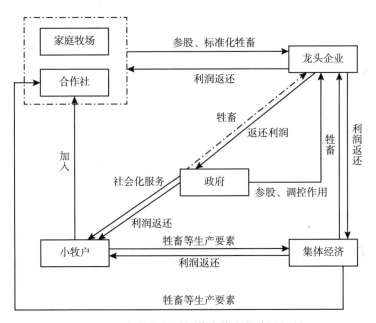

图4-1　畜牧业新型经营主体利益分配机制

资料来源：笔者根据研究资料绘制。

（一）成本节约

1. 人工成本节约

牧民加入新型经营主体，不仅减少闲暇时间，通过分工和合作可降低劳动成本的同时，也能提高劳动生产率，如通过合群放牧可节省羊倌的雇佣费。

2. 设备利用率提高带来成本节省

如牧户共同使用畜牧业机械设备及配套设施，减少由于牧户每家每户都购置各种机械设备闲置带来的损失。

3. 降低购买饲草料费用

由于新型经营主体统一购买饲草料，从而降低成本。

4. 政府贴息

作为新型经营主体可享受政府的包括贷款贴息在内的优惠政策。

具体表达式：

$$\sum_{i=1}^{n} C_i (散户经营成本费用) > C (新型经营主体成本费用) \quad (4-1)$$

$$\sum_{i=1}^{n} C_i (散户经营成本费用) = C + \Delta C (节约成本费用) \quad (4-2)$$

（二）销售价格提高

由于新型草原畜牧业经营主体统一出售活畜及畜产品，从而实现优质优价带来增值。

具体表达式：

$$\sum_{i=1}^{n} P_i < P \quad (4-3)$$

$$\sum_{i=1}^{n} P_i + \Delta P (价格提高幅度) = P \quad (4-4)$$

（三）利润返还

1. 畜产品初级加工增值的利润返还

畜牧业龙头企业（或屠宰厂）通过初级加工增值将获得利润的一部分返还给畜牧业新型经营主体。

2. 半成品（或在产品）加工增值的利润返还

半成品（或在产品）加工增值的利润返还是指由特定的加工方法、特殊的制作配方、优良的文化元素的融合而产生的增值利润的一部分返还给新型经营主体（家庭牧场、合作社、也包括集体股份经济合作社）。

3. 副产品精深加工增值的利润返还

将皮、毛、骨、血、脂肪、排泄物等副产品精深加工成各种药品、保健品、化妆品、饲料、肥料等所带来利润的一部分返还给新型经营主体。

4. 品牌增值

通过各种新闻媒体做广告、搞宣传等方式打造"三品一标一功能"品牌而获得利润的一部分返还给新型经营主体。

（四）社员员工化的工资和"三险一金"

集体经济社员加入新型经营主体成为员工，可获得工资并享受"三险一金"待遇。

在以上具体分析的基础上，可以用生命周期理论讨论新型经营主体利益分配机制。与企业发展的生命周期类似，其他新型经营主体的生命周期同样可以划分为创立期、成长期、成熟期和衰退期。处于不同发展时期的新型经营主体（主要指合作社），其所具备的发展目标和特点，以及所应建立的相应配套措施、保障措施也是不同的，这就需要有针对性地构建出处于不同发展时期的合作社的利益分配机制。

合作社发展的始端和末端，即组建初期阶段和衰退阶段，合作社内部交易价格大于市场交易价格；由于合作社盈利水平低，可分配盈余有限，因此，应当将交易量返利比率定为 0 或很小，返利控制在 60% 以内；提取低于 5% 的公积金；政府应当加大对合作社的扶持力度，并进行适当引导；合作社的合作对象可以扩充到社员以外，并实行以股金分红为主的利益分配方式。成长阶段和成熟阶段，合作社的交易量返利比率应当确定为大于等于 60%；建立健全公共积累机制，将公积金的提取比例定为 10%，并提取低于 5% 的公益金，按照 10% ~20% 的比例提取发展基金。

五、风险管理机制

随着经济社会的进步与发展，新型草原畜牧业经营主体在实际经营过程中面临的风险越来越多，如自然风险、疫病风险、市场风险与金融债务风险等，因此，充分意识到风险管理的重要性显得尤为必要。

自然风险是指由于自然偶发因素导致的不可抗的危害生产、财产与生命安全的风险，例如，地震、旱灾与冻灾等自然灾害。近年来的旱灾，使很多牧区草场寸草不生，这就直接加大了牧民的生产成本，很多地区的牧民由于旱情严重而举家搬迁，长此以往，对于牧区的建设与生态环境的保护都十分不利。动物疫病风险是指由于动物疫病因子在牲畜繁殖、屠宰与加工的过程中传播扩散而导致的牲畜群体遭受损失的风险。在实际饲养过程中，对于疫病的防治与控制环节不容忽视，只有及时发现存在的疫情，避免不可控的扩散与传播，才能在疫病发生时最大限度地降低损失。在市场经济环境下，畜产品的价格与供求直接决定着牧民的收入与利润水平，然而畜产品在整个循环周期中存在着很多不利因素，由于饲养周期较长，因此畜产品从投入生产到利润实现的周期较长，产品的滞后性使牧民不能及时调整生产策略，很难灵敏应对市场供需变化，常常面临着错失良机或低价赔钱出售的窘境。当前，很多牧民在饲养牲畜时都会向银行或农村信用社贷款来满足资金使用需求，金融债务风险是指牧民由于多方面因素导致到期不能够及时偿还本息，甚至有很多牧民存在以贷还贷的应付行为，如若资金链断裂不能够按期偿还贷款，那么将会导致银行出现大量的不良贷款，进一步造成更加严重的影响。

综上所述，需要对风险管理机制进行构建，风险管理机制的主要任务就是要保护加入新型经营主体的人员的利益，降低非系统性风险，从而保证新型经营主体的稳定发展。风险管理需要在内部和外部两方面进行监管。以合作社为例，在内部风险管理方面，应当建立严格的监管制度，对财务管理、利益分配及重大事项的民主管理状况等方面实行严格的监管。在外部风险管理方面，政府应当在其所能支配的财务能力范围内，利用税收、法律等政策手段建立必要的外部环境，通过适当的指导、管理和监督，在一定程度上对合作社的风险管理提供有力的扶持。

第二节

新型经营主体内部合作机理

对于劳动力较为缺乏且自然环境恶劣的草原牧区而言，牧户很难在不合作的条件下生存和发展。牧户合作是由草原畜牧业生产生活特质决定的，也是由内蒙古高原的植物种类、地形地貌所决定的。牧民在冬天放牧时，马作为五畜的开路先锋，能够将雪地刨开，将草地露出，这样紧跟着的牛、羊能吃上青草，而山羊就像是整个畜群的哨兵一样，比绵羊能够更快地发现危险所在，保障整个畜群的安全。因此，五畜间是互相依存的。在季节轮牧时，五畜可分群，这就需要不同的劳动力来满足生产需求，便出现了马倌、牛倌、羊倌等，这就是内部的合作问题。以前地广人稀，若要分群放牧，一家牧民是很难独自完成的，因此便以婚姻关系、血缘关系、朋友关系为基础进行合作，这些人平时生活在一起，这样一来就能共同放牧。这就是最初合作的渊源。

在新型经营主体的内部合作中，主要是以牧户为基本单位、以劳动分工为基本形式进行合作，通过发挥劳动力自身的相对优势，达到资源要素的合理配置，从而提高劳动生产效率。对于家庭牧场而言，主要是以家庭劳动力为主，以少量的雇工（如羊倌等）为辅进行合作，这样就能在一定程度上使文化水平相对较低、知识技能掌握不太牢靠的牧户也能在畜牧业生产中发挥自身力量，协助进行经营管理，从中获得相应的劳动报酬，以使家庭收入有所保障。特别是对于合作社、龙头企业这类的新型经营主体来说，更能较好地体现内部合作的机理。通过合作化后，资源闲置的问题也能得到良好解决，曾经单个牧户家的机械、设备等能够得以充分利用，可以大大节省生产成本，调动牧户的生产积极性。另外，在合作的过程中，牧户也能及时学习到新的生产经营技能，把握实时的畜牧业经营管理知识，积累经验，从而提升自我价值，最终在"共享经济"的环境下实现新型经营主体的利润最大化，甚至是内部个人的利润最大化。

第三节

新型经营主体之间的合作机理

随着社会的进步与发展、产业的分化，劳动分工更加细化，单一的经营主体很难适应现代社会的生产需求；另外，部分经营主体在发展过程中缺乏新技术及专业的技术管理人员的指导，再加之经营者管理不规范，难以适应市场化经济的快速发展，对风险的抵御能力不强，这就促使各主体之间进行更深层次的合作。龙头企业、牧民合作社、家庭牧场、专业大户这些都是新型经营主体的组成部分，它们之间有着十分紧密的关系。从新型经营主体的管理模式中可以看出，龙头企业带动型专业合作社（龙头企业＋合作社＋农牧户）就是借助龙头企业的资源与资金优势，在市场、合作社与牧户之间建立完整的"产＋销"一体化的经营服务体系。这不但能够调动牧户的生产积极性，同时带动劳动力就业，使其在合作中获得收益，还能在一定程度上促进地区特色产业的发展。对于专业大户带动型来说，其对牧民的辐射范围广、影响力大，这是由于它是由牧户自发组织起来的一种合作形式，入社社员以声誉好、威望高的嘎查干部为核心，在经验丰富的技术能人的带领下，能人大户利用自身所特有的优势，如经济资本、人力资本、社会资本等，就能够带动牧民充满信心地积极参与到生产经营活动中去。另外，"家庭牧场＋合作社"的合作模式也值得推广，一方面，合作社可以为家庭牧场提供必要的技术支持、稳定的销售渠道等方面的服务；另一方面，在家庭牧场的加入下，合作社便有了一个强有力的外部支持，这就在一定程度上保证了合作社的长远发展。

总而言之，主体之间的不同合作模式能够借助彼此的优势，有效弥补自身不足，提高生存能力，有效地降低交易成本，搭建技术共享与资金互助平台，不断完善整个饲养流程，形成一套健全的产业标准与先进的管理理念、增强风险防范与抵御能力、使畜产品做到标准化、产业化，继而形成特色品牌，发挥品牌优势效应，拓宽销路，延长产品价值链，拓宽产品增值道路，最终实现利润最大化的目标，从而达到"1+1＞2"的效果。

第五章

新型经营主体的发展现状

第一节

内蒙古自治区新型经营主体的发展概况①

通常情况下，专业大户不仅在自家承包的草场上进行生产经营活动，而且还从临近自家草场的其他牧户家租入草场使用，并与常年雇佣的劳动力共同参与生产经营。1980~1990年，草原牧区曾出现过许多牲畜规模超千头（只）的专业大户，也得到过相关部门的认可。21世纪以来，由于草原生态环境恶化，在草畜平衡制度的要求下，牲畜规模被限定，牧民养畜规模越来越缩小。此外，专业大户在经营管理理念、生产技术的应用等方面还未达到一定高度，仅仅滞留在以单纯地扩大草场面积而进行简单生产的层面上，特别是在缺乏创业资金、扶持政策的条件下，想要提升生产效益难度很大。

早在1980年左右，内蒙古自治区便在国营牧场管理体制改革中提出了家庭牧场这一说法，即国营牧场的内部员工可承包兴办家庭牧场等。还有一部分被称为家庭牧场的，便是在"草畜双承包"制度实施后，部分牧户从集体承包了较多草场，从而实现规模经营。21世纪以来，内蒙古

---

① 本节研究数据主要来源于锡林郭勒盟农牧业局公布的统计数据，下文不再赘述。

自治区各地区又先后提出了"高标准家庭牧场""七个一家庭生态牧场"等有关家庭牧场的概念。截至目前来说，从劳动力结构、畜产品商品化率等方面而言，内蒙古自治区绝大部分的家庭牧场和专业大户之间并没有太大差别，远未达到真正意义上家庭牧场的标准，而多数仅为相关职能部门或各级政府有意设立的模范或起表率作用的典型牧户。近年来，内蒙古自治区在新形势下积极、主动探寻家庭牧场的发展模式。而草原牧区的家庭牧场仍然是在承包草场的基础上，以家庭为单位而自主生产、经营为主。但是，目前还未形成一个明确、统一的参照标准，因此，各地区正在因地制宜、因时制宜地开展适合自身发展特点的家庭牧场试点。

从 20 世纪 90 年代末至今，内蒙古自治区的牧区专业合作社发展了近20 年，牧民专业合作社的发展规模在不断扩大。首先，在发展前期，牧民专业合作社主要表现为数量规模型增长，2004~2013 年的近 10 年间增加了 6351 个，增长了 35 倍，年均增加 706 个。从时间节点看，截至 2007年，合作社数量增长缓慢，其总数并没有明显增加，但是从 2007 年开始，合作社无论数量还是规模均表现为较快速增长，特别是 2013 年增长最快，较 2012 年增长了 120.45%，其他年度年均增长也都在 50% 左右。这种结果主要是由于 2007 年农民专业合作社法的颁布、实施和宣传，提高了牧民对合作社的重要性和必然性的认知，加入合作社的积极性高涨，从而促进了合作社的快速发展。其次，牧民专业合作社成员数量也在不断地增加，在 2009 年之前，成员数量不是特别稳定，有增有减；在 2009 年以后，成员数量持续增加并且大幅度增加，如 2013 年比 2012 年增长71.05%。由于牧民加入专业合作社得到了好处，对合作社的认知更加理性化，认可度、满意度得到提升，牧民加入合作社的意愿也提高了。随着牧民不断加入专业合作社，截至 2013 年，成员数量较 2009 年增加了 2倍。最后，牧民专业合作社涉及畜牧业、种植业、林业、渔业和服务业等行业，业务范围越来越广泛。其中，经营畜牧业的牧民专业合作社由2009 年的 704 家增加至 2010 年的 1435 家，到 2011 年增加至 1764 家，再到 2012 年猛增到 2377 家，分别占内蒙古自治区牧民专业合作社总数的 79.82%、78.45%、81.14% 和 80.20%，而 2013 年达到了 5111 家。 2016 年末，整个内蒙古自治区共有 5.4 万个农牧业经营单位。在工商部门注册的农牧民合作社近 7.8 万个，其中，农牧业普查登记的以农牧业生产经营或服务为主的农牧民合作社 3.11 万个；农牧业经营户 340 万户，其中，规模农牧业经营户约 30 万户。全区共有农牧业生产经营人员近 580 万人。2017 年，内蒙古自治区注册农牧民合作社的有 8 万家左右，但实际规范运营的合作社不足总数的 10%。截至 2018 年 6 月底，内蒙古自治区实有农牧民专业合作社 8.24 万户，出资总额 1981.25 亿元，户均出资额 240 万元，成员总数 55.67 万个。《内蒙古自治区农牧业厅 2018 年工作总结》中指出，目前全区认定职业农牧民 1 万人、农牧民合作社 8.2 万家、家庭农牧场 1.3 万个。

这表明畜牧业一直以来是内蒙古自治区牧民专业合作社的主要业务范围。同时，近年来，牧民专业合作社涉及的领域主要集中在内蒙古自治区市场化程度较高的肉、乳、绒、饲草等产业，围绕当地主导优势或特色产业的需求而组建，具有明显的地域特色。虽然内蒙古地区的牧民专业合作社数量在持续攀升，然而因合作社的运行资金短缺、各项机制不完善等原因，导致其在市场上的竞争力不强，难以与大市场良好衔接，总体实力较为薄弱的现象频繁发生。长此以往，合作社只能在恶性循环中止步不前，对于品牌的建设和培育更是难以企及。第一，牧民的思想观念还未完全转变。由于受教育程度的限制，多数牧民对新事物、新观念的接受程度存在较大差异。然而，牧民合作社的发展不仅需要依靠相关政策的大力扶持，更需要广大牧民转变思想观念，积极参与到畜牧业合作社的建设中来。第二，鲜少有牧民合作社形成了规模化经营。由于内蒙古地区的牧民合作社刚刚发展起来，还处于起步阶段，因此，绝大多数合作社的经营制度仍不规范且还未达到规模化水平，生产的产品科技含量低，造成了市场竞争力不足，进而导致在此"合而不作"的阶段难以吸引到资金支持。第三，体制、机制不健全。在牧民合作社未形成健全的规章制度之前，其管理、决策必定只会停留在表面。究其根本，合作社发展陷入困境的原因很大一部分是由于善管理、会经营、懂技术的专业型人才极度匮乏造成的。第四，牧民加入合作社的动机和意图不单纯。部分社员入社的目的是想借助国家的优惠政策套取扶持资金，并未在真正形成合作意识的前提下，对合作社未来的发展方向作出良好规划，由此导致了空壳合作社的大量涌现。第五，审批程序不严谨，相关监管部门不能恪尽职守。由于审批不严格，造成部分合作社在运营中无所作为，未在注重质量的前提下求发展，合而不作的现象十分常见。不仅如此，在欠缺政府部门的有效监管下，合作社更是失去了其本应发挥的真正作用。第六，牧民合作社未能充分利用自然环境优势而发挥最大效用。内蒙古自治区有丰富的草地资源、畜牧业优势、蓝天碧水和净土优势，但是牧民专业合作社对这些特色优势领域的渗透和开发力度不够，尚未形成规模化生产、标准化经营、品牌化营销的牧民专业合作社。

内蒙古自治区的畜牧业产业化龙头企业的数量持续增加且辐射带动能力逐渐增强，已经初步形成了以乳制品加工产业为引领，肉类、羊绒产业为支撑，传统产业、特色产业、优势产业多维度、综合性发展的产业新格局。在乳制品和马铃薯加工转化能力走在领先水平的基础上，带动农畜产品的加工转化能力持续增强。在2000年伊始，内蒙古自治区便提出了推动该地区农牧业产业化发展的六大主导产业，即主要围绕乳、肉、绒（毛）、粮油、马铃薯、饲草饲料产业进行发展建设。与此同时，制定产业的相关利好政策，高效推动此六大产业中龙头企业的迅速发展。《内蒙古自治区人民政府关于加快培育领军企业推进产业集群发展、提升农牧业产业化经营水平的意见》中的统计数据表明，截至2017年，整个内蒙古自治区销售收入超过500万元的农畜产品加工企业已经有1802家，共完成约3052亿元的销售额，拥有国家级农牧业产业化重点龙头企业38家，占全国的比重仅为1.2%；拥有自治区级农牧业产业化重点龙头企业583

家，占全国的比重不足 3%；入选"中国最具价值品牌 500 强"仅 3 个，占全国比重的 0.6%。同年，有 214 万户农牧户进入农牧业产业化经营链条，更多的农牧民享受到了二三产业增值效益，农牧民收入 5 年累计增长超过 52%，居西部 12 省区之首。截至 2018 年底，内蒙古自治区与农牧民之间建立起利益联结的产业化龙头企业共有 1728 家，增长率达到了 18.4%，而建立紧密利益联结的比重仅占到了 50%。2018 年，销售收入达到 500 万元以上的农畜产品加工企业有 1705 家，农畜产品加工转化率提高到了 63%。在农牧业范畴中，拥有中国驰名商标 72 件、注册地理标志商标 123 件。蒙牛、蒙羊、蒙草等品牌，以及锡林郭勒羊肉、呼伦贝尔草原羊肉、科尔沁牛、乌兰察布马铃薯、通辽黄玉米等区域公共品牌的名气越来越响亮，且影响越来越大。

一、锡林郭勒盟新型经营主体的发展现状

目前，锡林郭勒盟地区中的种养大户合计共 1.25 万户，占全部农牧户比重的 28.4%。其中，种植大户 2413 户，种粮面积达到了 5.92 万公顷，占据总播面积、粮播面积的比重分别为 23.7% 和 32.7%。表 5 - 1 明确显示了锡林郭勒盟种植大户中种植面积的具体情况。

表 5 - 1　　　　　　　　种植大户种植面积情况

种植面积区间（公顷）	种植总面积（万公顷）	户数（户）	占全盟粮播面积比重（%）	占种粮大户比重（%）
3.33 ~ 6.6	0.54	1230	3	9
6.67 ~ 19.93	0.45	503	2.5	7.7
20 ~ 33.3	0.44	177	2.4	7.4
33.3 ~ 66.6	1.17	279	6.5	19.9
66.7 ~ 133.3	0.87	162	6.5	19.8

种植面积区间 （公顷）	种植总面积 （万公顷）	户数（户）	占全盟粮播面积 比重（%）	占种粮大户 比重（%）
133.3~333.3	0.87	35	4.8	14.8
333.3~666.6	1.00	24	5.5	16.9
666.7及以上	0.27	3	1.5	4.6
合计	5.61	2413	32.7	100

资料来源：笔者根据锡林郭勒盟农牧业局公布的统计数据整理而得。

　　锡林郭勒盟将家庭牧场作为构建新型经营主体的关键，在对牧户申报的家庭牧场进行严格的考核、标准认定及现场评估后，才能根据严格的相关准则对真正符合家庭牧场建设标准的牧户予以认定发证。虽然，2016年完成了469个家庭牧场的建设，但在工商部门登记注册的不超过15%。这就需要相关职能部门在农牧业项目上予以扶持，通过项目建设进一步加强家庭牧场基础建设、优化品种结构等，有效地推动了家庭牧场的健康发展。家庭牧场养殖品种主要是乌珠穆沁羊、苏尼特羊、察哈尔羊、乌珠穆沁白山羊、西门塔尔牛、夏洛莱牛、安格斯牛、蒙古牛、苏尼特双峰驼。马的品种有蒙古马、阿巴嘎黑马、乌珠穆沁白马和锡林郭勒马等优良品种。

　　家庭牧场饲养规模标准：肉牛养殖家庭牧场繁殖母牛存栏100头；肉羊养殖家庭牧场繁殖母羊存栏，北部旗500只、南部旗县200只；养驼家庭牧场繁殖母驼50峰以上；养马家庭牧场繁殖母马50匹以上。

　　家庭牧场草场规模标准：一是放牧草场。典型草原（草甸草原）地区：肉羊、肉牛、山羊家庭牧场，具备放牧草场1000公顷以上。骆驼、马匹家庭牧场533.33公顷以上。荒漠草原地区：肉羊、肉牛家庭牧场，具备放牧草场1333.33公顷以上。骆驼、马匹家庭牧场666.67公顷以上。沙地：肉牛养殖家庭牧场，具备放牧草场333.33公顷以上。二是打草场。

典型草原地区：具备打草场 66.67 公顷以上。荒漠草原地区：具备打草场
133.33 公顷以上。沙地：具备打草场 33.33 公顷以上。

家庭牧场基础设施建设完善，拥有一座暖棚，过冬畜羊单位平均 0.5
平方米以上；具备 1～2 处畜圈，过冬畜羊单位平均 1.5 平方米以上；疫
病防治设施齐全，根据饲养畜种类别具备药浴池，注射疫苗、灌药、打耳
标用的设施设备；具备出水量充足的人畜饮水井一眼，并配备一台电动抽
水机；具备一座牧机库；拥有一台打储草用的拖拉机（配备拖车）和一
台打、搂草机；具备一座储草棚、一处饲料库；过冬畜羊单位平均储备青
干草 200 公斤（3 公斤青贮折 1 公斤青干草）以上，饲料 30 公斤以上；
种植青贮地的，要有一座青贮窖。培育和引导具有一定经营管理能力和先
进生产技术的普通小规模牧户向家庭牧场方向发展，从而为其他中小牧户
树立起模范典型，同时，进一步带动这部分牧户逐步走向集约化经营道
路。尊重和支持农牧户自愿组建联合体的意愿和行为，在对内明确分工、
对外联合经营的基础上，提升集约化、组织化程度。自 2013 年开始，锡
林郭勒盟开始加大草地治理项目资金、产业扶持资金及基础设施配套资金
的投入力度，进一步完善储草棚、育肥棚等基础建设。到 2017 年，有超
过 80% 的牧户加入了联户经营家庭牧场、股份合作牧场、专业合作社等，
草原牧区各类新型经营主体增加，组织化程度进一步增强。

近几年，锡林郭勒盟结合相关政策文件精神，采取加强培训、制定规
章、严格认定、建立台账等措施引导家庭牧场健康发展。目前，锡林郭勒
盟家庭牧场发展迅速，具体表现在规模数量增长迅速，带动力度不断增
加，养殖结构不断调整。家庭经营农牧业资产总额达到 13.98 亿元，2018
年家庭经营收入 2.54 亿元。

2018 年，牧区家庭牧场总计 1203 个，其中，被县级农业部门认定的
家庭牧场 38 个，纳入家庭农场名录的家庭牧场 173 个。家庭牧场经营草
场面积 147.87 万公顷，劳动力 3667 人。以家庭牧场养殖种类来看，以养
牛为主的家庭牧场为 500 个，以养羊为主的家庭牧场为 522 个，牛羊混养

的家庭牧场 111 个，其他养殖类家庭牧场 70 个。

农区家庭农场总计 398 个，其中，在农业部门认定的示范家庭农场 15 个，进行财务核算的家庭农场 46 个。共经营耕地面积 6634.13 公顷。从家庭农场分布行业来看，种植业家庭农场 104 个，畜牧业家庭农场 288 个，渔业家庭农场 1 个，种养殖混合家庭农场 5 个。

2016 年，锡林郭勒盟以肉牛或肉羊为主的家庭牧场共有 469 家；2018 年，家庭牧场数量达到 1022 家，较 2016 年翻了一倍多，增长率高达 118%（见表 5 - 2）。

表 5 - 2　　　　　　2016～2018 年锡林郭勒盟家庭牧场数量　　　单位：家

旗县	2016 年	2017 年	2018 年
锡林浩特市	50	80	75
阿巴嘎旗	47	58	65
苏尼特左旗	48	50	85
苏尼特右旗	63	83	103
东乌珠穆沁旗	28	28	48
西乌珠穆沁旗	25	103	108
太仆寺旗	28	165	265
镶黄旗	20	35	68
正镶白旗	16	16	19
正蓝旗	46	72	66
多伦县	25	36	46
乌拉盖管理区	63	63	53
二连浩特市	10	10	21
合计	469	799	1022

资料来源：在锡林郭勒盟农牧业局公布的 2016～2018 年统计数据基础上计算整理所得。

由表 5 - 2 可知，根据不同年份的增长率分析，2017 年是锡林郭勒盟家庭牧场发展最快速的年份，大部分旗县市区的增长速度在 50% 以上。太仆寺旗、西乌珠穆沁旗、镶黄旗家庭牧场的增长速率排在前 3 位，其中，太仆寺旗的家庭牧场数量 3 年之内翻了 8 倍多。除乌拉盖管理区外，其他旗县市的家庭牧场均呈现增长趋势。

2016 年，锡林郭勒盟家庭牧场的家庭劳动力人数为 1213 人，常年雇工人数为 394 人，经过 3 年时间的发展，2018 年锡林郭勒盟家庭牧场的家庭劳动力人数达到 1981 人，常年雇工人数为 837 人，较 2016 年分别增加 768 人和 443 人，辐射带动作用得到体现（见表 5 - 3）。

表 5 - 3　　　2016 年和 2018 年锡林郭勒盟家庭牧场劳动力人数情况　　单位：人

旗县	2016 年		2018 年	
	家庭劳动力人数	常年雇工人数	家庭劳动力人数	常年雇工人数
锡林浩特市	135	42	218	79
阿巴嘎旗	124	27	205	56
苏尼特左旗	113	32	368	24
苏尼特右旗	148	0	148	0
东乌珠穆沁旗	72	17	123	28
西乌珠穆沁旗	63	27	274	132
太仆寺旗	64	18	374	175
镶黄旗	43	10	76	12
正镶白旗	36	7	36	7
正蓝旗	140	51	206	71
多伦县	67	50	101	187
乌拉盖管理区	165	83	165	83
二连浩特市	43	30	43	30
合计	1213	394	1981	837

资料来源：在锡林郭勒盟农牧业局公布的 2016 年和 2018 年统计数据基础上计算整理所得。

由表 5-3 可知，家庭牧场的迅速发展，吸纳了剩余劳动力的就业，丰富了牧区收入来源渠道。锡林郭勒盟各旗县市区除了苏尼特右旗、乌拉盖管理区、二连浩特市，以及正镶白旗外，其他地方家庭劳动力人数和常年雇工人数都呈现增加趋势。在辐射带动方面，多伦县、太仆寺旗，以及西乌珠穆沁旗排在前 3 位，均超过 100 个雇工人数。其中，多伦县常年雇工人数为 187 人，太仆寺旗为 175 人，西乌珠穆沁旗为 163 人。

为深化畜牧业供给侧结构性改革，保护草原生态平衡，锡林郭勒盟调整畜牧业生产结构，实施"减羊增牛"战略。家庭牧场主以此为契机，不断调整养殖规模，在实践中摸索适度规模养殖。2016 年，锡林郭勒盟家庭牧场的经营规模为 24.3 万头只，其中，大牲畜 3.15 万头，小牲畜 21.15 万只，结构比例为 13∶87。平均每个家庭牧场养殖 451 只羊和 57 头牛，养殖比例为 11∶89。2018 年，锡林郭勒盟家庭牧场养殖规模为 29.99 万头只，其中，大牲畜 4.76 万头，小牲畜 25.23 万只，结构比例变为 4∶21。平均每个家庭牧场养殖 246 只羊和 40 头牛，养殖比例增长至 14∶86。通过两年的变化，家庭牧场养殖规模下降，养殖结构进一步优化（见表 5-4）。

表 5-4　　2016 年和 2018 年锡林郭勒盟家庭牧场养殖规模和结构

旗县	2016 年				2018 年			
	养殖规模（万头/只）	大牲畜（万头/只）	小牲畜（万头/只）	大牲畜占比（%）	养殖规模（万头/只）	大牲畜（万头/只）	小牲畜（万头/只）	大牲畜占比（%）
锡林浩特市	4.13	0.22	3.91	5.33	5.68	0.39	5.29	6.87
阿巴嘎旗	2.73	0.32	2.41	11.72	3.39	0.60	2.79	17.70
苏尼特左旗	2.74	0.27	2.47	9.85	6.96	0.71	6.25	10.20
苏尼特右旗	3.55	0.31	3.24	8.73	3.55	0.31	3.24	8.73

旗县	2016 年				2018 年			
	养殖规模（万头/只）	大牲畜（万头/只）	小牲畜（万头/只）	大牲畜占比（%）	养殖规模（万头/只）	大牲畜（万头/只）	小牲畜（万头/只）	大牲畜占比（%）
东乌珠穆沁旗	3.59	0.09	3.50	2.51	6.09	0.26	5.83	4.27
西乌珠穆沁旗	1.9	0.21	1.69	11.05	4.07	0.76	3.31	18.67
太仆寺旗	0.42	0.1	0.32	23.81	1.24	0.55	0.69	44.35
镶黄旗	0.55	0.08	0.47	14.55	0.84	0.12	0.72	14.29
正镶白旗	0.36	0.07	0.29	19.44	0.36	0.07	0.29	19.44
正蓝旗	1.11	0.54	0.57	48.65	1.48	0.76	0.72	51.35
多伦县	0.24	0.2	0.04	83.33	0.35	0.30	0.05	85.71
乌拉盖管理区	2.56	0.66	1.90	25.78	2.56	0.66	1.90	25.78
二连浩特市	0.44	0.09	0.35	20.45	0.44	0.09	0.35	20.45
合计	24.3	3.15	21.15	12.96	29.99	4.76	25.23	15.87

资料来源：在锡林郭勒盟农牧业局公布的 2016 年和 2018 年统计数据基础上计算整理所得。

由表 5 - 4 可知，锡林郭勒盟家庭牧场的牲畜结构得到调整，但羊的数量仍旧占据主导地位。从各旗县市的数据来看，多伦县和正蓝旗，以及太仆寺旗 3 个旗县的家庭牧场主要以养殖大牲畜为主（比如，牛、马、骆驼），所占比例分别为 85.71% 、51.35% 、44.35% ，东乌珠穆沁旗、锡林浩特市，以及苏尼特右旗 3 个旗市的家庭牧场主要以养羊为主，大牲畜所占比例均超过 10% ，分别为 4.27% 、6.87% 、8.73% 。养殖结构的优化可以推动家庭牧场的健康发展，更有利于锡林郭勒盟草场保护和牧民收入的增加。

近年来，锡林郭勒盟按照"积极发展、逐步规范、强化扶持、提升素质"的要求，积极加快培育和建设农牧民专业合作社，规范化程度逐渐得以提升。其基本特征主要表现在以下五个方面：一是数量增长迅速。在2015年末，专业合作社已成为锡林郭勒盟农村牧区中草原畜牧业现代化发展过程中最为重要的新型经营主体。其中，全盟的牧民合作社已发展到了612个，而所有的农牧民专业合作社已经达到1091个，加入合作社的成员户数增至3.05万户。二是产业分布广泛。其中，在主要涉及的包括种植业、养殖业、草业、农牧机具等共1091个合作社中，养殖业所占比重最大，为48.4%；种植业次之，为28.9%；草业和农牧机具均占5.9%，其他共占10.9%。三是各项能力显著增强。越来越多的合作社从最初从事简单的技术、信息服务等产前、产中服务向技术含量更高的仓储、加工、生产资料供应、产品流通等产后服务转变。四是社员收入逐年提升。加入合作社的社员与未参与入社的普通牧户相比，能够享受到合作社统购生产资料及统销农畜产品的服务，在一定程度上为社员节省了开支，成为农牧户实现增收的重要途径。2014年，全盟合作社在带动社员人均增收1600余元的情况下，实现了1.53亿元的销售收入，较之未入社的牧户，加入合作社的成员收入要高出至少20%。五是示范社建设成效。按照自治区农牧业厅、发展和改革委、财政厅等12个厅委的《关于内蒙古自治区农牧民专业合作社示范社建设行动实施方案》的要求和示范社标准对合作社内部制度建设、运行情况进行规范，培育了农业部级、自治区级和盟级示范社分别为17家、56家、43家。

2018年，锡林郭勒盟注册的各类农牧民专业合作社总计3649个，其中，牧区合作社2063个、农区合作社1586个。

牧区合作社总计2063个，其中，被各级农业主管部门认定的合作社有143个（国家级11个，自治区级42个，盟市级32个，旗县级50个），合作社成员达到21968人。按合作社从事的行业划分来看，目前从事种植业的合作社 103 个，林业合作社 4 个，养殖业合作社 1781 个，服务业合作社 119 个，其他行业合作社 55 个。

农区合作社总计 1586 个，其中，被各级农业主管部门认定的合作社有 38 个（国家级 6 个，自治区级 14 个，盟市级 8 个，旗县级 8 个），合作社成员达到 15248 人。按合作社从事的行业划分来看，目前从事种植业的合作社 659 个，林业合作社 117 个，养殖业合作社 685 个，服务业合作社 99 个，其他行业合作社 26 个。

近年来，锡林郭勒盟积极转变农牧业发展方式，培育构建以龙头企业为主导力量的新型经营主体，促进农牧民就业与增收。2014 年，全盟年销售收入超过 500 万元的农畜产品加工企业共有 181 家，实现销售额总计 152.7 亿元，实现增加值 59.7 亿元。农牧民人均纯收入达到 11306 元。2015 年，全盟拥有农畜产品重点龙头企业 104 家，其中，国家级 4 家、自治区级 48 家、盟级 53 家。全盟依托锡林郭勒草原纯天然、无污染、绿色自然优势，充分发挥"锡林郭勒""乌珠穆沁""苏尼特"等畜产品品牌效应，进一步加大了品牌创建工作力度。目前，全盟共有国家驰名商标 1 个，自治区著名商标 27 个。全盟绿色、有机食品认证企业 12 家、产品 38 个，农畜产品地理标志 4 个。依据锡林郭勒盟的资源优势及农牧业产业的发展特点，该盟将肉产业、乳产业、绒毛皮革产业、马铃薯（蔬菜）产业、饲草饲料产业作为在区域经济发展中起主导作用的产业。历经多年的培育和扶持后，这些对其他产业有着引导作用的五大产业均有了较大程度的发展，同时，将优势资源转换为有效的市场竞争力。现阶段，全盟的农牧业产业化格局已初步形成，基本表现为以肉类产业为根本，优势产业、传统产业、特色产业多层次发展的产业布局。

近年来，锡林郭勒盟在培育和构建新型经营主体过程中，以农牧业产业化龙头企业为主要抓手和重点事项，结合引导发展主导产业，积极推进农牧业产业化龙头企业的发展，延长产业链和价值链，为农牧民就业搭建平台和创造机会，在农牧民增收和转变农牧业发展方式，以及促进农牧业现代化等方面都起到了重要的作用。

截至 2019 年 3 月，锡林郭勒盟有盟级以上农牧业产业化龙头企业 112 家，其中，国家级 3 家，自治区级 42 家，盟级 67 家。共有肉类产业龙头企业 78 家，其中，加工企业 65 家。

二、呼伦贝尔市新型经营主体的发展现状

随着畜牧业生产力的日益提高和生产关系的逐步完善，呼伦贝尔市的生产经营体制也随之改变。在草原牧区中，经济合作组织大批涌现，草牧场在嘎查内部的流转现象尤为常见，同时，大户带贫困户、连户经营、合作经营、股份合作等经营形式逐渐增多，开始出现生产要素向规模化、标准化生态牧场转移的趋势。截至 2011 年末，在呼盟的陈巴尔虎旗、新巴尔虎左旗、新巴尔虎右旗和鄂温克旗中，存栏超过 1000 只羊和 500 只羊的家庭牧场分别达到了 741 个和 2680 个。培育以合作经济为主体的经营形式已逐渐成为该地区转变传统草原畜牧业的重要抓手。

2017 年 1 月 1 日颁布实施了《中华人民共和国农民专业合作社法》，多年来，呼伦贝尔市农牧民合作社取得了长足发展，在农村牧区改革发展中发挥着越来越重要的作用。在此期间，全市农牧民专业合作社数量和入社成员迅速增长，2017 年的农牧民专业合作社的数量和社员分别为 8534 家、75230 个，早已达到了十年前的 40 倍、25 倍左右，每年均增加 800 多家，数量以平均每年 140% 的速度递增，注册资本也从当初的 300 多万元，增至 2 亿多元。带动非成员农牧户由 2007 年的 5381 户，增至 2016 年的 82475 户。2016 年，种植业合作社 3652 家，畜牧业合作社 3696 家（含肉牛肉羊产业 1990 家），服务业 632 家（含农机服务 558 家），林业渔业 201 家，其他 353 家。经营范围由原来的种植水稻、小麦、玉米发展到现在的饲料（草）、中草药、菌类，养殖从肉牛奶牛羊、生猪等到现在的特色养殖，还新增了农资、农机服务等。另外，合作社在制定出台章程

的基础上，建立了成员大会或成员代表大会、理事会和监事会等相互独立
又紧密联系的组织机构，建立并完善了相关内部管理制度，规范了会计核
算、财务管理，部分合作社具备了独立的办公场所，且全部挂牌，同时添
置了必要的办公设备。十年间，全市建立的国家级（25 家）、自治区级
（39 家）和市级（218 家）农牧民专业合作社示范社总计 282 家。

呼伦贝尔市坚持农牧民"自愿办、自己管、自身受益"的原则，推进
"企业＋协会＋合作社＋牧民"的生产模式，把养殖生产的产前、产中、
产后环节融于一体化，引导嘎查领导和专业大户牵头建立各种新型的合作
社，搭建共同创业和共闯市场的平台，构建新型牧民合作社。统筹合作户
的生产资料和生产资源，形成优势互补的新型生产股份合作共同体，在合
作草场实行划区轮牧、打草场轮封轮刈，开展接冬羔和早春羔工作，在夏
秋季节进行短期快速放牧育肥，年终按股份合理分红。创办新型企业与牧
民合作协会，组织涉牧企业、农牧民代表参加的肉羊协会，建立代表农牧
民利益的合作社，与加工企业之间形成平等合作关系，研究决定肉羊基地
的开发建设，结构调整、生产布局和发展方向等。全面推广"订单"畜
牧业，使肉类产品的生产、流通纳入活而有序的良性轨道。培育草原畜产
品品牌，以打造驰名商标为抓手，依托肉类加工龙头企业，统一产品质量
标准、统一产品包装、统一使用同一商标、统一申请驰名商标、统一营销
广告，打造质量安全、营养丰富、有特色的"呼伦贝尔品牌"，增加国际
国内市场竞争能力。截至 2010 年底，虽然牧业四旗中的牧民专业合作社
已有近 200 家，然而与其他发达省份相比，其辐射带动牧民数、畜牧业发
展水平等方面仍较为薄弱。不仅如此，就呼伦贝尔市而言，其仍旧与农村
牧区的发展水平存在差距，发展不均衡问题突出。虽然呼伦贝尔市牧民专
业合作社的建设逐步趋于正规，经营规模和水平不断提高，同时产生了一
定程度上的积极效应，但整体而言，由于成立时间较短，尚处于起步阶
段，因而，经营中还存在一些亟待解决的问题。尽管呼伦贝尔市的牧民合
作社有牧民入股分红、保本分红、固定分红、合作生产等模式，但目前完

全是"固定分红"和按交易额（量）返还利润的分配方式。因此，合作社尽管就年终利润分配的原则和顺序在章程中进行了明确的说明，但实际操作中由于合作社利润不大、红利太少或者亏损等问题，导致年终的利益分配大都未按照章程上的规定执行，有的合作社甚至没有分红，仅按照畜产品卖价支付给社员，大大损害了牧民利益。牧民专业合作社的运作管理不够规范。一方面，由于一些合作社内部的权力机构不健全，一些社员的合作和法律意识淡薄，往往会在市场价格好的时候自行出售畜产品；另一方面，内部治理结构还不完善，如果牧民专业合作社要实行固定分红以外的入股分红、保本分红、合作生产等分配方式，那么就应该建立相应的股权结构，明确"同股同权"等相应的制度安排，并应该有牧民股东代表进入董事会，参与相关分配方式的协商和决策。这中间还有很多制度细节需要做出明确的安排，如果不能及时建立与完善，可能会产生社会问题。生产经营规模仍存在一定的局限性。由于牧民专业合作社的发展历史较短，当前合作社的职能还比较单一，为合作社牧民提供的服务现阶段仍局限于传统的信息传递、技术指导及销售环节的统一管理等方面，服务内容较为落后，服务水平亟待提高。此外，当前呼伦贝尔市牧民专业合作社的合作范围基本局限于其行政区域内，合作范围较狭窄，封闭性较强，开放性不足，导致生产要素及资金等受区域限制仍较严重，限制了合作社的规模和效益。与其他地区一样，呼伦贝尔市牧民专业合作社的发展同样需要充足的资金支持。就目前而言，牧民合作社的主要资金来源途径包括股金收入、经营或服务收入，以及外援资金和外界投资三个方面。由于社员规模较小，大部分经济实力匮乏，无力提供经营资金，并且当前合作社成员入社大都根据自愿原则，使本身就比较匮乏的资金长期处于不稳定的状态。此外，当前呼伦贝尔市牧民专业合作社还缺乏吸引投资的制度基础，因此，资金短缺是牧民专业合作社经营及发展中面临的最大问题。

呼伦贝尔市着力建设绿色农畜产品加工优势区。树立"一体化、一盘棋"的理念，推进"农牧业向工业靠拢，工业向农牧业渗透"，补齐食品加工企业建设滞后短板。抓住龙头企业这个关键，抓好农畜产品加工企业兼并、重组、整合。应做强雀巢有限公司、阜丰生物科技有限公司、同联集团有限公司、肉业集团股份有限公司，做大内蒙古伊赫塔拉牧业股份有限公司、鹤声薯业发展有限公司、恒屹农牧业股份有限公司等企业。特别要支持呼伦贝尔农垦集团做大做强，引领全市现代农牧业发展。按照加工需求调整种养结构，让企业既"吃得饱"又"吃得好"，强筋壮骨，增活力、增效益、增带动能力，形成"龙头强、龙身壮、龙尾长"的农牧业产业化发展格局。引导农畜产品加工企业向优势产区聚集，拉长产业链，形成一批具有科技含量高，经营规模大，带动力强，辐射面广的龙头企业。按照"育种、扩繁、育肥、加工、品牌、销售"全产业链模式，大力发展肉牛奶牛，提高草原牧区养牛业品质。以呼伦贝尔农垦集团为核心，加强三河牛良种繁育推广体系建设，完善三河牛原种场和扩繁场建设，覆盖草原牧区四旗全域，改良现有肉牛、奶牛品种，打造草原牛肉区域品牌。

要优化农区养牛业结构。加大肉牛优良品种引进力度，以呼伦贝尔肉业集团为产业龙头，在岭东地区重点推广西门塔尔牛、安格斯牛等优良品种。推进肉牛、奶牛良种化，优化畜群畜种结构，突出发展标准化规模养殖，转变养牛业经营方式。通过基础设施投资、贫困农牧户小额信贷、股权合作等方式，建立"公司＋合作社＋贫困农牧户""企业供种＋集约化养殖示范＋贫困农牧户养殖扩繁＋协议收购"等利益联结机制，通过"互联网＋"模式，开拓消费市场，带动农牧民增收致富。以打造呼伦贝尔肉羊驰名商标为抓手，提高肉羊业科技含量和装备水平，依托加工龙头企业，促进肉羊业发展向优势地区集中，逐步形成规模化生产、专业化加工、生态化发展的新格局。

要转变牧区生产方式。重点推进以呼伦贝尔羊为主导品种的肉羊产业，积极推动草牧场规范流转，培育饲养能手、专业大户、联户、合作社等新型经营主体。加强生态建设和基础设施建设，推进划区轮牧、打草场轮封轮刈、冬春补饲，利用好夏季和秋季丰草期的草原，重视农区养殖，扩大其养殖规模。重点引进澳洲白绵羊、杜泊羊等产肉性能好的品种，发展集约规模和适度规模养殖，提高肉羊品质和效益。引导散户细化饲养分工，变杂养为专养，提高专业化水平。

要创新扶贫机制。通过公共私营合作制（PPP）投入模式吸引社会资本，发展"公司＋基地＋贫困户""公司＋项目＋扶贫资金折股量化"等组织生产模式，对普通散养户采取组织化管理，规范发展牧民专业合作社，生产经营逐步向规模化、集约化方向靠拢。2015 年，全市农畜产品加工企业 156 户，同比 2010 年增加 21 户；销售收入 404 亿元，同比 2010年增加 246 亿元。

到 2017 年，呼伦贝尔市的农畜产品加工企业销售收入超 500 万元的共计 132 家，销售额比去年同期增长 5%，总计 147.7 亿元，获得的销售利润为 9.2 亿元，实缴税款 3.2 亿元。年交易额 500 万元以上的农畜产品流通企业有 28 家，平均年交易额达 34.3 亿元，销售收入 22.5 亿元，企业获利为 11.2 亿元，实缴税金 1187 亿元，实现出口创汇 1.79 亿美元。

2018 年，具备"三品一标"认证的农畜产品产量达到 76.39 万吨。培育国家级（1 家）、自治区级（12 家）和市级（18 家）的农牧业产业化龙头企业共计 31 家。已形成了以内蒙古伊赫塔拉牧业股份有限公司、呼伦贝尔肉业（集团）股份有限公司、呼伦贝尔合适佳食品有限公司、呼伦贝尔环球瞭望生物科技有限公司等为龙头的肉、乳、粮油、饲草饲料等产业集群。

三、阿拉善盟新型经营主体的发展现状

阿拉善盟各旗区农牧业局按照盟农牧业局、盟市场监督管理局《关于印发阿拉善盟家庭农牧场和专业大户认定监测办法（试行）》的通知要求，鼓励青年农牧民、大学生创办家庭农牧场和专业大户，推进土地承包经营权确权登记，规范土地流转机制，引导承包土地、草场向专业大户、

家庭农牧场流转，鼓励土地、技术、资本等生产要素向家庭农牧场集中。加强对家庭农牧场、专业大户的指导服务，对经营者进行农牧业职业技能培训，支持应用新品种、新技术，调优种养结构；鼓励和支持家庭农牧场建设农田基础设施、改良土地草牧场、开展农畜产品产地初加工、申请商标注册；引导家庭农牧场、专业大户开展专业合作，鼓励合作组织、龙头企业和社会化服务组织为家庭农牧场、专业大户提供生产和经营管理专业化服务。开展示范家庭农牧场、专业大户创建，经认定为盟级及以上示范家庭农牧场、专业大户的，给予适当的奖补。阿拉善盟农牧业局每年底在盟农牧业信息网站更新发布全盟各类家庭农牧场、专业大户名录。进入名录中的家庭农牧场、专业大户优先享受有关扶持政策。按照"积极发展、逐步规范、强化扶持、提升质量"的要求，鼓励农牧民兴办专业合作和股份合作等多元化、多类型合作社。深入开展"服务成员好、经营效益好、利益分配好、民主管理好、示范带动好"为主要内容的"五好"示范合作社创建活动，支持符合条件的农牧民专业合作社创建国家级示范社；加强农牧民合作社名录管理，对列入盟级及以上名录的合作社优先扶持。强化合作社生产、加工、销售等环节的能力建设，鼓励合作社产品申请无公害农畜产品、绿色食品、有机农畜产品和地理标志农畜产品"三品一标"认证，促进农牧民合作社做大做强。引导农牧民合作社以产品和产业为纽带开展合作与联营，鼓励合作社跨区域、跨产业合作，提升合作经济组织的市场影响力和竞争力；鼓励土地、草场股份合作社、专业合作社相互融合发展，提升资源要素配置效率，增加社员收入。支持农牧业产业化龙头企业发展，鼓励龙头企业参与生产基地建设，发展无公害生产、循环农牧业和农畜产品加工流通；鼓励引进国内外先进适用的农畜产品加工、贮藏、运输等设施，以及自动化、信息化装备；鼓励开展无公害农畜产品、绿色食品、有机农畜产品认证，创建自治区、盟级著名商标和自治区、盟级名牌产品。加快农畜产品加工集中区建设，支持创建自治区、盟农牧业产业化示范基地，推进龙头企业集聚发展。鼓励龙头企业之间开展农畜产品生产、加工、流通环节联营合作；推动龙头企业与农牧户、合作社建立紧密型利益联结机制，实现龙头企业与农牧民、合作社互利共赢。

家庭农牧场作为新型农业经营主体的一部分，以农牧民家庭成员为主要劳动力，以农牧业经营收入为主要收入来源，保留了农牧户家庭承包经营的内核，坚持了家庭经营的基础性地位，是农牧户家庭承包经营的升级版，对于引领适度规模经营，增加农牧民收入，发展现代农牧业具有重要作用。近年来，随着农业机械化在阿拉善左旗农村的快速发展，农业社会化服务也开始兴起，农业规模化发展日趋成熟，家庭农牧场发展壮大已是大势所趋。自2013年中央1号文件提出家庭农场概念以来，阿拉善左旗农牧部门也开始在农牧区宣传家庭农牧场政策。为加快培育发展家庭农牧场和专业大户这一畜牧业新型经营主体，使农牧业生产经营水平得到提升，促使其走规模化、集约化、商品化的发展道路，提升家庭农牧场管理水平。

2016年7月，阿拉善左旗转发了《阿盟农牧业局、市监局关于印发阿拉善盟家庭农牧场和专业大户认定监测办法（试行）的通知》，界定了家庭农牧场的认定条件、标准，以及申报认定的注册程序，并明确了支持家庭农牧场认定的主要措施，确定从登记条件、准入门槛、经营范围、经营方式、品牌发展等方面给予扶持。农牧民群众对家庭农牧场已经有了较明确的认识，一些目光敏锐的农牧民已经开始行动起来，积极申请家庭农牧场的认定及注册。2016年下半年，阿拉善左旗经管站积极组织第一批农牧场及专业大户工作的上报、审核、勘验认定工作。2016年，最终颁发家庭农牧场认定证书399户、专业大户认定证书54户。为继续促进阿拉善左旗家庭农牧场及专业大户健康有序发展，2017年5月，阿拉善左旗农牧业局印发了《关于做好2017年家庭农牧场及专业大户申报认定工作的通知》，进一步明确了申报标准及要求，并对申报表进行了小幅调整。在初步审核、公示由嘎查负责的基础上，当地农牧业服务中心指派专人再次对嘎查上报的材料进行复审，复审无误后苏木镇再进行二次公示，形成层层落实，切实把关的流程，保证申报者种植面积、牲畜头数等数据的真实性和准确性。阿拉善左旗农牧业局、经管站组织人员从 8 月底至 11 月初对全旗的家庭农牧户进行了入户勘验，对其中不达标的申请户进行了申请取消。2017 年，共发放家庭农牧场认定证书 435 份、专业大户认定证书 17 份，并完成了家庭农牧场证书的打印发放工作。2016 年的鼓励资金 878 万元。两年来阿拉善左旗共培育家庭农牧场 834 家，其中，家庭农场 418 户（含休闲农牧业 9 户）、家庭牧场 416 户（含沙产业 76 户）；专业大户 71 户，其中，种植大户 53 户、养殖大户 7 户、休闲农牧业大户 11 户。总体来看，全旗家庭农牧场还处于起步阶段，从规模、品牌等方面看，生产经营水平仍处于较低水平，培育发展还有一个循序渐进的过程。

自从 2007 年 1 月《中华人民共和国农民专业合作社法》颁布实施之后，阿拉善左旗政府为建立和发展农牧民专业合作社采取了各种措施，引导转变农牧民小农、小牧的思想观念，帮助培育开拓发展的新理念、新思路，大力提升广大农牧民抱团取暖的合作意识。阿拉善左旗认真落实《中华人民共和国农村土地承包法》的基础上，大力宣传《农村土地承包经营权流转管理办法》《中华人民共和国农民专业合作社法》并编制发放《农牧民专业合作社法及相关问答》，指导完善合作社章程和制度，协助设置内部组织管理机构，规范财会制度，优化利益分配制度，健全建档立卡，规范档案管理，应高度重视农牧民合作社的登记、注册、备案、统计、监测和监督工作。现代农牧业的发展促使阿拉善左旗农牧业合作社的数量不断增加，规模不断扩大。

截至 2016 年，阿拉善左旗登记注册的农牧民专业合作社数量达 375 家，覆盖了所有 11 个苏木镇，其中，拥有合作社最多的苏木是巴彦浩特镇，为 103 家；第二位为吉兰泰镇，有 69 家；第三位为巴润别立镇，有 60 家；而乌力吉苏木仅有 4 家合作社。合作社经营范围包括高端畜牧业、特色产业、休闲农牧业、有机农业、农机服务业、精品林果业，以及农畜产品加工营销等诸多领域，经营性收入达 1.05 亿元，可分配盈余为 7359

万元，辐射带动农牧户 8820 户，占农牧户总数的 52.2%。统一销售农产品达到 80% 以上的合作社有 67 家，平均每家合作社统一销售农产品的总值达到 135.23 万元；统一购买农产品达到 80% 以上的合作社仅有 4 家，统一购买农业生产投入品的总值是 785 万元；在 375 家合作社当中，拥有注册商标的有 39 家，能实施标准化生产的有 15 家，有农产品质量认证的为 2 家，有无公害认证的为 20 家，其中，获得无公害农产品和产地认证的有 10 家、绿色食品认证的有 7 家、有机产品认证的有 5 家，引进农产品质量追溯系统的有 1 家。截至 2016 年，通过阿拉善左旗农牧民主管部门认定，有 7 家农牧民专业合作社成为国家级示范合作社，5 家农牧民专业合作社成为自治区级合作社。2017 年末，有 415 家农牧民合作社通过了市场监督管理局的注册；2018 年，农牧民合作社数量达 436 家。其中，种植业 104 家、畜牧业 189 家、林果业 48 家（包括沙产业 33 家）、农资 24 家、农机服务 21 家、农畜产品加工 27 家、农副产品营销 10 家、中药材 5 家、其他 8 家。已加入合作社的农牧户达 6030 户，带动辐射 4537 个非成员户，合作社统一组织销售农畜产品总额达 8698.5 万元。436 家农牧民合作社中，41 家取得农畜产品注册商标、18 家实施标准化生产、32 家取得无公害农产品、1 家（6 个产品得到认证）取得绿色食品认证，有 17 家合作社注册资金在 1000 万元以上、有 38 家注册资金在 500 万元以上、有 127 家注册资金在 200 万元以上、有 254 家注册资金在 200 万元以下。至 2017 年末，仍有 116 家合作社尚未规范，占总数的 31%。

第二节

新疆维吾尔自治区新型经营主体的发展概况

一、畜牧业经营主体的特点

近年来，在国家和各级地方政府的惠牧政策和制度的支持下，新疆维吾尔自治区草原畜牧业向"集约化、规模化、产业化和设施化"方向发展。但总体而言，牧民组织化程度不高、生产经营方式粗放、传统、基础设施建设滞后、抵御各种灾害能力薄弱等问题，依旧是草原畜牧业发展的主要障碍。因此，新型牧区畜牧业经营主体的构建，是畜牧业的转型升级并克服上述诸多困难的有效出路；目前，新疆维吾尔自治区新型经营主体有养殖大户（专业户）、家庭牧场、联户、合作社和"企业 + 合作社 + 其他"等经营模式。

（一）养殖大户（专业户）经营模式

目前，新疆维吾尔自治区的养殖大户主要集中在草原畜牧业生产经营方面，养殖大户具有大面积的天然草场和牲畜数量；当然，养殖大户的牲畜养殖规模在各地区的规定各不相同。对养殖大户的认定目前没有特定的标准，通常采用农业部畜牧业数据统计监测的统一标准。如肉羊，年出栏 300 只以上为规模养殖场，年出栏 50 头以上为专业户；肉牛，年出栏 50 头以上为规模养殖场，年出栏 20 头以上为专业户。

养殖大户保持了户营为主的特点，牧户的经济利益和其经营状况具有直接联系，经营状况较好，经济利益将会较大；反之，经济利益将会更小。养殖大户相对于散户养殖来说，养殖大户克服了经营规模过小的弱点，但是保留了家庭经营的优点，牧民的积极性能够得到充分地发挥。

（二）家庭牧场经营模式

新疆维吾尔自治区各县（市）根据其自身特点，成立了自己的家庭牧场，并且每个县（市）对本县（市）家庭牧场的评定标准均有差异。随着家庭联产承包责任制和牧民定居工程的推进，草原畜牧业生产经营方式也在不断发生变化，部分发展理念先进、资金雄厚、经营能力较强的畜牧业经营能手的牲畜头数规模快速增长，成为专业大户或家庭牧场。如果按照牲畜头数作为划分家庭牧场的标准，即以存栏头数500只标准绵羊为基准，全疆达到家庭牧场的牧户并不多，如南疆仅为0.3%，北疆也只为0.6%，可以说全疆大约只有1500多户牧户可以达到家庭牧场要求。即使牧户饲养规模达到了家庭牧场的要求，但距离家庭牧场的其他规范要求仍有一定的差距，这就需要政府及相关部门为引导、扶持、规范家庭牧场，使其向规范化、标准化、商品化、产业化方向发展提供更多的支持。

（三）联户经营模式

联户经营模式是在家庭经营的基础上，对畜牧业生产资料进行联合经营的一种模式。调查数据与统计数据基本一致，北疆与南疆也基本一样，随着人口的不断增加，小规模牧户在总牧户中的占比越来越大。为降低生产成本，提高产出率，特别是提高劳动效率，这些小牧户自发组织形成了两户及以上牧户，将草牧场和牲畜进行统一经营的联户经营模式，此种经营模式占比也相当大。联户经营模式是当前新疆维吾尔自治区草原畜牧业转型升级的主要经营模式。但这种模式绝大多数由于只通过牧户之间的口头协定进行合作，有较大的随意性和不稳定性，加之缺乏正确引导和规范化管理，仍处于发展的初级阶段。通过调研可知，联户经营模式是一种牧户之间的合作机制，牧户之间建立信任关系，并将生产资料联合，每户草场进行联合经营，牲畜实现统一放牧的形式。

（四）牧民合作社经营模式

牧民合作社是牧民互助性生产经营组织，一般是在家庭经营基础上，按照自愿联合、共担风险、共享效益、民主管理的原则组织起来的自组织。牧民合作主要包括产前、产中、产后合作，也包括农机等生产资料合作、金融信贷合作等。据新疆维吾尔自治区农业厅农业经济局①调查统计，全区 8866 个村，现有农牧民专业合作社 20960 个，平均一个村 2.38 个合作社，但平均入社社员 55.78 户，仅占全区总农户数的 20%；和田地区在工商部门登记的合作社有 1800 家，但在农经部门备案的合作社为 673 家，备案率只有 37%，伊犁州在工商部门登记的合作社有 2500 家，但在农经部门备案的合作社为 1358 家，备案率为 54%。

从阿勒泰地区青河县 11 个牧民合作社的分析来看，合作社的基底平均建设面积约为 1500 平方米，平均固定资产为 226 万元，平均劳动力人数为 5 人，平均年度劳动力培训 4 次，平均每个合作社贷款 100 万元，政策支持资金平均为 66 万元，平均畜产品产值为 62 万元，净利润为 15 万元。牧民合作社没有注册畜产品商标和开展有机认证。合作社多为家人或亲戚、朋友之间的合作，有一定的户主性，但在服务社员、维护社员权益、提升牧户地位特别是防范风险和利益分配方面较为薄弱。

（五）"企业 +"经营模式

从新疆维吾尔自治区"企业 +"经营模式的发展来看，选择的国有牧场为且末县昆其布拉克牧场，农业企业有塔城地区"三农"农牧发展有限公司、玛纳斯县现代良种牛繁育有限公司、伊犁巴口香公司 4 家，均具有企业牵头，联合合作社、养殖户提供生产加工用商品畜或牧草等，企业延伸有食品加工、餐饮服务等内容，有自己的冷链配送渠道和消费市场；"企业 + 合作社"模式经营的为"新疆大唐盛汇农牧业科技有限公司 + 塔城市博孜达克三牧养殖专业合作社"，以及青河县广源种养殖专业合作社，都是在农业企业带动下从事畜禽养殖，以订单生产方式为企业提供商品畜。

---

① 现更名为新疆维吾尔自治区农村合作经济经营管理局。

二、畜牧业经营主体发展面临的问题

由于新疆地区的资源禀赋和地域特点不同，畜牧业经营主体的类型、规模、组织结构和运作模式也各具特色，但总体依然处于传统、粗放的生产经营模式。

南疆多地为维吾尔族聚居区，在降水量少、干旱严重、耕地偏少等不利条件下，主要以农牧结合的畜牧业生产和林果业为主，畜牧业经营主体普遍存在以血缘、婚姻关系为基础的家族成员的合作特质，如多数养牛合作社、养羊合作社，基本以"合作社＋牧户"模式的家族成员联合为主的合作形式。如以南疆和田地区的曼爬克农民养殖专业合作社为例，作为家庭成员的合作社成员负责完成生产环节的管理、物资的采购和营销任务，其屠宰场只承担完成屠宰环节的工作。由于该合作社组成成员多数为家族成员，因此，在坚守合作社规章制度方面存在一定缺陷。另外，在养殖技术、饲养管理、疾病防控等方面缺乏交流和沟通，在组织管理、辐射带动、发展潜力、防范风险等方面均存在较大的局限性。

北疆地区降水量较大，草地资源丰富，草原畜牧业发展具有得天独厚的自然和物质优势。这一地区是哈萨克族聚居区，专业大户、家庭牧场、联户经营和专业合作社是新型畜牧业经营主体的主要存在形式。在北疆地区已形成"养殖场（小区）＋合作社＋牧户"，即"草畜联营"合作社模式，虽然在不同主体之间有经验、技术、信息的交流和互动，也形成了股份合作及分配机制，但因带头驱动的龙头企业的缺位，在打开市场、开拓市场方面显得十分脆弱，未形成有效的产业增值链、价值增值链，利益分配机制不能发挥应有的作用。这容易引发合作社成员"合"而不"作"的局面。因合作利益得不到体现，将直接影响合作社等经营主体的示范和带动作用，也削弱规避风险的能力，加大合作社解体的可能性。

东疆地区各种资源较丰富、交通条件和地缘优势明显，因此，主导产业主要是选择农业和农牧结合的产业，并已形成了"公司＋合作社＋牧户＋基地"的畜牧业联合体。如哈密地区伊吾县的喀尔里克公司与北牧农民专业合作社形成了生态环境友好、资源节约、循环利用、牧民增收、机制有效的"公司＋基地＋合作社＋农牧户"的肉羊及畜产品生产、加工和营销产销链。当农牧业生产和农畜产品市场的不稳定性、风险性频发的状况下，各经营主体之间形成的"利益共享、风险共担"和保险机制能否稳定、有效则是此经营模式能否持续发展的关键因素。从畜牧业生产现状来看，新疆地区畜牧业发展中面临的问题主要表现为：

（一）新疆地区畜牧业经营主体结构单一，专业化、组织化程度不高，管理不够规范

畜牧业经营主体主要以养殖大户、产业化龙头企业、畜牧业合作组织、养殖小区为主，单以合作社组织形式来看，合作社应该是由成员所有并为成员服务的企业，是由相同理念、同一目标的人们为了满足共同的需要而组建的企业。作为企业，其运作就应遵循企业的规则，但目前受专业化和组织化程度低、人员经营与管理能力和水平差等因素限制，加之支持和扶持合作组织发展的金融、保险、人才和体制机制方面的相关政策不够健全，大部分合作社既没有企业经营所必需的资产，也未能按企业方式去运行和管理，有些合作社虽然是由社员入股组建的经济组织，但仍以所有从事同行业的生产者为交易对象，而社员与非社员并无明显区别。加之合作社立法和相关法规的缺乏，也影响着合作组织的规范化发展，合作组织的法律地位薄弱，导致合作组织很难以独立法人身份与产业链相关主体进行对等谈判和交易，不仅其业务活动的开展受影响，而且难以保障其合法权益。

（二）新型畜牧业经营主体人才短缺、合作意识和契约精神相对淡薄

虽然大多数农牧民和合作社都能够在县、乡政府支持下开展农牧业生产活动，并通过新疆地区的畜牧科学院获得养殖技术的支持和辅导，但从合作经营来看，也存在对合作社不了解、对合作社牵头人缺少信任和缺乏契约精神的现象，多数合作社内部管理混乱，不仅面临资金短缺，而且还缺少懂养殖、会经营、善管理的人才。目前，大部分合作社都是家族式或亲朋好友联户经营模式，可以维持小规模经营，但难以面对大市场也难以扩大经营规模，致使发展空间受限。同时，受环境、资源、文化习俗、生产生活习惯等因素制约，大部分牧民对新型畜牧业经营主体的概念不够理解，害怕自身利益受损，而且部分地区的基层干部也缺乏相关培训技巧和切合实际的发展规划，加之一些"空心""挂牌"等"僵尸"合作社的存在和影响，导致农牧民对新型畜牧业经营主体系望而却步。此外，由于畜牧业生产的长周期和高风险特性，以及市场因素的不确定性等因素影响，部分农牧民过于看重眼前的利益和趋向于风险最小化、收益最大化，即使与企业签订了合同，在市场价格高于企业的时候，农户选择将农产品卖给第三方的现象也多有存在，特别是市场价格的波动，也会导致企业或农户为降低采购成本或者增加生产收益而选择改变（放弃）既定的生产合同约定，造成另一方的利益受损。

（三）扶持力度针对性不强，扶持政策难以落地

虽然财政支农资金在不断增加，但支农政策尚未形成合力，大多数政策也主要以农村基础设施建设、支持民生事业和传统农户为主，一些规模较小的专业合作社、畜牧业龙头企业，很难得到资金和项目的扶持，特别是针对畜牧业经营主体发展的扶持资金和补贴政策更加缺乏，各级政府和行业主管部门也没有从产业融合视角制定支持经营主体发展的实施规划和细则，涉牧领域主管部门间政策措施、补贴标准各自为政、缺乏整合现象较为普遍，再加上申办手续、程序较为烦琐，在很大程度上影响和制约着养殖合作组织和畜牧产业的发展。2015 年，新疆维吾尔自治区为壮大新型经营主体，安排财政专项支持资金 10652 万元，支持合作社 599 个，每

家合作社平均获得支持资金 18 万元，但对新型经营主体整体而言，是微不足道的。但为了保障企业的正常运行和效益，同时，也为了保持企业与合作社关系的稳定、持续发展，企业不得不承担包括市场、还贷等资本投入的风险，一定程度上也增加了企业的风险负担，同时，受经济下行压力、畜产品关税和保护政策等因素影响，政策性银行也降低了信用风险等级，企业资金链断裂的风险也会波及合作社的运行。

（四）产业链利益联结机制障碍，畜牧业经营主体弱势地位明显

新型经营主体发展的数量、规模和格局取决于各级政府的扶持力度，产业融合各部门间的政策、资金、项目、信息等沟通协调不畅，同时，也影响着新型畜牧业经营主体产业链的整合程度。畜产品从生产到形成商品是从畜牧业向商业转化的一个过程，整个过程涉及多个行业主管部门和多个利益主体。在这个过程中抛开中间环节来看，从牧到商的区别实际也是牧民和商人在思维方式上的不同，商人永远是商人的思维方式，而牧民，特别是传统型牧民却难以摆脱长期形成的思维定势和小牧心态，因此，在整个产业链环节中，处于前端养殖环节的经营组织弱势地位更加明显，进一步加大了龙头企业与牧户对接的障碍。从目前的公司制企业制度与合作经济组织制度特点来看，公司制企业制度构建的是一个开放性的"资本化组织"，而合作制经济组织则是一个以自我服务为主的经济组织，具有开放性差的非资本化组织特征。作为企业，追求企业利益最大化、资本最大限度地保值增值是其最终目标，这也是公司持续、健康发展和股东权益最大化的重要保障，而合作经济组织多是以牧民自助自立方式组成的非营利性的互利互惠组织。特别是在股金分配上，以市面通行的普通利率为依据，合理确定股金利率，坚持入股自愿、退股自由，且股金只能获得利息不能分红的原则，公司制与合作制在机制、利益分配、生产成本等方面的不同，无形中也增加了龙头企业与牧民合作组织联结的难度。

（五）品牌概念模糊、建设管理不到位

品牌是人们对一个企业及其产品、售后服务、文化价值的一种评价和认知，是一种信任，也是一种商品综合品质的体现和代表。随着社会的进步和经济的发展，以及人民生活水平的提高，消费者结构也发生了很大变化，当维持生理需求的物质消费得到基本满足后，人们在精神方面的消费需求就表现得越来越突出，消费者在购买商品时，可能比以往更加注重精神、心理和情感上的满足，这意味着品牌的价值就变得愈来愈重要了，好的商品等于好的价格，这一点在服装、化妆品、家装及奢侈品消费上表现得更为突出。受传统营销观念的影响，畜产品销售在很大程度上依然处于"生产者—批发商—零售商—消费者"的传统模式，随着市场经济的发展，这种单一的营销和品牌传播渠道已不能适应品牌畜产品的建设与发展。同时，畜产品品牌建设方面的法律法规缺失，也难以有效遏制品牌侵害事件，面对疆外品牌的涌入，新疆地区的畜产品品牌也面临着巨大的竞争压力，利益驱动下的盲目地方保护主义意识纵容了本地品牌的不正当竞争，品牌乱象削弱了产品的市场竞争力。目前，新疆巴口香系列产品虽然具有一定知名度和影响力，但在国内市场份额占比依然不高，一些县级品牌如"西域春""西牧源""途阔"等畜产品品牌知名度和影响力远不如新疆地区的红枣、葡萄、哈密瓜、馕、大盘鸡等商品，2015 年，75 个品牌入选《中国最具价值品牌排行榜》的食品饮料行业品牌中，其中，畜产品品牌只有 9 个，乳制品品牌 6 个、肉制品品牌 3 个。作为畜牧业大省，新疆维吾尔自治区的畜产品品牌却未能进入 500 强名单，且近年来，新疆地区几乎没有发生过重大的畜产品食品安全问题和安全事件，所以与其说是品牌重视度和认识度不足，倒不如说是品牌发展的一大憾事。在管理上，缺乏理论指导和完整的品牌管理模式；在品牌定位上，以自我为中心，忽视了目标消费者的需求，缺乏品牌管理、市场建设与培育、配售和服务网络、畜产品精加工与包装等方面的技术支撑和研发与创新能力，也是导致新疆

生鲜畜产品品牌在发达市场上品牌认知度低的重要原因之一。

（六）缺少与现代畜牧产业融合发展相配套的社会化服务体系

随着国家产业发展政策的调整、畜牧业供给侧结构性调整和草食畜牧业的转型发展，牧区生产方式、生产目标、生产目的都发生了很大变化，特别是生产经营也从传统的以满足自给的"万物俱全"式生产开始向通过交换满足他人需求的半自给性生产和专门化的大规模商品生产转变，伴随产业融合发展趋势，产业链链条也在不断延伸，经济体所需的服务从内容到类型也在随之变化，但与其发展相适应、相配套的服务体系依然不够健全，特别是跨地区、跨行业的金融、保险、适用技术成果、人才培养、市场信息等综合服务体系严重匮乏①。

第三节

青海省新型经营主体的发展概况

青海省是全国五大牧区之一，草原面积大，草原是青海省最大的陆地生态系统，草原面积占到全省总面积的64%，是牧民群众赖以生存的主要生产资料。2008年，青海省委、省政府着眼于破解保护和发展矛盾、促进草原畜牧业可持续发展，在战略上选择走生态优先，产业定位上发展生态畜牧业，并进一步明确提出了要实现草原畜牧业可持续发展和现代化的前提是保护草原环境、切入点是组建生态畜牧业合作社、基础是合理利用草地资源、核心是转变生产经营方式、手段是建立草畜平衡机制等机制体制的生态畜牧业发展思路。十余年来，以探索草原畜牧业转型升级为任务，以转变草原畜牧业发展方式为主线，以创新生态畜牧业体制机制为重点，以实现牧业增效、牧区增绿和牧民增收为目标，立足于通过理顺生产

---

① 李捷，等. 新疆新型牧业经营主体培育发展研究［M］. 北京：中国农业出版社，2021.

关系来解放和发展牧区生产力，探索形成草场、牲畜入股、社员分工分业、牲畜分群饲养、草场划区轮牧、游牧、收益按股分红为内涵的"股份制""联户制""大户制""代牧制"模式，在实践中成功地探索出了泽库拉格日、天峻梅陇、甘德岗龙、都兰哈西娃等合作经营新模式，草原畜牧业生产要素得到有效配置、高效利用，加快推进了生态畜牧业的转型发展、提纯复壮、提质增效，实现了生产发展、生态良好、生活宽裕的"三生"目标。青海省作出"坚持生态保护优先，推动高质量发展、创造高品质生活"的"一优两高"战略部署，以实现农牧业全面升级、农牧区全面进步、农牧民全面发展为目标，以全国草地生态畜牧业试验区建设为载体，以构建现代草原生态畜牧业生产体系、经营体系和产业体系为重点，着力把生态畜牧业打造成为践行生态保护优先的绿色品牌，全面贯彻落实习近平总书记提出的"以生态优先，绿色发展为导向"①"扎扎实实推进生态环境保护"②重大要求，坚定地把以草定畜、草畜平衡作为生态畜牧业合作社转型升级的首要条件和核心内容，推行舍饲半舍饲、牲畜分群饲养、草地划区轮牧和牦牛藏羊的高效养殖模式，提高牲畜饲养效益，切实减轻天然草场压力。着力把生态畜牧业打造成为助推高质量发展的亮点品牌，积极推进股份合作制改革，按照分类管理试点社、淘汰注销空壳社、探索发展联合社的思路，促进资源要素优化重组；按照乡镇建联合社、县级建协会、州级建特色产业联盟的目标，加快探索建立全链条参与的联合体；从 2018 年起有计划、有组织、分层次集中培训合作社带头人和财务人员，全面提高合作社从业者素质和合作社规范化运行能力。着力把生态畜牧业打造成为创造高品质生活的富民品牌，大力发展"公司＋合作社＋基地＋农牧民"产业化联合体，健全完善产业链利益共享联结机制，增强合作社引导带动能力，通过发挥合作社定标量化、订单收购、统

---

① 人民日报. 人民时评：以生态优先、绿色发展为导向［N］. 人民日报，2019 – 3 – 6（7）.

② 青海日报评论员. 践行"四个扎扎实实"重大要求为保护生态环境作出青海贡献——三论学习贯彻贺信精神奋力开创国家公园建设局面［N］. 青海日报，2020 – 8 – 24（1）.

一经营的作用，改变群众禁宰惜售行为，帮助农牧民更多地分享产业收益，实现增收、脱贫、致富。

一、生态畜牧业发展历程

（一）初步试点阶段（2008～2010 年）

青海省委在 2008 年 1 月召开的省十一届人大一次会议上，提出实施生态立省战略，同年 3 月该省农牧厅颁布了《关于开展生态畜牧业建设试点工作的意见》，选择在牧区 6 州的 7 个纯牧业村开展试点，为全省生态畜牧业建设摸索路子、总结经验。经过 2 年试点，逐步形成以分群协作、优化产业结构、保护草原生态为特征的联户经营模式；以草场流转、分流牧业人口、促进资源合理配置为特征的大户规模经营模式；以牲畜、草场股份制经营为特征的合作社模式。

（二）探索推进阶段（2011～2012 年）

按照《青海省国民经济和社会发展第十二个五年规划纲要》要求，加快推进草牧场经营权流转，促进畜牧业规模化经营，加快构建新型经营主体，加速推进传统草原畜牧业向现代集约型、现代型转变，提高畜牧业生产效率和效益，重视发展南部地区草原生态畜牧业，加速发展环湖地区现代生态畜牧业。截至 2012 年底，纯牧业村生态畜牧业合作社发展到 883家，牧区生产经营组织化实现了全覆盖。如以梅陇生态畜牧业合作社为代表的经验丰富、结构健全、组织协调、管理完善、发展基础牢固的新型经营主体不断涌现。

（三）提高完善阶段（2013～2014 年）

2013 年开始，青海省为加快推进并规范发展生态畜牧业合作社，在全省大学生村官领办中择优选取 100 名，安排他们到 100 个省级生态畜牧业合作社做扶持工作。2014 年 6 月，青海省被农业部批准建立"全国草地生态畜牧业试验区"，以此为契机，青海省生态畜牧业跨进了一个崭新的发展阶段，并取得了重要实质性进展。现如今，生态畜牧业合作社数量达到 961 家，牲畜整合率达到 67.8%，草场整合率达到 66.9%，牧户入社率达到 72.5%，探索出"代牧制""大户经营制""联户经营制""股份合作制"等多种生态畜牧业建设模式，实时调整生态畜牧业生产力与生产关系，加速生态畜牧业的转型，从体制机制上开拓创新了一条立足本土、因地制宜的适合当地实际的草原畜牧业发展新路子。尤其 2014 年汪洋在青海省考察调研时，对生态畜牧业发展给予了充分肯定①。

股份制，是农牧民自己通过土地、草场的规范流转，牲畜整合、生产设施入股组建起来的、具有一定规模的农牧业生产经营主体（企业），使社员成为企业的主人。应该说这是中国特色社会主义农业现代化道路的一种导向性模式。这种体现现代企业法人治理结构的经营模式，具有规模化、组织化、专业化、集约化和社会化的典型特征，这种新型经营主体符合青海省实际需求，也符合广大农牧民的要求，表现出了较强的生命力。

联户制，是一种双层合作，二级核算体制。首先是多户联合，他们凭借地缘条件和人脉优势自愿合作，形成一个生产单元，生产经营互助合作，收入分配在单元内进行，彼此间具备较好的人际诚信基础。一个合作社可以由若干个联户形成生产单元。合作社主要承担服务职能。

代牧制，此类合作社为入社成员提供和创造代牧条件，制定并规范代牧办法，为临时或长期外出务工经商农牧户安排其他社员有偿为其代牧牲畜。合作社既起代牧中介作用，也为从事农牧业生产经营的农牧户提供产前、产中、产后服务。

---

① 新华网．汪洋在青海考察调研：加强生态保护发展特色产业［N/OL］．（2014 – 7 – 26）［2021 – 6 – 30］．http：//www. xinhuanet. com/politics/2014 – 07/26/C_1111814911. htm.

大户制，合作社由若干大户组成，每个大户就是一个家庭农牧场或生产单位。合作社仅为各个大户提供生产资料采购、产品销售和生产管理过程中的作物病虫害、动物疫病防控服务等。

（四）巩固提升阶段（2015～2018年）

按照"试点先行、示范推广、全面提升"的"三步走"发展战略，该省提出了凝练3大模式、创新6大机制、建设8项制度，在牧区6州重点建设100个以上生态畜牧业股份合作制合作社，85个试点合作社基本完成股份改造任务，且大多数合作社实现年底分红。拉格日、梅陇等6个合作社被授予"全国草地生态畜牧业试验区建设创新示范基地"。特别是2014年，中华人民共和国农业部授予青海省全国唯一的草地生态畜牧业试验区的牌子；2017年，青海省试验区建设入选"中国'三农'创新榜"，这在全国农牧系统也是首次。

二、生态畜牧业实践所取得的成果

青海省经过十年的探索和实践，为畜牧业转型升级积累了丰富的生态保护、生产发展、产业兴旺、技术创新、群众响应和经验基础，又为坚持生态优先，走高质量发展新路子和享受高品质生活奠定了新基础。

（一）提升组织化程度，生产要素有效整合

青海省生态畜牧业合作社发展到961家，基本实现半农半牧区和牧区全覆盖。而牲畜、草场和部分固定资产等生产要素实现了集约经营，生产效率得到了提高，生产力与生产关系的矛盾得到了协调，劳动力和生产资料的组织化程度明显提高，一些典型生态畜牧业合作社初步实现资源变资产、资产变股金、牧民变股民，也实现了畜牧业生产的规模化、标准化、专业化和社会化。

（二）培育树立先进典型，转变生产经营方式

试点合作社股份制改造取得了实质性进展，规范、培育了梅陇、哈西娃、拉格日、岗龙等内生动力强劲、组织管理到位、成员持续增收的一大批合作社典型。各州、县都建立了各具特点、特色鲜活、转型发展的典型合作社，已成为引领青南牧区草地生态畜牧业建设的标杆。都兰县哈西娃村是一个全村人均收入不足2000元、村集体负债2万余元的村，通过组建哈西娃生态畜牧业合作社，人均收入达到4万多元。通过一二三产业融合，实现了产业振兴，达到了农牧民小康生活，与此同时，乡风文明、科学管理、集体发展取得了较大进展，使社会主义牧民新村展现在雪域高原。

（三）优化产业结构，一二三产业融合发展

随着传统畜牧业向二三产业融合发展，以畜牧业为主、采矿业和采集业为辅的二元经济结构得到有效调整。就现有牧民合作社生产经营特征来看，约65％的生态畜牧业合作社开办了畜产品加工、副产品加工、民族服饰加工、工艺品加工等社办企业，大部分地区在合作社组织资源包括劳动力调整、整合效应的作用下，劳务力资源在运输、建筑、餐饮、住宿等二三产业得到了合理分流和分工，积极调动了人力资源的能到效能，供给侧结构性调整得到了改善。梅陇、哈西娃等生态合作社的发展经验能够较好地佐证一二三产业融合是生态畜牧业发展的必然结果，也是活力所在这一道理。

（四）持续增加牧民收入，促进精准脱贫

多数生态畜牧业合作社通过与二三产业融合，拓宽了牧民增收渠道。贫困户也通过加入合作社享受到了劳动培训就业、项目配股等政策，与其他牧户一起参与生产、加工和分配，分享到股权收益，摘掉了贫困帽子。

2013 年，生态畜牧业示范村牧民人均纯收入为 7291 元；至 2017 年，提高到 8876 元，平均增长 12.5%，100 个试点合作社成员人均收入达到 11856 元，比牧区 6 州牧民的平均收入多出 2394 元，高出 25.3%。

（五）改善草原生态环境，实现"三生"共赢

草原生态环境是畜牧业的物质基础。只有良好的草原生态，才能孕育出特色优势鲜明的绿色畜牧业产业。因此，一直以来该省高度重视生态畜牧业建设，各生态畜牧业经营主体坚持以草定畜、遵循草畜平衡的原则，较好地解决了超载过牧和保护草原生态之间的矛盾，草原资源生产能力和生态环境承载力正在不断好转。具体举措为，组建季节性牧场 232 家，冬季集中育肥出栏牛羊 45 万头（只）以上，人工草地面积达到 47.33 万公顷，大大减轻了天然草场的压力，实现了"减畜不减收，减畜不减效"的目标。如近 5 年拉格日村草场产草量提高了 10.5%，植被覆盖度由 60% 提高到 80%。生态畜牧业在保持良好的草地生态环境基础上，实现了生产发展、生活宽裕、生态良好，即"三生"共赢。

三、经验及启示

（一）"共享发展、合作经营"是生态畜牧业发展的方向

青海省始终把广大农牧民利益放在首位，将农牧民的利益作为生态畜牧业建设的出发点和落脚点，维护和实现农牧民的切身利益和美好生活的追求，引导、帮助农牧民积极参与股份合作制改革，通过合作经营，解决小牧户与规模经营、小牧户与大市场之间的矛盾。保证农牧民的根本利益，保障农牧民的合法权益，实现牧民规模化经营、标准化生产、品牌化管理，使农牧民真正体会到获得感、幸福感和安全感。

（二）"绿色发展、集约经营"是解决草畜平衡、实现生态环境保护的前提

青海省始终坚持生态立省战略，对三江源地区的战略定力持有高度认知，根据草畜平衡原则核定入股牲畜上限的管理机制，实现了以草定畜，夯实了绿色发展的基础。在很大程度上解决了长期以来超载过牧的问题，合作社成员互相制约、互相监督，形成了符合牧区需求、适应牧区实际的真正经得起检验的一种机制。

（三）"科学发展、激活要素"是实现传统草地转型升级的根本

青海省始终将资源资产优化、制度政策优化、生产管理优化作为畜牧业转型升级的新动能。有力结合宏观调控与市场机制的复合效应，积极推进传统畜牧业生产经营的现代企业化管理，盘活各种资源和资产，推进畜牧业资源、资产和畜产品合作社统一经营，即牲畜要按种按类，分群放牧、分组饲养，草场要按等按级，合理划分季节草场、划区轮牧草场、割草场等，劳动力要按经验、技能、年龄合理分工、竞争上岗、分工负责，为生态畜牧业搭建新平台，确保畜牧业稳定增产增效，从而能够促进草原畜牧业现代化进程。

（四）"协调发展、政府引导"是推进生态畜牧业向好的关键

该省生态畜牧业发展过程中，中央、省委及各级政府从政策和资金等方面给予了大力扶持。如2016年设立了每年1亿元的试验区建设专项资金，各州、县利用财政支农、外援资金达2.6亿元以上。另外，数家涉农科研单位和高等院校等单位联合支持牧区6州建设，数百名各级各界干部、技术人员和大学生村官帮助、引导合作社发展。

总之，坚持群众路线，尊重群众的首创精神是创新发展的关键所在；各级政府及有关部门的支持、重视，齐抓共管是推进建设的重要保障；以股份合作制合作社建设为抓手，促进体制机制创新是建设的重要途径；整合生产要素，发展适度规模经营，促进一二三产融合是牧业提质增效和农牧民增收的基础条件；以草定畜、草畜平衡，提升科技应用能力，挖掘生产潜力是推进良性循环发展的重中之重；吸引贫困户加入合作社，享受股权收益，是贫困群众精准脱贫的有效手段。

青海省生态畜牧业建设仍然存在不少困难和问题。一是发展不平衡、不协调、不充分。省委省政府高度重视生态畜牧业建设和发展，这是能否成功的关键。但由于各地方资源禀赋、基础设施、人文环境、科技人才等条件差异较大，因此，各级地方政府对生态畜牧业建设任务的认知程度和重视程度也不尽相同，各州之间、县域之内发展不平衡不充分问题突出。县乡政府主体作用发挥不足，纵向协调不到位，政府、部门协同、上下联动，部门之间的横向协作、齐抓共管的机制尚未形成。二是新型经营主体带动辐射能力薄弱。从总体而言，全省961个生态畜牧业合作社中，运行良好、一般、"空壳"合作社各占1/3。在农牧民整体素质低下、利己主义严重的背景之下，现阶段，合作社发展更需要具有带动力、号召力的能人。三是发展质量仍然不高。生产、销售原料和初级产品是当前绝大多数合作社的无差异运作模式，严重缺乏精深加工，标准化、品牌化运作，以及生产、加工、销售全产业链条之间衔接不紧密，不管利益链还是价值链均亟待进一步提升。

第四节

西藏自治区新型经营主体的发展概况

2016年，西藏自治区农牧户总数共有57.02万户，农村牧区人口达234.10万人，草地面积8206.67万公顷，可利用草地面积7086.67万公顷，占全国总草地面积的20.9%，耕地面积23.68万公顷，农业总产值149.46亿元，农村牧区居民可支配收入8244元。在总收入中，第一产业的收入为4291元，主要为农牧业收入。

自 20 世纪 80 年代西藏自治区实施家庭承包制度以来，在农村牧区实行了"两个长期不变"政策，即"土地归户，自主经营；牲畜归户，自主经营"。截至 1984 年底，95% 的农村牧区基本落实了此政策，农村牧区的生产经营体制转变为农牧民家庭自主经营。在坚持农牧业生产资料归集体所有的大原则下实行家庭联产承包责任制，在很大程度上解放了生产力，极大地调动了农牧民的生产积极性，显著提高了农牧民自我经营水平。同时，也在很大程度上反映了草牧场产权制度改革，即在草牧场所有权和承包经营权成功分离的基础之上实行承包经营权长期不变的政策，这给广大西藏自治区的农牧民吃了定心丸。随着改革开放的深入和市场经济的不断完善，开放意识、市场意识深入人心，在西藏自治区的农村牧区、农牧民中开始萌芽投身开商店、开饭馆、开小作坊等非农非牧经营，有的外出务工等从事副业，除自给自足产品外，出售余下的农产品增加农牧民家庭收入。与此同时，广大农牧民自发的、积极探索了形式多样的互助合作等家庭经营、集体经营，以及各种合作经营相结合的多种合作组织形式，"三农三牧"跨入了一个快速发展的时期。随着市场经济体制的不断完善和成熟，千万个小农小牧的小生产与大市场的矛盾愈来愈凸显，以小农、小牧经济为特征的家庭经营生产经营组织形式，即这种生产关系在很大程度上已成为生产力进一步发展的主要障碍。发展生产力就要使生产关系适应其发展，为克服这种矛盾，在保证家庭经营基础上，那曲、阿里地区部分牧民为构建新型互助合作的需要，在自愿互利的基础上开始成立了互助组生产、联户经营、联村经营等新的农牧业生产经营的组织形式，遵循农牧业生产规律和生产的实际需要，实行统一草场建设、统一草场管理、统一畜种改良、统一抗灾救灾的"四统一"经营模式，即在西藏自治区开始出现新型农村牧区合作经济组织的雏形。同时，受国内大环境的影响，西藏地区的农村牧区经济结构开始发生变化，即由单一经营向多种经营转变，并且产业链也开始不断趋于合理化，从事农畜产品生产、加工、销售的工商业人数明显增多，农工商、牧工商等一体化、一条龙的经营形式得到快速发展，一部分有闯劲、有智慧、有技能或者年轻、文化程度较高的农村牧区劳动力到城镇、都市就业和发展，甚至农村牧区的部分家庭整体迁徙到城市，出现了土地荒芜、草牧场不合理利用现象，西藏自治区的农牧业生产受到了一定程度的制约。农牧民背井离乡、放弃土地、草牧场经营，进城发展，成为手工制品生产者、营销者，或成为个体经商户，留在家乡的一部分人通过转入等方式经营进城者的土地和草牧场，扩大经营规模并提高家庭收入。20世纪90年代后期开始，西藏积极探索"种养加"一条龙、"贸工农"一体化的农牧业产业化经营方式，从而促进了农牧民的组织化程度。特别是2007年开始实施农牧民专业合作社法以来，西藏非常重视新型农牧业经营主体形成和发展，切实推动西藏地区的农村牧区生产方式的转变，先后制定和颁布了《西藏自治区关于加快发展农牧民专业合作经济组织的意见》《西藏自治区农牧民专业合作经济组织发展资金管理暂行办法》《农民专业合作社示范章程》《关于加快推进农机购置补贴廉政风险防控机制建设的意见》，以及西藏农业产业化龙头企业扶持政策等一系列政策措施和意见。2013年以来，西藏自治区党委政府开始重点扶持龙头企业参与当地特色农牧业产业开发、农畜产品精深加工，助推农牧民专业合作社的发展，促进农牧业生产的集约化、规模化、标准化、社会化、现代化经营水平，确保农畜产量稳定增长。在家庭经营的基础上，按照"入社自愿、退社自由、管理民主、风险共担、盈利返回"原则组建农牧民专业合作社，其数量规模得到长足发展，以特色产业为主业的畜牧业新型经营主体不断形成。2014年4月西藏自治区首家家庭农场——日喀则市甲措雄乡岗苏家庭农场正式成立，标志着家庭农场发展进入了新的规范化阶段。2010~2016年，西藏自治区农牧民专业合作社由350家猛增至6076家，增长16倍以上。从2000年开始选拔农牧业产业龙头企业，经过17年的培育和优胜劣汰，目前已具有资金、人才、技术、设备、管理等多方面优势的各类农牧业龙头企业90余家，在产业化经营中扮演龙头，在产业链中承担农畜产品加工和市场营销纽带，在价值链中发挥价值增值的孵化器作用，并为生产者提供产前、产中、产后的各类生产性服务，还为新型职业农牧民培育发挥了积极作用。目前，新型经营主体是西藏自治区农牧业增效、农村牧区增绿和农牧民增收的重要支撑。为了积极构建新型经营主体和实现农村牧区现代化，近年来，西藏自治区各级政府有计划有步骤地稳步推进农村牧区各类社会化服务及其体系的建设，已建设完成并投入使用的乡镇农牧综合服务中心 353 个。在土地草牧场承包经营权确权登记和颁证试点工作基础之上，又试点了土地草牧场承包经营权抵押贷款，并于 2015 年在曲水县挂牌成立了土地草牧场流转交易服务中心，是西藏地区第一家县级农村牧区土地草牧场流转平台，为加快全区农村牧区土地草牧场流转提供示范。

第六章

新型经营主体生产效率分析

第一节
家庭牧场的生产效率分析

党的十九大报告强调了解决好"三农"问题在党的工作中的重要地位，会议指出：构建现代农业体系是解决"三农"问题的现实选择，构建现代农业体系的手段之一就是培育新型农业经营主体。畜牧业是农业（广义）的重要组成部分，"三牧"问题更是"三农"问题中亟待解决的部分。因此，构建现代畜牧业体系，培育新型经营主体是解决"三牧"问题的现实选择。家庭牧场是新型经营主体的一种重要形式，是传统牧户的"升级版"，是传统畜牧业向现代畜牧业过渡的重要桥梁；家庭牧场能够有效促进普通牧户与现代畜牧业的有机衔接，加快畜牧业的现代化进程。然而，当前学术界对于家庭牧场的研究多以经验总结为主，而鲜有对家庭牧场经营的量化分析。

位于内蒙古自治区中部锡林郭勒盟的锡林郭勒草原是我国所有草原中唯一被联合国教科文组织纳入"国际生物圈保护区"的草原，是内蒙古地区天然草原的重要组成部分，更是我国天然草原的重中之重。广袤的草地面积，丰富的草地类型，为该盟草原畜牧业的发展奠定了良好的资源基础。凭借其得天独厚的草地资源，确保锡林郭勒盟草原畜牧业稳定发展，是内蒙古地区，乃至全国畜产品供给不可或缺的力量。2017 年，全盟有 1204 家家庭牧场，其中，获得认定的有 469 家，在工商部门注册登记的有 73 家。基于此背景下，第七～九章进行实证分析的数据来源均采用实地调研的方式收集并获取一手数据，于 2018 年 1 月 25 日至 2 月 6 日对锡林郭勒盟的 1 市（锡林浩特市）8 旗（东乌旗、西乌旗、阿巴嘎旗、苏尼特左旗、苏尼特右旗、镶黄旗、正镶白旗、正蓝旗）展开了为期 13 天的调研活动。

从草地类型的角度看，锡林郭勒盟草地类型总体变化趋势是自东北向西南由典型草原变为非典型草原。其中，东乌珠穆沁旗、西乌珠穆沁旗、锡林浩特市，以及阿巴嘎旗的草地类型主要属于典型草原；镶黄旗、正镶白旗，以及正蓝旗的草地类型主要属于非典型草原。本章以生产效率这一角度作为切入点，以不同草地类型地区家庭牧场生产效率不同作为基本假设，选取该地区 7 个旗（市）草原牧区的 66 户家庭牧场作为调查研究对象，对比分析不同草地类型地区家庭牧场之间生产效率的差异。选用数据包络分析模型（DEA 模型）测算锡林郭勒地区家庭牧场的生产效率，主要从三个角度对生产效率进行测算，即综合技术效率、纯技术效率、规模效率，共选取六个指标来反映锡林郭勒盟家庭牧场生产效率情况。其中，草场面积、劳动力投入、资本投入和能繁母畜数量[①]是反映投入情况的指标，畜牧业生产经营收入和出栏牲畜数量[②]是反映产出情况的指标。

一、数 据 来 源 与 样 本 描 述

调研过程中，主要采用问卷调查的方式，同时，也结合了入户深度访

---

① 计算能繁母畜数时，按一头母牛折算 5 个羊单位、一匹母马折算 6 个羊单位、一峰母骆驼折算 7 个羊单位的比例换算。

② 计算出栏牲畜数量时，按一头母牛折算 5 个羊单位、一匹母马折算 6 个羊单位、一峰母骆驼折算 7 个羊单位的比例换算。

谈的调查方式。针对本部分的调查问卷总共发放 66 份，回收 66 份，问卷
回收率为 100%。

从产出的角度看，草甸＋典型草地类型地区的家庭牧场的出栏牲畜数
量和畜牧业生产经营收入的平均值分别为 411.52 个羊单位和 452429.69
元/年，均高于沙地＋荒漠草地类型地区的家庭牧场的出栏牲畜数量和畜
牧业生产经营收入的平均值，即 84.64 个羊单位和 198459.57 元/年。从
投入的角度看，草甸＋典型草地类型地区的家庭牧场的草场面积、劳动力
投入、资本投入和能繁母畜数量的平均值分别为 930.41 公顷、4.52 人、
211412.06 元/年和 782.70 个羊单位，均高于沙地＋荒漠草地类型地区的
家庭牧场的草场面积（158.27 公顷）、劳动力投入（2.52 人）、资本投入
（103229.09 元/年）和能繁母畜数量（236.00 个羊单位）的平均值，样
本家庭牧场投入产出情况如表 6－1 所示。

表 6－1　　　　　　　　样本家庭牧场投入、产出情况统计表

地区	指标	最大值	最小值	平均值	标准差
草甸＋典型草地类型地区	草场面积（公顷）	2946.67	36.67	930.41	597.32
	劳动力投入（人）	14	2	4.52	2.40
	资本投入（元/年）	564500	46300	211412.06	119360.83
	能繁母畜数量（羊单位）	1652	144	782.70	361.43
	出栏牲畜数量（羊单位）	789	6	411.52	217.33
	畜牧业生产经营收入（元/年）	1152800	49800	452429.69	249034.70
沙地＋荒漠草地类型地区	草场面积（公顷）	1906.67	34.67	158.27	150.74
	劳动力投入（人）	8	2	2.52	1.28
	资本投入（元/年）	514000	20200	103229.09	99194.95
	能繁母畜数量（羊单位）	1266	105	236.00	151.53
	出栏牲畜数量（羊单位）	634	4	84.64	72.11
	畜牧业生产经营收入（元/年）	585755	16770	198459.57	44979.89

资料来源：笔者根据实地调研数据整理而得。

二、模型选择与变量选取

DEA 模型，是测算生产效率的有效方法，适用于多种投入与多种产出的复杂生产系统；该模型在效率评价过程中能够有效避免价格体系和主观观念对评价结果的影响，能够有效保证评价结果的科学性和客观性。DEA 模型对决策单元生产效率的测算主要从四个方面给出运行结果，分别为综合技术效率、纯技术效率、规模效率和规模报酬。综合技术效率、纯技术效率和规模效率三者之间存在一个恒等关系，即综合技术效率是纯技术效率与规模效率作乘积的结果。其中，纯技术效率反映的是在决策单元的生产规模保持一定的情况下，由技术及管理的不同所带来的生产效率的不同。如果纯技术效率的效率值为 1，我们就可以说此时的技术及管理水平是有效的，达到了最佳状态。规模效率反映的是生产规模的不同所能带来的决策单元的生产效率的不同，规模效率的测算值能够反映出决策单元在某一规模下，其生产活动的效率情况，如果规模效率的效率值达到 1，说明决策单元的生产规模就是最佳生产规模，如果规模效率的效率值小于1，说明决策单元的生产规模与最佳生产规模之间存在一定的差距，可能是生产规模过大，也可能使生产规模过小，此时需要减小或者扩大生产规模才能实现规模效率有效。综合技术效率就是从综合的角度对决策单元的生产效率作出评价，由于综合效率是纯技术效率与规模效率作乘积的结果，所以综合效率值反映的是纯技术效率与规模效率共同作用的效率结果。如果综合效率的效率值达到 1，此时决策单元的纯技术效率和规模效率同时达到 1，说明决策单元能够获得的综合效益为最佳效益。

本部分总共选取 6 个指标。其中，选取草场面积、劳动力投入、资本投入和能繁母畜数量 4 个指标反映决策单元的投入状况；选取畜牧业生产经营收入和出栏牲畜数量 2 个指标反映决策单元的产出状况。

三、模型结果分析

不同草地类型地区家庭牧场的生产效率测算结果如表6-2所示。其中，编号1~33的测算结果代表的是草甸+典型草地类型地区的家庭牧场的生产效率情况和规模报酬情况，编号34~66的测算结果代表的是沙地+荒漠草地类型地区的家庭牧场的生产效率情况和规模报酬情况。

表6-2　　　　　不同草地类型地区家庭牧场生产效率测算结果

家庭牧场编号	综合技术效率	纯技术效率	规模效率	规模报酬	家庭牧场编号	综合技术效率	纯技术效率	规模效率	规模报酬
1	0.525	0.602	0.872	irs	18	0.583	0.618	0.944	irs
2	0.421	0.519	0.812	irs	19	1.000	1.000	1.000	/
3	0.558	0.564	0.989	irs	20	0.694	0.697	0.996	irs
4	1.000	1.000	1.000	/	21	1.000	1.000	1.000	/
5	0.286	0.292	0.979	irs	22	1.000	1.000	1.000	/
6	0.391	0.468	0.836	drs	23	0.626	0.752	0.833	irs
7	0.565	0.570	0.992	irs	24	0.614	0.648	0.94	drs
8	0.874	1.000	0.874	drs	25	0.768	0.776	0.991	drs
9	0.716	1.000	0.716	drs	26	0.107	0.421	0.253	irs
10	1.000	1.000	1.000	/	27	0.695	0.914	0.760	drs
11	0.822	0.953	0.862	drs	28	0.707	0.802	0.882	drs
12	0.705	0.950	0.742	drs	29	1.000	1.000	1.000	/
13	0.681	0.900	0.757	drs	30	1.000	1.000	1.000	/
14	0.802	0.860	0.932	drs	31	0.408	0.694	0.588	irs
15	0.489	0.578	0.847	drs	32	1.000	1.000	1.000	/
16	0.511	1.000	0.511	drs	33	0.614	0.636	0.966	drs
17	0.899	0.931	0.966	drs	34	1.000	1.000	1.000	/

续表

家庭牧场编号	综合技术效率	纯技术效率	规模效率	规模报酬	家庭牧场编号	综合技术效率	纯技术效率	规模效率	规模报酬
35	1.000	1.000	1.000	/	51	0.443	0.717	0.618	irs
36	0.613	1.000	0.613	irs	52	1.000	1.000	1.000	/
37	0.956	0.968	0.988	irs	53	0.544	0.974	0.558	irs
38	0.737	0.857	0.860	irs	54	0.804	0.912	0.881	irs
39	1.000	1.000	1.000	/	55	1.000	1.000	1.000	/
40	0.082	0.442	0.184	irs	56	0.599	1.000	0.599	irs
41	0.911	1.000	0.911	drs	57	0.491	1.000	0.491	irs
42	0.836	0.893	0.936	drs	58	1.000	1.000	1.000	/
43	0.891	0.930	0.958	irs	59	0.662	0.876	0.755	irs
44	0.836	0.980	0.852	irs	60	1.000	1.000	1.000	/
45	1.000	1.000	1.000	/	61	0.497	0.960	0.517	irs
46	0.136	0.204	0.667	irs	62	0.740	0.995	0.743	irs
47	0.972	1.000	0.972	drs	63	0.484	0.872	0.555	irs
48	1.000	1.000	1.000	/	64	0.601	0.883	0.680	irs
49	0.746	0.880	0.847	irs	65	0.404	1.000	0.404	irs
50	1.000	1.000	1.000	/	66	0.536	0.809	0.662	irs
平均值	0.699	0.792	0.874	/	平均值	0.743	0.914	0.795	/

资料来源：笔者根据实地调研数据测算而得。

（一）纯技术效率

在草甸＋典型草地类型地区，即在编号为 1～33 的样本家庭牧场中，纯技术效率测算值小于 0.5 的家庭牧场有 3 户，所占比重为 9.10%。纯技术效率测算值大于等于 0.5 且小于 0.7 的家庭牧场有 10 户，所占比重为 30.30%。纯技术效率测算值大于等于 0.7 的家庭牧场有 20 户，所占比重为 60.60%，其中，纯技术效率测算值达到 1 的家庭牧场有 11 户，所占比重为 33.33%。说明草甸＋典型草地类型地区的家庭牧场在既有的生产规模下，现阶段所拥有的技术及管理水平使大部分家庭牧场都能够实现对投入资源较高程度的利用，其中，有 1/3 的家庭牧场实现了对投入资源的最大程度的利用。

在沙地 + 荒漠草地类型地区，即在编号为 34～66 的样本家庭牧场中，纯技术效率测算值小于 0.5 的家庭牧场有 2 户，所占比重为 6.06%。没有家庭牧场的纯技术效率测算值大于等于 0.5 且小于 0.7。纯技术效率测算值大于等于 0.7 的家庭牧场有 31 户，所占比重为 93.93%，其中，纯技术效率测算值达到 1 的家庭牧场有 16 户，所占比重为 48.48%。说明沙地 + 荒漠草地类型地区的家庭牧场在既有的生产规模下，现阶段所拥有的技术及管理水平使大部分家庭牧场都能够实现对投入资源较高程度的利用，其中，有接近半数的家庭牧场实现了对投入资源的最大程度的利用。

对比分析草甸 + 典型草地类型地区的家庭牧场和沙地 + 荒漠草地类型地区的家庭牧场的纯技术效率测算值的分布情况，可以发现，纯技术效率测算值在小于 0.5 的家庭牧场都很少，分别为 3 户和 2 户。纯技术效率测算值大于等于 0.5 且小于 0.7 的家庭牧场也都相对较少，草甸 + 典型草地类型地区的家庭牧场为 10 户，沙地 + 荒漠草地类型地区则没有家庭牧场的纯技术效率测算值处于这一区间。纯技术效率测算值大于等于 0.7 的家庭牧场在各组内都是最多的，分别为 20 户和 31 户，其中，纯技术效率测算值达到 1 的家庭牧场分别为 11 户和 16 户。综合以上分布结果来看，沙地 + 荒漠草地类型地区的家庭牧场的纯技术效率测算值的分布情况要优于草甸 + 典型草地类型地区的家庭牧场。

从平均值来看，沙地 + 荒漠草地类型地区的家庭牧场的纯技术效率测算值要高于草甸 + 典型草地类型地区的家庭牧场（0.914 > 0.792）。

（二）规模效率

1. 规模效率分布情况

在草甸 + 典型草地类型地区，即在编号为 1～33 的样本家庭牧场中，规模效率测算值小于 0.5 的家庭牧场只有 1 户，所占比重为 3.03%。规模效率测算值大于等于 0.5 且小于 0.7 的家庭牧场只有 2 户，所占比重为 6.06%。规模效率测算值大于等于 0.7 的家庭牧场有 30 户，所占比重为 90.90%，其中，规模效率测算值达到 1 的家庭牧场有 8 户，所占比重为 24.24%。说明草甸 + 典型草地类型地区的家庭牧场中仅有接近 1/4 的家庭牧场达到了最佳生产规模，其余大部分家庭牧场仍存在不同程度的规模效率损失。

在沙地 + 荒漠草地类型地区，即在编号为 34～66 的样本家庭牧场中，规模效率测算值小于 0.5 的家庭牧场有 3 户，所占比重为 9.09%。规模效率测算值大于等于 0.5 且小于 0.7 的家庭牧场有 9 户，所占比重为 27.27%。规模效率测算值大于等于 0.7 的家庭牧场有 21 户，所占比重为 63.63%，其中，规模效率测算值达到 1 的家庭牧场有 10 户，所占比重为 30.30%。说明沙地 + 荒漠草地类型地区的家庭牧场中仅有接近 1/3 的家庭牧场达到了最佳生产规模，其余大部分家庭牧场仍存在不同程度的规模效率损失。

对比分析草甸 + 典型草地类型地区的家庭牧场和沙地 + 荒漠草地类型地区的家庭牧场的规模效率测算值的分布情况，可以发现，规模效率测算值在小于 0.5 的家庭牧场都很少，分别为 1 户和 3 户。规模效率测算值大于等于 0.5 且小于 0.7 的家庭牧场也都相对较少，分别为 2 户和 9 户。规模效率测算值大于等于 0.7 的家庭牧场在各组内都是最多的，分别为 30 户和 21 户，其中，规模效率测算值达到 1 的家庭牧场分别为 8 户和 10 户。综合以上分布结果来看，草甸 + 典型草地类型地区的家庭牧场的规模效率测算值的分布情况要优于沙地 + 荒漠草地类型地区的家庭牧场。

从平均值来看，草甸 + 典型草地类型地区的家庭牧场的规模效率测算值要高于沙地 + 荒漠草地类型地区的家庭牧场（0.874 > 0.795）。

2. 规模报酬情况

在草甸 + 典型草地类型地区，即在编号为 1～33 的样本家庭牧场中，处在规模报酬递增阶段的家庭牧场有 10 户，所占比重为 30.30%；处在规模报酬递减阶段的家庭牧场有 15 户，所占比重为 45.45%；处在规模报酬不变阶段的家庭牧场有 8 户，所占比重为 24.24%（见图 6 – 1）。

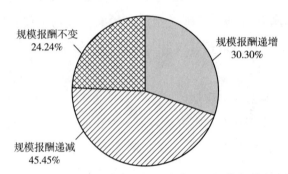

图 6 – 1　草甸 + 典型草地类型地区家庭牧场规模报酬占比情况

资料来源：笔者根据实地调研数据绘制。

在沙地 + 荒漠草地类型地区，即在编号为 34～66 的样本家庭牧场中，处在规模报酬递增阶段的家庭牧场有 20 户，所占比重为 60.60%；处在规模报酬递减阶段的家庭牧场有 3 户，所占比重为 9.09%；处在规模报酬不变阶段的家庭牧场有 10 户，所占比重为 30.30%（见图 6 – 2）。

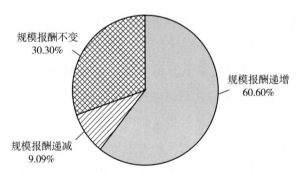

图 6 – 2　沙地 + 荒漠草地类型地区家庭牧场规模报酬占比情况

资料来源：笔者根据实地调研数据绘制。

对比分析草甸＋典型草地类型地区的家庭牧场和沙地＋荒漠草地类型地区的家庭牧场的规模报酬的分布情况，可以发现，处在规模报酬递增阶段的家庭牧场分别为 10 户和 20 户，草甸＋典型草地类型地区的家庭牧场少于沙地＋荒漠草地类型地区的家庭牧场；处在规模报酬递减阶段的家庭牧场分别为 15 户和 3 户，草甸＋典型草地类型地区的家庭牧场多于沙地＋荒漠草地类型地区的家庭牧场；处在规模报酬不变阶段的家庭牧场分别为 8 户和 10 户，草甸＋典型草地类型地区的家庭牧场和沙地＋荒漠草地类型地区的家庭牧场数量相差很少，前者略少于后者。处在规模报酬不变阶段的家庭牧场说明其达到了最佳生产规模，而处在规模报酬递增阶段或者处在规模报酬递减阶段的家庭牧场说明其生产规模过大或过小。综合以上分布结果来看，在草甸＋典型草地类型地区，有更多的家庭牧场需要减小其生产规模才能使生产规模达到最佳状态，而在沙地＋荒漠草地类型地区，有更多的家庭牧场需要扩大其生产规模才能使生产规模达到最佳状态。

3. 综合效率

在草甸＋典型草地类型地区，即在编号为 1～33 的样本家庭牧场中，综合效率测算值小于 0.5 的家庭牧场有 6 户，所占比重为 18.18%；综合效率测算值大于等于 0.5 且小于 0.7 的家庭牧场有 11 户，所占比重为 33.33%；综合效率测算值大于等于 0.7 的家庭牧场有 16 户，所占比重为 48.48%，其中，综合效率测算值达到 1 的家庭牧场有 8 户，所占比重为 24.24%。综合以上数据来看，草甸＋典型草地类型地区的家庭牧场中仅有接近 1/4 的家庭牧场综合效率有效，其余大部分家庭牧场均存在不同程度的效率损失。

在沙地＋荒漠草地类型地区，即在编号为 34～66 的样本家庭牧场中，综合效率测算值小于 0.5 的家庭牧场有 7 户，所占比重为 21.21%；综合效率测算值大于等于 0.5 且小于 0.7 的家庭牧场有 6 户，所占比重为 18.18%；综合效率测算值大于等于 0.7 的家庭牧场有 20 户，所占比重为

60.60%，其中，综合效率测算值达到 1 的家庭牧场有 10 户，所占比重为 30.30%。综合以上数据来看，沙地＋荒漠草地类型地区的家庭牧场中仅有接近 1/3 的家庭牧场综合效率有效，其余大部分家庭牧场均存在不同程度的效率损失。

对比分析草甸＋典型草地类型地区的家庭牧场和沙地＋荒漠草地类型地区的家庭牧场的规模报酬的分布情况，可以发现，综合效率测算值小于 0.5 的家庭牧场都很少，分别为 6 户和 7 户；综合效率测算值大于等于 0.5 且小于 0.7 家庭牧场也都相对较少，分别为 11 户和 6 户；综合效率测算值大于等于 0.7 的家庭牧场在各组内都是最多的，分别为 16 户和 20 户，其中，综合效率测算值达到 1 的家庭牧场分别为 8 户和 10 户。综合以上分布结果来看，沙地＋荒漠草地类型地区的家庭牧场的综合效率测算值的分布情况要优于草甸＋典型草地类型地区的家庭牧场。

从平均值来看，沙地＋荒漠草地类型地区的家庭牧场的综合效率测算值要高于草甸＋典型草地类型地区的家庭牧场（0.743 ＞ 0.699）。

四、低效率牧户原因分析及改进方案

基于本部分分析，综合效率测算值小于 0.5 的家庭牧场被认为是低效率户。由表 6－2 模型运行结果可知，在 66 户样本家庭牧场中有 13 户为低效率户。其中，有 2 户纯技术效率为 1，说明其低效率是由规模效率低造成的，因此，提高这 2 户的生产效率只需改变生产规模。其余的 11 户纯技术效率测算值和规模效率测算值均不为 1，说明其低效率是由纯技术效率和规模效率二者共同造成的，因此，提高这 11 户的生产效率则需要改变投入要素的配置来实现生产效率的提高，调整方案如表 6－3 所示。

表 6 − 3　　　　　　　　　　低效率户调整方案

家庭牧场编号	出栏牲畜数量（只/头/匹/峰）	畜牧业生产经营收（元/年）	草场面积（公顷）	劳动力投入（人）	资本投入（元/年）	能繁母畜数量（羊单位）
2	60.000	210800.000	54.690	2.076	92396.545	122.503
	0	0	1612.098	1.924	85603.455	113.497
	/	/	−	+	+	+
5	340.000	370000.000	353.602	2.335	128374.661	338.566
	0	0	1646.398	5.665	327522.339	821.434
	/	/	−	−	−	−
6	625.000	509076.757	811.190	3.332	173592.972	584.992
	0	195276.757	922.144	5.668	216402.028	665.008
	/	+	−	−	−	−
15	254.000	287300.000	159.843	2.354	78082.140	279.468
	0	0	116.824	4.646	57067.860	671.532
	/	/	+	−	+	−
26	26.385	58899.470	117.237	1.263	39562.912	130.992
	20.385	8324.470	816.096	1.737	54437.088	287.007
	+	+	−	−	−	−
31	90.000	92657.622	48.450	1.559	37001.678	100.000
	0	42857.622	617.350	1.441	51798.321	44.000
	/	+	−	+	−	+
40	26.000	82713.945	61.830	1.113	48178.950	100.000
	0	65943.945	104.837	1.947	161821.050	126.000
	/	+	−	−	−	−
46	106.000	87463.094	46.871	1.630	35662.971	106.322
	0	9463.094	184.329	6.370	139337.029	613.677
	/	+	−	−	−	−

新型经营主体与草原畜牧业现代化

续表

家庭牧场编号	出栏牲畜数量（只/头/匹/峰）	畜牧业生产经营收（元/年）	草场面积（公顷）	劳动力投入（人）	资本投入（元/年）	能繁母畜数量（羊单位）
51	102.000	115142.013	53.005	1.434	55000.935	125.502
	0	30742.013	186.995	0.566	25199.064	49.498
	/	+	−	+	+	+
61	28.478	83799.000	30.095	1.921	57096.740	107.574
	19.478	0	1.238	0.079	27703.260	4.426
	+	/	+	+	+	+
63	70.490	110500.000	94.514	1.745	33413.317	126.500
	53.490	0	22.819	0.255	4886.683	18.500
	+	/	+	+	+	+

注：表中各指标内容的第一行表示调整的目标值；第二行表示投入冗余值或产出松弛值；第三行表示调整方向。其中，"/"表示不需要调整，"+"表示调整方向为正，"−"表示调整方向为负。

资料来源：笔者根据实地调研数据分析整理而得。

从本章所涉及的样本来看，家庭牧场分布于低水平收入组、中等水平收入组、高水平收入组的户数依次增加，处于中、高收入水平的家庭牧场占到样本家庭牧场总数的72.72%。分布于低水平支出组、中等水平支出组、高水平支出组的户数依次减少，处于中、低支出水平的家庭牧场占到样本家庭牧场总数的86.36%。从整体来看，家庭牧场生产经营情况较好，符合家庭牧场高收入、低支出的发展目标。

另外，不同草地类型地区家庭牧场的生产效率是不同的。（1）沙地＋荒漠草地类型地区的家庭牧场的纯技术效率要高于草甸＋典型草地类型地区的家庭牧场。现代畜牧业的实现离不开技术的使用，增加诸如牲畜品种改良技术、繁殖技术、防疫技术、疾病治疗技术、饲养管理技术、牧草品种改良技术及一些其他畜牧业技术的投入能够有效推动纯技术效率的提高。尤其在草甸＋典型草地类型地区，相较于沙地＋荒漠草地类型地区

·126·

的家庭牧场，纯技术效率更低，提升空间更大，因此，更加应该注重技术的投入。（2）草甸+典型草地类型地区的家庭牧场的规模效率要高于沙地+荒漠草地类型地区的家庭牧场。总体来说，在草甸+典型草地类型地区，家庭牧场的草场面积更大且草地质量也更高，相较于沙地+荒漠草地类型地区的家庭牧场，更有条件实现最佳生产规模。因此，草甸+典型草地类型地区的家庭牧场，应该利用好优势草地资源，合理确定生产规模，进一步提高规模效率；而沙地+荒漠草地类型地区的家庭牧场本身就处于规模劣势地位，应该做出更多努力弥补这一劣势，一是可以通过租赁的方式获得更大面积的草场；二是注重草场的保护，使草地质量得到保障。（3）沙地+荒漠草地类型地区的家庭牧场的综合效率要高于草甸+典型草地类型地区的家庭牧场。综合效率的提高同时依赖于纯技术效率的提高和规模效率的提高。两个地区的家庭牧场应该根据各自地区的实际情况和效率分布特点，既要同时兼顾纯技术效率和规模效率的提高，又要有所侧重，采取措施，补齐短板。

五、家庭牧场案例

（一）苏尼特左旗 AR 家庭农牧场

内蒙古自治区认定的 AR 家庭农牧场位于锡林郭勒盟苏尼特左旗满都拉图镇萨如拉塔拉嘎查，距离当地旗政府约 20 公里。牧场主云某是一个三口之家，承包着 600 公顷左右的草场（夏秋营地 233.33 公顷，冬春营地 366.67 公顷）。而云某本人不仅是一位牧场主，也担任嘎查长一职并兼任嘎查集体经济股份合作社的理事长，同时还和妻子各自在旗里有份工作。在不用雇人的前提下，他利用智能手机"智慧牧场"APP 一个人便能轻松管理 60 多头牛。2018 年 8 月份，他分别以 8000 元/头、240 元/张的价格卖了 20 头小牛犊及一张牛皮，获得了 16 万余元的畜牧业经营收入。刚迈入不惑之年的云某虽然只有3年左右的养畜经验，但从与他的交谈中了解发现，他是一个对生活及畜牧业生产经营极具独特想法的新型职业牧民。他表示，一方面，牧民要向"享受型"生活逐渐靠拢，先规划生活区，再规划生产区；另一方面，应当真正意义上认识到草场如何经营才能够合理利用。从收入角度而言，善于经营的牧户不但能维持良好的草场生态，还能保证牲畜对各种牧草营养的需求，使牧民在市场上卖出个好价钱。从成本角度而言，如果在承包的600公顷草场上养100头牛，其带来的利润实则与养60头牛相差无几。这是由于在载畜量范围内的60头牛可以在自家草场得到充分采食，基本不需要投入过多的饲养成本。而过度放牧会对草场植被造成严重破坏，当自家可利用草场无法为这部分牲畜提供更多的天然牧草时，就需要牧民购买额外的饲草料进行饲喂，导致饲养成本增加。所以，牧民应当权衡好"经济账"与"生态账"之间的联系，如何经营草场与牲畜能使自身利润达到最大化才是关键。此外，对于还希望得到政府方面的哪些扶持问题，云某认为，一方面，技术培训是现阶段牧民最想去深入了解和学习的，例如，畜产品销售、精深加工及副产品的开发等环节的知识。另一方面，在劳动力较为短缺的情况下，还是希望政府或社会化服务机构能够在畜牧业生产经营过程中提供一些生产性机械化设备或相应的服务，例如，自家草场很需要能及时对牲畜粪污进行处理的机械设备。

2015年开始至今，云某家陆续共建起了3个牛舍，总面积将近500平方米。在2016年，放牧定位设备和监控设备、智能饮水设备和一个容积为20吨的水窖便开始投入使用。不仅如此，他还订购了一架1万元左右的无人机，投入放牧管理中。2017年，云某家花费大约13万余元新建一座新型节能房屋。2019年，他还策划起了家庭牧场体验式旅游，家庭收入较3年前有了较大幅度的提高。2017~2018年，云某在互联网上经营了一个平台，主要经营的业务本质上而言就是"我替你养"，即在不居住牧区的情况下，让大城市的人也能体验到亲自牧羊的一项服务，类似于曾经网络上流行的 QQ 牧场。按照客户购买的羊羔数量，将其定义为大牧场主或是小牧场主。所购买的羊羔越多，成为大牧场主的可能性就越大。通过向客户传送图片、小视频等，客户就能观赏到自己的羊实时的健康状况及生长过程。不仅如此，平台另一端的客户还可以根据自身的时间安排，亲自到牧场观看所饲养的羊的状况。等到羊羔饲养到一定程度时，客户还可以提出将其屠宰并加工的要求。与平常在市场上购买到的畜产品不同，在互联网平台上购羊的客户能够享受到"私人定制化"服务，即根据客户的偏好需求完成相应加工程序操作。如客户可以提出将其加工成血肠、肉肠，或根据自身的口味喜好将羊肉加工成椒盐、蒜香、麻辣口味等。据了解，在 2018 年，云涛通过该平台销售了 16 吨左右的羊肉，虽然比正常的市场价格要高，但这样的虚拟化体验式服务却深得客户的喜爱。

（二）阿巴嘎旗 MH 家庭牧场

阿巴嘎旗别力古台镇巴音乌拉嘎查的 MH 家共有 5 口人，家庭劳动力 2 人，长期雇佣劳动力 2 人。

家庭生产性固定资产共 100.7 万元，包括：卡车 1 辆，价值 2 万元，于 2015 年购入；轿车 1 辆，价值 74 万元，于 2018 年购入；摩托车 2 辆，价值共 8000 元，于 2017 年购入；打草机、搂草机 1 套，价值共 5000 元，于 2015 年购入；柴油机 1 台，价值 6000 元，于 2019 年购入；水泵一个，价值 8500 元，于 2019 年购入；牛舍 12 间，价值 10 万元，分别于 2013 年、2017 年修建；羊舍 500 平方米，价值 2.6 万元，于 2017 年修建；网围栏约 150 卷，价值 6.75 万元，分别于 2013 年、2016 年修建；风光互补发电机 2 台，价值共 4000 元，于 2013 年购入；监控设备 4 台，价值 7000 元，于 2017 年购入；水窖 1 口，价值 1.5 万元，于 2014 年修建。

草场承包面积 608 公顷，租入面积 2000 公顷，共计 2608 公顷。其中，草场承租金为 105 元/公顷，租金共计 21 万元。草场分为春营地 533.33 公顷、夏营地 666.67 公顷、秋营地 1008 公顷及冬营地 400 公顷。

家畜头数变化情况如下：2018 年 8 月共有基础母羊 700 只、种公羊 400 只、一岁羊羔 700 只；当年出售羊羔 700 只，自食 10 只、死亡 15 只、赠送 5 只；现有基础母羊 650 只、种公羊 400 只、一岁羊羔 600 只。2018 年 8 月共有基础母牛 100 头、种公牛 2 头、一岁牛犊 30 头；当年出售牛犊 30 头、基础母牛 5 头，自食 1 头；现有基础母牛 64 头、种公牛 2 头、一岁牛犊 60 头。

2018 年，畜牧业生产经营性收入为 127.91 万元。其中，牲畜销售收入为 127 万元。2018 年 9 月，以 1000 元/只的价格出售大羊 420 只，共计 42 万元；以 800 元/只的价格出售小羊 700 只，共计 56 万元。2018 年 10 月，以 10000 元/头的价格出售大牛 5 头，共计 5 万元；以 8000 元/头的价格出售小牛 30 头，共计 24 万元。另外，2018 年畜产品销售收入共计 9100 元，其中，以 6 元/斤的价格出售土种羊毛 1500 斤，共计 9000 元；以 100 元/张的价格出售牛皮 1 张，共计 100 元。

2018 年，补贴性收入共计 61.65 万元，其中，草畜平衡补贴收入为 2.74 万元，补贴标准 45 元/公顷；休牧补贴收入为 9120 元，补贴标准为 15 元/公顷；牲畜良种补贴收入为 52 万元，补贴标准 1300/只；畜牧机井补贴收入为 6 万元，补贴标准为 7500 元/公顷。

2018 年，该家庭总收入为 189.56 万元。2018 年，畜牧业生产支出共计 29.76 万元，其中，以 35 元/捆购入 500 捆干草，共支出 1.75 万元，以 120 元/袋购买饲料玉米 1000 袋，共支出 1.2 万元；羊的防疫费用为 3000 元，牛的防疫费用为 7000 元；柴油费用为 2 万元，汽油费用为 3 万元；雇工费用为 10 万元；水费为 50 元。

2018 年，生活消费支出共计 10.16 万元，其中，食品消费支出为 5600 元，以 3 元/斤的价格购入大米 600 斤，共计 1800 元；以 10 元/斤的价格购入小米 360 斤，共计 300 元；以 8 元/斤的价格购入炒米 240 斤，共计 1280 元；以 100 元/袋的价格购入白面 12 袋，共计 1200 元；以 5 元/斤的价格购入鸡蛋 36 斤，共计 180 元；以约 1 元/斤的价格购买蔬菜

600 斤，共计 600 元；以 20 元/桶的价格购入食用油 12 桶，共计 240 元。另外，大型支出共计 9.60 万元，包括高中子女教育费用 6 万元，医疗费 750 元，红白喜事支出 2 万元，电话费及网费 2400 元，煤气费 3120 元，水电费 7000 元，取暖费 2700 元。该家庭 2018 年总利润为 98.16 万元。家庭借贷情况为无借贷经历。

第二节

牧民合作社的生产效率分析

近年来，随着社会经济的快速发展，我国牧区经营方式正在从传统的家庭承包经营逐渐向专业大户、家庭牧场、联户、合作社、公司等新型经营主体牧区经营方式转变。家庭联产承包责任制的第二轮土地承包从 1997 年开始到 2027 年，再延长 30 年不变，在土地不变的条件下，吸收现代科技要素，提高规模效率和技术效率。进行规模经营对提高牧区经济发展是十分有必要的，将土地流转入合作社，可以解决家庭承包经营土地零星分散、效益不高、市场信息不灵等问题。同时，在消费者越来越重视产品质量和产品安全的大背景下，人们对畜产品的质量安全也越来越注重。因此，加快牧区经营方式转变，构建新型经营主体极为重要。合作社作为新型经营主体，其生产效率如何，这一科学问题的探讨对提高当前锡林郭勒盟畜牧业的发展具有重要意义。因此，本章将以锡林郭勒盟调研数据为基础，采用 DEA 方法，对合作社社员生产效率进行分析。

一、材料与方法

（一）数据来源

为客观、真实地了解锡林郭勒盟合作社社员的生产效率情况，此次调研中，采用随机抽样、问卷与访谈相结合的方法，最终获得合作社社员样本 30 份。受访人员的描述性统计见表 6 - 4，样本特征表现为以下四点：以乡村居民和男性为主；以 30 ~ 60 岁的人为主；受教育水平主要是九年义务教育；养畜经验年数为 11 ~ 40 年的占比最大。

表 6 - 4　　　　　　　　　受访人员的描述性统计

指标	分组	户数	比重
性别	男	28	93.33%
	女	2	6.67%
年龄（岁）	≤30	1	3.33%
	31 ~ 40	8	26.67%
	41 ~ 50	13	43.33%
	51 ~ 60	7	23.33%
	>60	1	3.33%
户口类别	乡村	28	93.33%
	城镇	2	6.67%
受教育水平（年）	≤5	8	26.67%
	6 ~ 8	6	20%
	9 ~ 11	11	36.67%
	12 ~ 15	4	13.33%
	>15	1	3.33%
养畜经验年数（年）	0 ~ 10	4	13.33%
	11 ~ 20	8	26.67%
	21 ~ 30	8	26.67%
	31 ~ 40	7	23.33%
	41 ~ 50	3	10%

资料来源：笔者根据调研数据整理而得。

（二）研究方法

1. DEA 模型变量介绍

根据锡林郭勒盟畜牧业生产特征，DEA 模型数据采用了 4 个投入指标和 2 个产出指标，其中，草场面积、劳动力投入、畜牧业支出、能繁母畜数为投入指标，畜牧业收入和出栏牲畜数为产出指标。

草场面积：指牧户实际使用的草场面积。即：草场面积（公顷）= 承包面积 + 租入面积 - 租出面积。

劳动力投入：指一个牧户家庭内参与牧业活动的家庭成员及临时雇佣工[①]和长期雇佣工[②]。

畜牧业支出：指在牧业过程中实际产生的各种费用之和，具体包括饲料费用、借用机械费用、燃油、汽油费用、修围栏、修畜舍费用、雇工费用、草场租赁费用、水费、放牧委托费用、借用种公羊费用和其他支出等。

能繁母畜数：指年内参与生产的母畜[③]，包括：母牛、母马和母骆驼。

畜牧业收入：指年销售的牲畜收入和畜产品收入之和。

出栏牲畜数：指年销售及淘汰的牲畜数量之和。

2. 调查样本

调查样本中合作社社员的投入、产出情况如表 6-5 所示。

表 6-5　　　　　　　　合作社社员的投入、产出情况统计表

经营主体	变量	草场面积（平方米）	劳动力投入（人）	畜牧业支出（元）	能繁母畜数（头）	畜牧业收入（元）	出栏牲畜数（头）
合作社社员	平均值	8979.93	2.67	114167.1	510.9	254213.13	305.93
	最大值	26719	7	267390	1652	912800	1100

---

① 临时雇佣工：工作时间为 3~6 个月。

② 长期雇佣工：工作时间为 1 年以上。

③ 计算能繁母畜数时，按一头母牛折算 5 个羊单位、一匹母马折算 6 个羊单位、一峰母骆驼折算 7 个羊单位的比例换算。

经营主体	变量	草场面积（平方米）	劳动力投入（人）	畜牧业支出（元）	能繁母畜数（头）	畜牧业收入（元）	出栏牲畜数（头）
合作社社员	最小值	550	1	27200	105	15640	15
	标准差	7459.03	1.19	60340.87	337.38	194757.79	259.09

资料来源：笔者根据调研数据整理而得。

二、结果与分析

（一）DEA 模型获得的生产效率测算结果

本节使用 DEAP2.1 软件对锡林郭勒盟地区合作社社员的生产效率进行分析，选取投入主导型模型，采用可变规模报酬模型，计算出各合作社社员的综合效率、纯技术效率和规模效率，具体结果如表 6-6 所示。

表 6-6　　　　　　　调查地区合作社社员生产效率一览表

牧户编号	综合效率	纯技术效率	规模效率	规模报酬	牧户编号	综合效率	纯技术效率	规模效率	规模报酬
1	1.000	1.000	1.000	/	11	0.382	0.601	0.636	irs
2	1.000	1.000	1.000	/	12	0.763	1.000	0.763	irs
3	0.540	0.603	0.895	irs	13	0.233	1.000	0.233	irs
4	0.444	0.650	0.683	irs	14	0.904	1.000	0.904	drs
5	1.000	1.000	1.000	/	15	0.817	0.819	0.998	drs
6	0.605	0.701	0.863	irs	16	1.000	1.000	1.000	/
7	0.144	0.475	0.302	irs	17	0.694	0.799	0.869	drs
8	0.620	0.684	0.907	irs	18	0.797	1.000	0.797	irs
9	0.564	0.583	0.967	irs	19	0.256	1.000	0.256	irs
10	0.706	0.759	0.930	irs	20	0.595	0.622	0.957	irs

牧户编号	综合效率	纯技术效率	规模效率	规模报酬	牧户编号	综合效率	纯技术效率	规模效率	规模报酬
21	1.000	1.000	1.000	/	26	0.799	0.821	0.973	drs
22	0.042	1.000	0.042	irs	27	0.404	0.619	0.653	irs
23	0.845	0.853	0.991	irs	28	0.395	0.716	0.552	irs
24	1.000	1.000	1.000	/	29	0.535	0.761	0.703	irs
25	0.737	1.000	0.737	irs	30	0.492	0.940	0.523	irs

资料来源：笔者对实地调研数据进行生产效率测算的结果。

（二）DEA 模型生产效率测算结果分析

由表6-6可得：合作社社员的综合效率、纯技术效率和规模效率的分布情况如图6-3所示。

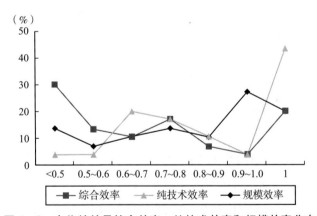

图6-3 合作社社员综合效率、纯技术效率和规模效率分布

资料来源：笔者根据表6-6数据绘制。

1. 关于纯技术效率

调查的30户牧民中，有1户纯技术效率值在0.5以下，占到样本的3.33%；有7户纯技术效率值在0.5～0.7之间，占到样本的13.33%；

有 22 户纯技术效率值达到了 0.7 以上，占到样本的 73.33%，其中，有 13 户纯技术效率值达到了 1，占到样本的 43.33%。综合以上数据可以看出，在目前的生产规模保持不变的情况下，就现有的技术水平而言，极少部分牧民合作社社员投入资源的利用程度较低，少部分牧民合作社社员投入资源的利用程度达到中高水平，大部分牧民合作社社员投入资源的利用程度较高，甚至是达到了最大利用程度。

2. 关于规模效率

调查的 30 户牧民中，有 4 户牧民合作社社员的规模效率测算值是低于 0.5 的，占到样本的 13.33%；规模效率测算值在 0.5~0.7 之间的牧民合作社社员有 5 户，占到样本的 16.67%；其余 21 户牧民合作社社员的规模效率测算值均在 0.7 以上，占到样本的 70%，其中，有 6 户牧民合作社社员的规模效率测算值达到了 1，占到样本的 20%。综合以上数据可以看出，仅有一少部分牧民合作社社员的生产规模处于最佳状态，大多数牧民合作社社员存在不同程度的规模效率损失，现有的生产规模与最佳生产规模之间仍然有着一定的差距。

3. 关于综合技术效率

就样本运算结果来看，在调查的 30 户牧民中，有一多半的牧民合作社社员综合技术效率存在 30% 以上的效率损失。

（三）合作社社员的规模报酬分布情况

合作社社员的规模报酬分布情况如图 6-4 所示。

由图 6-4 可知，合作社社员中规模报酬递增的牧户占比 67%，说明大多数牧户还可以通过增加投入来扩大产出；规模报酬不变的牧户占比 20%，处于最佳生产规模；规模报酬递减的牧户占比 13%，这部分牧户可以通过调整其投入来达到最佳生产效率。

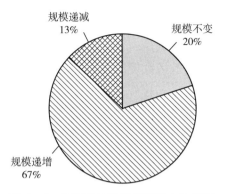

图 6 – 4　合作社社员规模报酬占比情况

资料来源：笔者根据调研数据绘制。

三、结 论

通过对锡林郭勒盟合作社社员的生产效率进行对比分析，合作社社员的生产效率较高且规模报酬递增的牧户接近 70%，但现有的生产规模与最佳生产规模之间仍然有着一定的差距。为了更准确、更有效地促进其转变，本节特提出以下四点建议供锡林郭勒盟相关部门作为参考。

第一，实现规模化、组织化经营。普通牧户由于规模小，生产经营分散，无法实现规模经济，造成其成本高，利润低。政府应加大宣传力度，鼓励其参加合作社或对其给予支持使其扩大规模，逐渐转变成家庭牧场。但是，扩大规模并不是一味地增加投入，而是要注意适度原则，实现最佳规模水平。过大的规模会造成规模效率递减，造成一定资源的浪费，不利于实现生产效率最大化。

第二，鼓励合作化、组织化发展。在鼓励普通牧户加入合作社时，应根据其具体经济、生产等情况使条件相似、实力相当的牧户加入同一合作社，避免大户为了自身的利益操控整个合作社从而损害大多数小户的利益，这样可以达到相互制衡，促进均衡发展的目的；同时，政府应发挥组织者作用，开展"以大带小"活动，召集合作社领导或者关键人员召开交流研讨会，促进各社之间互帮互助，共同发展。

第三，促进生产化、技术化进步。当前，科技、农业等的迅速发展均离不开技术进步，同样，牧区经济的发展水平也与技术密切相关。牧民应主动学习先进的技术知识，并将所学知识应用到日常的生产实践当中，提高自己的生产效率；同时，政府应为牧民的学习提供更好的平台；合作社、家庭牧场等各新型经营主体应发挥"领头羊"作用，将自己所采用的先进技术知识传授给普通牧户，主动带领普通牧户发展。

第四，加强专业化、职业化教育。政府应加大对牧区专业化人才的培养力度，按照当地的实际需求进行职业化教育。一个国家、一个地区的综合实力要靠科学技术水平来支撑，而科技的发展离不开人才，人才的产生离不开教育事业的发展，所以国家、地区之间的竞争归根到底是教育资源的竞争。加强教育力度，为牧区经济发展培育专业化、职业化人才，以此来促进当地发展。

四、牧民合作社案例

（一）XMT 畜牧业专业合作社

1. 基本概况

XMT 畜牧业专业合作社位于苏尼特左旗达来苏木呼格吉勒图嘎查，注册资金 60 万元，于 2013 年 12 月 13 日成立，由 1 人担任合作社理事长，3 人任合作社理事，3 人任合作社监事。该合作社每年召开 3 次股东大会，召开时间基本都在购买饲草料、贷款（主要担保者参加）及销售牲畜等关键节点。合作社成员来自巴彦乌拉和达来的 2 个苏木、5 个嘎查，共 14 户，均有独立账户，辐射带动 138 户。该合作社的主要经营业务为统一放牧经营牲畜、销售羔羊和成年母羊，年销售规模可达 3 万只。同时，合作社还单独管理 900 只种公羊，每只每期（一般 45 天）出租收入 300 元，并且还可得到每只 1300 元的政策性补贴。

2. 利益分配方式

首先，在实地调查中发现，位于达来苏木呼格吉勒图嘎查的 5 个合作社成员的草场连片，因此他们将草场整合后共同利用，约 2000 只羊混群饲养、统一经营。虽然每个牧户的草场面积和牲畜数量不同，但由于该地区的牧户彼此之间相互信任，基本都能保持草畜平衡的状态。因此，并不存在利益分配上的矛盾。羊倌的工资按照基础母羊的数量摊销计算。其次，合作社的 14 户成员基本均为富裕户，主要扶持 138 户辐射带动户，目的是解决草场大、牲畜少的牧户生产经营过程中存在的困难。例如，当贫困户贷款困难时，合作社则以自己的信用向农村信用社贷款，且每年都会偿还利息，同时续借本金。所贷款项用于购置基础母羊，其中，这部分基础母羊属于合作社的铁畜。合作社根据牧户的实际情况，将基础母羊进行分配，并供其无期限使用，但需要按每年每只向合作社支付 200 元的费用，主要用于偿还农村信用社的贷款利息。此外，合作社通过先为牧户垫付部分费用的方式，保证这些牧户所饲养牲畜的饲草料需求，而牧户将羊销售后所得的收入用来偿还饲草料的费用。不仅如此，合作社还负责全苏木 54 户低收入户使用专项资金购买的约 100 头牛的经营。同样，这些牲畜均供牧户无限期使用。其中，政府共给予合作社 162 万元，将 162 万元的 10% 分给 54 个低收入户，即每户每年能得到 3000 元的扶持资金。合作社销售牛的所得即为合作社收入，而政府有权将先垫付的 162 万资金抽走。需要说明的是，合作社至今仍处于资金积累阶段，暂无分红。

3. 合作运行机制

该合作社除了将草场进行整合经营、牲畜混群饲养之外，同时还负责合作社社员和辐射带动户的饲草料统一购买。按照 2018 年市场价 1050元/吨计算，若合作社统一购进饲草料，那么其每吨可节省 70 元，即购买时的价格变为 980 元/吨。另外，合作社每年销售的 3 万只左右的羊，均由其统一运送到当地屠宰场，合作社社员、辐射带动户均可享受免费运送牲畜的服务，运输费用由当地屠宰场承担。因此，每户平均可省 800～1000 元的运费（如租车费、燃油费等）。相比在当地直接将活羊卖给"二道贩子"，每只能多卖 20～30 元左右，这在一定程度上增加了牧户的家庭收入。

合作社从农业综合开发办获得的 70 万元项目资金主要用于建立合作社的储草库，以 7 万元左右/户的价格为 14 户合作社社员建立育肥棚等畜舍。其中，3.5 万元为项目款，另外 3.5 万元为牧户成员自筹；现代肉羊项目的 50 万元项目资金主要用于基础设施建设。

4. 合作社存在的困难

首先，该合作社面临的一个重要问题就是资金短缺、银行贷款手续繁杂及贷款审批时间长。目前，合作社拥有 200 万元左右的债务，由于原来的草场承包经营权证无法进行抵押贷款，确权后新证还未下发，因此利息负担较重。其次，草场租赁监督管理不到位。合作社想租入草场利用时，发现部分周边嘎查的牧户将草场出租给外来人员，影响其进一步扩大生产规模。虽然与相关部门进行过沟通，但由于部分原因难以与其协调一致，因此，该状况暂未得到较好的解决。最后，还存在项目资金使用性上不灵活、项目资金到账时间延迟等问题。

5. 合作社愿景

合作社在征求社员意见的基础上，应尽早将所有成员户的草场、牲畜进行整合，采取统一放牧的方式，使合作社进一步发展壮大。在季节轮牧的基础上合理利用草场，拆除不必要的网围栏，最终实现合作化经营。在草场整合后，一方面，若遇到部分草场干旱甚至发生旱灾，就可将牲畜移动到质量较好的草场上放牧。如此一来，出栏牲畜的质量就能够得到有效保证，在市场上以高价卖出的牲畜就能为牧户带来增收效益。另一方面，生态环境也将得到改善，从而真正做到以生态优先、绿色发展为导向的绿色环保型畜牧业。当牧民生活条件逐渐转好之后，牧民的总体效益和福利很可能会高于城市，即生活在牧区的牧民所收获的生活幸福感会更高，这将促使更多的城市人口或原本居住在牧区的城市人口涌回牧区，牧户从事的草原畜牧业接班人的问题就能迎刃而解了。

（二）阿拉善左旗温都尔勒图镇 T 嘎查农牧民畜牧养殖机械专业合作社

1. 农牧民畜牧养殖机械专业合作社简介

温都尔勒图镇 TBHDG 嘎查农民养殖专业合作社成立于 2007 年 9 月，为合作社现代化发展要求，现更名为温镇 T 嘎查农牧民畜牧养殖机械专业合作社。现有社员数 140 户 395 人，其中，贫困户及残疾户占全社总人数的 53%，其他社员占 47%。入股资金达 269.85 万元，入股社员为本嘎查农牧民及全镇部分贫困户和残疾户。合作社净资产达 12.25 亿元（已做资产评估）。已建成占地 6.6 万平方米养殖基地 1 处，其中，加工车间 2 栋 528 平方米、保鲜冷库 15 平方米、标准化封闭式棚圈 12 栋 14400 平方米（牛舍 6 栋 7200 平方米、羊圈 6 栋 7200 平方米）、2000 平方米开放式牛圈、青贮池 4 座 4800 立方米、草料棚 5500 平方米、兽医室 1 间 40 平方米、办公室 4 间 120 平方米。为实现现代化机械养殖，合作社现已购进机械设施 20 余台，其中，青饲取料机 1 台、大小拖拉机 2 台、农用自卸翻斗车 1 台、全日粮混合搅拌机 3 台、各类饲草料粉碎机 10 余台、饲草料输送带 2 台、20 型铲车 1 台、撒料车 2 台、大小电动三轮车 5 台。2015 年，该合作社被评为国家级示范社。合作社现存栏西门塔尔肉牛 520 余头，均为西门塔尔优良品种；现存栏羊 1200 余只、白绒山羊 660 只，小尾寒羊、蒙古滩羊 540 余只。合作社每年可出栏肉牛 150 余头、肉羊 600 只，年毛收入 300 万元左右，每年为社员分红利约 36 万元，饲草料购买 80 万元左右，工人工资 20 万元，贷款利息 25 万元左右，水、电、药品及其他开支 99 万元，合作社年净利润约 40 万元。

2. 合作社运行情况

（1）合作社集中养殖情况。

为了进一步增强合作社带动作用，合作社根据当地特点，以"党支部＋合作社＋基地＋农牧户"的生产经营模式带动农牧民走向市场和进行标准化生产的同时，创新地提出资金和实物托养的经营模式：一是以资金托畜。有意向投入资金10000元，年底根据收入可分红1500元。二是以物托畜。凡托进来的牛羊，要进行健康免疫检查，健康达标方可入托。对托养进来的活畜折资后，合作社年底以折资额的12.5％的利率给予分红。

（2）合作社分散养殖扶持情况。

合作社要与分散户签订扶持合同，合作社为分散饲养户统一投放（种公羊、种公牛、人工授精等）、统一防疫、统一技术培训、统一饲喂标准、统一回收出栏牛羊。通过合同以保护形式价收购养殖户牛羊，即市场价高于保护价时，以市场价收购，市场价低于保护价时，以保护价收购，确保养殖户切身利益。

3. 合作社发展前景

畜牧业是阿拉善传统的优势产业，"阿左旗白绒山羊""西门塔尔肉牛"驰名中外，养殖业既是民族特色经济，又是农村牧区重要的支柱产业。长期以来，阿左旗的牛羊肉以其肉质鲜嫩、多汁味美、营养丰富、胆固醇含量低等特点而深受消费者的青睐，牛羊肉外销量逐年增加。阿拉善左旗温镇塔嘎查农牧民畜牧养殖机械专业合作社坚持走"合作社繁育＋农户饲养＋合作社销售"的发展道路，实行典型推动、以点带面、稳步推进，对有意发展肉牛肉羊养殖的农牧户进行先调查后定向，先培训后进牛、羊，千方百计扩大养殖规模，争取把全嘎查农牧民纳入合作社运行当中，合作社积极支持入社人员自繁自育，合作社统一收购，进行屠宰及加工肉类食品的销售，延伸产业链条。合作社对入社社员严格实行"四统分、一回收"的服务承诺，即统一种源、统一配种、统一防疫、统一服务，母牛分散饲养，肉牛、肉羊集中回收销售。

4. 合作社发展规划

（1）肉食品加工厂建设。

按照市场需求，以温镇为中心辐射周边省市的牛羊肉加工，以及整合畜牧资源和经营力度，从而实现畜牧业规模化经营、产业化发展。这样做一是减缓草场载畜量，减轻草场压力。二是合作社直接收购牧民的牛羊进行屠宰、加工及销售，为牧民收入提供保障，从而改善盲目扩群增数的传统观念，大量收购牛羊还可以产生辐射带动作用，还可解决部分人员就业。三是解决牧民牲畜难卖问题，彻底打破牧民"整只出价、同羊同价、感官估价、粗略议价"的交易模式，并使农牧民能够享受到产业链条上的屠宰、加工增值利润。

（2）饲草料加工基地建设。

充分利用资源优势，收购周边嘎查饲草料、玉米秸秆等，在嘎查地势高且干燥处，筹建青贮窖、干草棚、精料库、精料加工间和全混合制作间等。可把精料库和精料加工间合并为由合作社统一储备干草、统一制作全混合日粮，以此为提高养殖产量提供保障。

（3）培育推广优良品种。

根据阿拉善资源条件及生产水平，肉牛生产主推西门塔尔夏洛莱牛等优良品种，并积极引进优良品种进行人工授精模式。肉羊生产主推白绒山羊、蒙古滩羊等优良品种，通过蒙古滩羊与小尾寒羊、小尾寒羊与杜泊羊杂交的模式，加强温都尔勒图白绒山羊与波尔山羊良种繁育体系建设。肉牛养殖注重本土品种的提纯、复壮及新品种选育，提高肉牛肉羊品质和产量。

（4）土地流转。

为促进合作社规模化、产业化、集约化发展，通过经营互换土地，将农民的土地以租赁或股份合作经营的方式把承包土地经营权纳入合作社中。合作社利用流转土地自产自销的形式减少合作社饲草料购买成本，从而进一步增加合作社的收益。

（5）草场流转。

利用外出务工人员闲置草场，以草场承包经营权流转方式，纳入合作社发展，使合作社进行舍饲养殖和草场散养相结合，畜牧业适度规模经营，以便更好地保护草场，使草原休养生息延伸畜牧业产业链条，实现畜牧业的可持续发展，加快温镇特色优势产业发展，建设现代畜牧业，促进农牧民增收。

（6）畜牧养殖机械化发展。

解放思想，完善措施，提高对畜牧养殖业机械化发展的认识，树立发展畜牧养殖业，机械化先行的观念，把发展畜牧养殖机械化作为解决农牧民增收的突破点和提高畜牧业综合生产能力的重点来抓。加快畜牧养殖机械化的发展，把畜牧养殖业打造成为农牧民增收致富和牧区振兴的经济增长点。认真学习了解大型养殖场、养殖机械的应用，以及今后对养殖机械的需求。

（7）畜牧养殖规模化发展。

合作社现养殖规模可容纳 1000 头繁殖母牛，3000 只基础母羊。合作社现有基础繁殖母牛 300 余头，基础母羊 600 余只。合作社计划继续发展至 1000 头繁殖母牛，3000 只基础母羊。肉牛品种全部为优质西门塔尔肉牛，肉羊品种为阿杜肉羊、白绒山羊、本地滩羊。

调整装备结构，提高畜农牧业机械化水平。协调半农牧区畜牧业机械化发展布局。在半农牧区围绕"粮、经、草"三元种植结构，重点发展农作物收获、加工、贮藏、投喂和完善畜产品采集加工机械化装备，以自给自足的方式全面提升畜牧业机械化装备结构。

5. 发展制约因素

（1）良种基础薄弱。

优良品种保护开发不够。白绒山羊和西门塔尔肉牛品质优良，但没有很好地保护和开发利用，而纯种西门塔尔肉牛数量很少。牛羊的核心群、扩繁群和生产群"三群"配套的良种繁育体系有待进一步完善。

（2）牛羊加工滞后。

科技含量低、加工能力弱。合作社现只能通过卖活牛、活羊或屠宰后销售鲜肉，加工增值远远不够，产业链条较短，副产品开发利用程度低。目前，牛肉产品深加工还是空白，羊肉产品精深加工还处于刚起步的探索阶段。

（3）品牌培育滞后。

商标注册工作滞后。缺乏品牌战略意识，尚未申报涉及牛羊产业的中国驰名商标，现仅有"无公害"牛肉、羊肉注册商标。

（4）科技支撑能力不强。

科技服务体系不健全，科技推广工作落后、各类机械设备还处于落后阶段。合作社存在缺人、缺经费、缺技术等问题。与猪禽养殖相比，精通牧草种植、牛羊品种改良和疫病防治的技术人才十分缺乏，高、精、尖人才更为稀缺。牛羊品种如何定向、不同区域的草种怎样选择，都还没有形成科学的模式，难以支撑当地牛羊产业快速发展。

（5）需进一步加强机械化作业规范和机械多样化。

目前，农机部门仅注重加强种植业农机标准化和作业质量管理，而忽视畜牧机械作业标准化，形成管理死角。所以，迫切需要制定和完善畜牧业机械化作业标准，督促广大畜牧业机械使用人员和技术人员严格按照作业标准和作业规范进行作业。提高合作社生产效益与可持续发展，加强机械多样化迫在眉睫，应提高畜牧业机械化水平与科学化管理。

（6）多方整合，加强交流与合作。

在农牧民畜牧养殖机械专业合作社建设中，首先，主动加强与畜牧、科技等部门的联系，开展畜牧机械技术与畜牧养殖技术的融合，确保畜牧养殖机械化的效益。其次，希望有关部门积极开展各地技术交流，加大饲料搅拌、饲喂机械的开发应用力度。整合技术、人员、资金等方面的资源优势，推进畜牧机械技术创新和科技成果转化。

（三）新巴尔虎右旗 ML 畜牧专业合作社

1. 合作社基本建设情况

新巴尔虎右旗 ML 畜牧专业合作社成立于 2019 年 6 月，位于克尔伦苏木 ML 嘎查，离旗所在地阿拉坦额莫勒镇西南 32 公里处。目前，合作社共有 87 户，合作社草场总面积约 2.67 万公顷，嘎查集体草场 0.73 万公顷。合作社理事会成员 7 名，监事会成员 3 名。现有牲畜马 100 多匹、牛 300 多头、羊 7000 多只。为确保牲畜安全越冬度春，制订了牲畜越冬度春工作方案，通过合作社理事会预计越冬度春饲草料量，已购买 4689 捆草料，每捆 500 斤。

在基础设施建设方面：新建种羊基地 1 处、饮水温热炉 1 个、储草库 1 座、标准化牛舍 1 座、标准化羊舍 1 座、移动棚圈 1 座、移动车库 1 座、机井 1 眼等。

在经营管理团队的设置上：设立合作社理事长 1 名、副理事长 2 名、理事 4 名、监事长 1 名、监事 2 名、财务 1 名。外聘财务总监 1 名、法律顾问 1 名、专业兽医 1 名。理事会下设 6 名浩特长，按照牲畜种群和数量设 19 个放牧点，分成 6 个浩特并由 6 名浩特长管理。

在科学划分四季轮牧区域方面：结合合作社规模生产需求、草场现状和四季轮牧需要，通过整合社员草场，将合作社草场划分为 5 大生产模块、牲畜设 19 个放牧点。草场具体分为：春营地、夏营地、秋营地、冬营地和打草场，形成四季轮牧区域。19 个放牧点具体划分：羊群设 5 个浩特 15 个放牧点，每个放牧点 800 只羊；牛群设 3 个放牧点，每个放牧点 150 头牛；马群设 1 个放牧点。

2. 合作社的经营管理机制

作为内蒙古自治区的牧区现代化改革试点，ML 畜牧业专业合作社的工作已经进入运行阶段。该合作社采取以股份制经营为代表的集约型生态畜牧业发展模式，遵照股东自愿、退股自由、民主管理的原则成立股份制合作社，将合作社社员经营现有的牲畜作价入股，股金按一只羊 1500 元、一头牛 1.3 万元计算，全嘎查 115 户牧民中有 90 户牧民入股，入股率为 78%。对入股的牲畜进行评估确认，通过对入股的牲畜的岁数、膘情等多方面情况，进行公平、公正、公开的评估。现已对以羊入股的 14 户进行评估确认，集中整合后，按 850 只再度分群，已有 7 座羊群雇佣羊倌在合作社放牧。

合作社接收国家无偿补贴的农机、棚圈等基础设施，按相同比例平均量化到成员账户中。社员依法享有使用权及其收益权，量化资产不属于社员个人财产。

3. 合作社的劳动分工机制

根据嘎查基本情况，对冬春季、秋季、夏季草场进行重新调整，对入股牲畜、草场进行整合和划分，在入股牧户中选择放牧经验较好的牧民作为放牧员，将入股的牲畜进行分群管理。草场和牲畜整合后，分区域布置浩特，选定浩特长，由浩特长管理放牧员。

4. 合作社的盈余分配方案

为了保护社员的合法权益，根据《中华人民共和国农民专业合作社法》《新巴尔虎右旗芒赍畜牧专业合作社章程》和《新巴尔虎右旗芒赍畜牧专业合作社盈余分配制度》的规定，以坚持依法分配、坚持多积累和可持续发展、坚持公开、公平、公正及坚持先审计，后分配的原则为基础，该合作社对于盈余分配方案的制定如下：

（1）分配程序。

①分配前准备：

一是按照财务会计制度准确核算全年收入、支出和收益情况；

二是弥补合作社亏损、结算合作社债权债务，清查合作社资产；

三是核实社员身份，确认盈余返还分红社员身份；

四是开展内部审计，精确核算当年（收益）可分配盈余资金额。

②分配顺序：合作社如有亏损，以当年实现的利润先弥补亏损，当年利润不足以弥补亏损的以公积金、股金依次弥补；因弥补亏损所减少的资金，社员大会应酌情规定恢复补充的办法和期限。

一是提取公益金的 10% 用于合作社社员教育培训，用于发放社员、职工福利及奖励突出贡献人员。

二是提取公积金的 30% 用于合作社公共积累和发展储备金，以及其他决议通过的事项。

三是社员盈余返还分红的 60% 作为社员盈余分红。

③财务核算公式:

第一步,当年可分配盈余 = 合作社当年收入总额 - 管理成本 - 各项应付税金 - 当年发生的相关费用 - 上年负债及亏损。

第二步,公益金 = 当年可分配盈余 × 10%。

第三步,公积金 = 当年可分配盈余 × 30%。

第四步,社员盈余返还分红 = 当年可分配盈余 × 60%。

(2)年度可分配盈余。

年度可分配盈余少于 200 万元时,当年不进行社员盈余分红。

(3)分配时间。

合作社理事会负责年度盈余分配方案编制,并提交"社员代表大会"讨论商定。

5. 合作社的发展

召开肉类加工企业座谈会,对接驻旗各肉类加工企业,订购 ML 畜牧专业合作社秋季出栏的牲畜及预定下一年的牲畜出栏订单,确定 ML 畜牧专业合作社的销售定价为在销售峰值上再加 1 元,收购日期截止为每年 10 月 1 日。2019 年 8 月 22 日,在新巴尔虎右旗 XD 食品有限公司,XD 食品法人代表与新巴尔虎右旗 ML 畜牧专业合作社法人代表签订了 2019 年的《肉羊购销合同书》,XD 食品有限公司购买 ML 嘎查地产羔羊 6100 只左右,大羊 1000 只左右,双方已履行合同。

(四)青海省海西州 MLG 生态畜牧业合作社

1. 海西州天峻县 MLG 村简介

MLG 村位于天峻县新源镇东部,布哈河东岸,距县城 20 公里,平均海拔 3200~3500 米。年均气温 -0.9℃,年降水量 349.8 毫米,全年日照时数为 3332.4 小时,全年无绝对无霜期。全村草场总面积 0.88 万公顷,可利用草场面积 0.63 万公顷。草场植物以针茅、苔草、蒿草、艾草等禾本科、莎草科、菊科为主。

通过十年生态畜牧业建设，MLG 合作社目前拥有社员 70 户，218 人；入股可利用草场 0.63 万公顷；入股各类牲畜 1.36 万头只；社员参社入股率和生产要素入股率 100%。2018 年，人均收入达到 22408 元。2018 年被授予"全省生态畜牧业建设示范引领第一社"称号，合作社先后荣获"国家级示范社""省级示范社""州级先进集体"荣誉称号。

2. MLG 模式的内涵

在经历了试点起步、探索创新、凝练固化等发展历程后，MLG 村人成功探索总结出了全省第一家颇具影响力的股份合作制经营模式——"MLG 模式"。

其核心内涵是："以草场承包经营权、牲畜折价入股，劳动力专业分工，生产指标量化，用工按劳取酬，利润按股分红为主的风险共担、利益共享"的股份合作制经营模式。

3. 试点起步

长期以来，由于草地生态环境的恶化，导致牧区生产力下降，人草畜矛盾突出，牧民收入增长缓慢。一家一户分散经营，难以适应市场经济、抵御自然灾害能力低、科技推广应用程度不高等因素不断制约着草地畜牧业健康发展。

2008 年，MLG 村按照青海省委、省政府提出的"以保护草原生态环境为前提、以科学合理利用草地资源为基础、以推进草畜平衡为核心、以转变生产经营方式为关键、以实现人与自然和谐为目标"的总体要求，在没有成功经验可借鉴的前提下，MLG 村人开始了生态畜牧业建设试点起步。

试点起步工作主要从四个方面着手进行：

一是强化宣传动员。由于牧区社会发育程度不足、且落后，群众的文化水平相对较低，要想长期形成的靠天养畜的畜牧业生产经营方式在短时间内彻底扭转，就要让牧民群众深刻领会党和政府是为他们着想，这需要一个思想转变的过程，只有获取民心，政策才能落地，工作才能顺利实施。2008~2009 年，各级政府在 MLG 村先后召开了大小会议共 70 多次。经过广泛宣传动员，群众对这项政策产生了共鸣和支持。

二是摸清家底。主要对全村畜牧业基础设施、牲畜数量、草场面积、牧民收入等情况进行摸底调查，做到精确无误，建立档案，并对草地生产力进行了测算，为有效推进以草定畜、划区轮牧、稳步开展项目建设等工作提供科学依据。

三是确定目标，制订方案。在调查研究、酝酿思路的基础上，最终确定了"整合资源、股份合作、规模经营、划区轮牧、以草定畜"的生态畜牧业建设目标、制定发展规划（这个三年发展规划是经过群众认可的，也是经过政府审核认可的），同时，按照生态畜牧业建设要求制订了建设方案。

四是强化资源配置。建立"省州指导，县镇负责、村组为主、部门支持"的工作机制，将生态畜牧业试点建设、新牧区建设、农网改造等项目整合实施，当年实现了生活用电、人畜饮水、乡村公路、人居住房、畜用暖棚、畜圈、注苗栏、草地围栏、储草棚、文化娱乐设施等十个配套。在工作中，牢牢把握"四个转变"和"六个结合"，依照目标，共克难关，积极创新探索"股份合作制经营"建设。

4. 探索创新——成立合作社

在成立了合作社之后，MLG 村人并没有停止脚步，而是在发展合作社的同时对其内部结构、各项章程等进行了一系列的探索创新。

（1）合作社组织机构（见图 6-5）。

（2）制定章程、各项制度及方案。

合作社讨论制定合作社章程、草场和牲畜等生产要素作价入股方案、划区轮牧方案、减畜方案、劳动力转移方案等 10 多项内部管理和财务制度，以及 6 项承包合同（见图 6-6）。

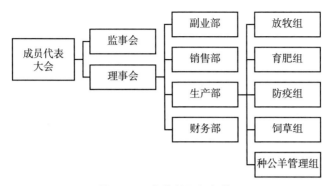

图 6-5 合作社组织机构

资料来源：笔者根据调研资料绘制。

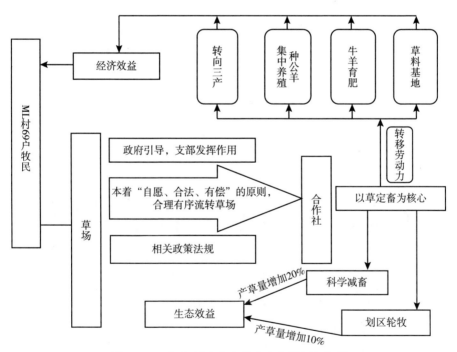

图 6-6 MLG 村生态畜牧业合作社运行机制

资料来源：笔者根据调研资料绘制。

（3）生产要素折资入股，核算股权。

牧民想要入股合作社需遵循以下入股流程：确定方案、核定入股生产要素、折资入股、签订协议、公开公示、填写股权证（司法公正）、核发股权证。

在对生产要素进行折资时，遵循以下标准：草场折价标准，夏季草场30元/公顷、秋季草场45元/公顷、冬季草场75元/公顷；牲畜折价标准，两岁及以上藏羊800元/只、周岁藏羊600/只、羔羊400元/只、生产母牦牛2400元/头、三岁牦牛1300元/头、两岁牦牛1000元/头、牦牛犊牛400元/头；折股标准，草场和牲畜股金2400元/股。

（4）划区轮牧建设。

对合作社拥有的草场按季节进行划区轮牧，分为三种草场类型。其中，冬春草场面积2629.73公顷，载畜量8577只羊单位，轮牧小区25个（3单元/小区），放牧天数205天，轮牧次数1次；秋季草场面积1855.47公顷，载畜量14742只羊单位，轮牧小区31个，放牧天数90天，轮牧次数2次；夏季草场面积1836.33公顷，载畜量17708只羊单位，轮牧小区31个，放牧天数70天，轮牧次数1次。

（5）入股牲畜重新组群。

对牧户入股合作社的牲畜进行安排部署、集中整合、性能鉴定、重新组群，不断优化畜群结构。合作社现有的牲畜按畜种、生产用途、性别、年龄、等级组群31群，其中，能繁母羊群23群、后备母羊群2群、种公羊1群、非生产畜1群、牦牛群3群、犏牛群1群（其中，能繁母羊群360只/群，种公羊340只/群，牛群300头/群）。

（6）劳动力技能分工。

首先，合作社择优遴选放牧员。合作社与放牧员签订放牧经济责任合同，明确奖罚标准。其次，转移富余劳动力。在尊重个人意愿的基础上，按照社员工作技能情况进行工作安排，如有的被安排到合作社从事生产管理，有的自谋职业从事开商店，有的在合作社开办的二三产业中务工。

（7）"五统一分"生产经营管理。

为了加强合作社生产管理，制定了"五统一分"生产管理方式，即"统一轮牧、统一配种、统一育肥、统一加工、统一销售、分群养殖"的"五统一分"管理方式。

（8）不断强化和完善制度建设。

修订和完善社员牲畜资产配股制度、核查清点制度、自食羊分配制度、住院资金垫付制度、外出学习考察制度、管理人员工资标准、扶贫帮困制度及三产发展计划共8个内部运营制度；牲畜群实行放牧员轮岗制，重大事项严格落实"理事会提议、监事会和理事会商议、党支部审议、成员代表大会决议、财务和社务公开"的"四议两公开"议事制度。

（9）建立定性量化扶贫帮困机制。

为实现合作社的共同富裕，带动梅陇人脱贫致富，合作社建立定性量化扶贫帮困机制。自2009年开始，合作社对政府用帮扶资金为贫困户购买的900只优良能繁母羊（户均225只），采取统一经营的方式，每年扶贫4户，并将能繁母羊所产的母羔（按95只计算）折股量化给贫困户，增加贫困户股份份额和分红效益，第二年重新安排4家贫困户，以此类推，滚动扶持，最终实现16户全体脱贫致富。

（10）开展牦牛藏羊高效养殖。

为实现合作社牲畜的高效养殖，遵循以下技术路线：牲畜鉴定→淘汰不合格种畜→合格母畜补饲→统一配种产羔→早期断奶→集中育肥。争取达到以下目标：藏羊繁殖率95%以上，牦牛繁殖率一年一胎；羔羊六月龄体重35公斤左右。

（11）社员收入不断攀升。

合作社社员拥有多元化收入。社员收入由按劳取酬、按股分红，以及多种经营等多种收入方式构成（见图6-7）。合作社组建初期，人均收入仅4800元；到2016年，合作社社员人均可支配收入达17569元，较2008年合作社成立初期增加12769元，增长3.6倍，实现收入翻番。

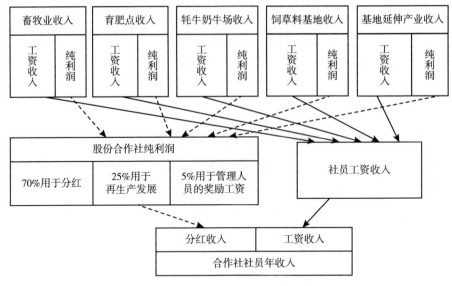

图 6 – 7　合作社社员收入来源

资料来源：笔者根据资料绘制。

总之，坚定不移地做好股份合作制改造是牧民合作社成功发展的关键，坚信依靠群众，发挥自我管理能力，破解发展中的各类问题和挑战是合作社成功发展的基础，必须坚持"以草定畜"，实现草畜平衡是合作社可持续发展的前提，坚持走组织化、规模化、集约化、产业化生产道路，才能实现合作社成功发展的重要路径，不断创新发展是合作社成功发展的法宝。

第三节

畜牧业经营主体生产效率的比较分析

2012 年，中国共产党第十八次全国代表大会指出，要持续完善农村基本经营制度，发展股份合作和农民专业合作等多种合作组织形式，加大对各种新型经营主体的培育、支持力度，发展集多种形式于一体的规模经营,构建集约化、专业化、组织化、社会化四化相结合的新型农业经营体系。2013 年中国共产党第十八届中央委员会第三次全体会议以"让广大农民平等参与现代化进程、共同分享现代化成果"为目标,提出了关于新型农业经营主体发展的总要求:坚持农业生产中家庭经营的基础性地位,推进家庭、集体、合作、企业经营等共同发展的创新式农业经营方式。2017 年中共中央办公厅、国务院办公厅在《关于加快构建政策体系培育新型农业经营主体的意见》中,首次提出支持发展新型农业经营主体的政策结构,着力于构建关于培育和发展新型农业经营主体的政策体系。2017 年,中国共产党第十九次全国代表大会指出,要进行适度规模经营,支持新型农业经营主体,完善农业社会化服务体系,从而实现小农户和现代农业发展的有机衔接。2018 年,中央一号文件指出,要科学筹划、协调发展,在培育新型农业经营主体的同时,兼顾扶持小农户,开展新型农业经营主体的培育工程,鼓励发展家庭农场、合作社、龙头企业、社会化服务组织和农业产业化联合体,发展多种形式的适度规模经营。可见,从2012 年以来,党和政府一直十分重视关于构建新型经营主体的问题。新型经营主体对提高质量安全和效率问题具有重大意义,同时将使农牧业朝着"四化"方向发展。合作社和家庭牧场作为新型经营主体,其各自生产效率如何?既是家庭牧场又参加了合作社经营主体的生产效率如何?与普通牧户相比如何?找到草原畜牧业生产效率高的经营模式,对于草原畜牧业的可持续发展及其现代化的实现都具有重要意义。

近年来,我国牧区经营方式正在从传统的家庭承包经营逐渐向专业大户、家庭牧场、联户、合作社、畜牧业企业等新型经营主体的经营方式转变。这对加速草牧场流转,扩大经营规模,吸收现代科技要素,提高规模效率和技术效率,推动牧区经济发展都具有十分重要的意义。本节以锡林郭勒盟入户调查数据为基础,采用 DEA 方法,对普通牧户①、合作社牧

---

① 普通牧户:即小牧户,是非组织化、自然生产的最小经营主体。

户①、家庭牧场②、合作社家庭牧场③四者的生产效率进行比较分析。

一、数 据 来 源 与 研 究 方 法

（一）数据来源

近几年，锡林郭勒盟按照"积极发展、逐步规范、强化扶持、提升素质"的要求，以规范壮大为突破口，以土地入股为主要形式，以股份为利益分配依据，积极培育农牧民专业合作社共 1091 个，其中，牧民合作社 612 个，农民合作社 479 个，合作社入社牧户达 3.05 万户。把建设家庭牧场作为培育新型农牧业经营主体的主要抓手，按照严格的建设标准和考核验收办法对申报的家庭牧场进行实地考察评估，对符合条件的予以认定发证，共批准认定 436 家，其中，在工商部门登记注册的有 63 家。

在调研过程中，采用随机抽样、问卷与访谈相结合的方法，最终获得总样本数据 103 个，其中包括普通牧户、合作社牧户、家庭牧场各 30 个，合作社家庭牧场 13 个。由于合作社是一个集体组织，其生产效率无法和单个的普通牧户和家庭牧场相比，因此，本部分使用合作社牧户和合作社家庭牧场的生产效率来反映合作社这一新型经营主体的生产效率情况。家庭牧场是指符合国家认定标准，已达到一定规模并到工商行政管理部门登记注册了的畜牧业经营大户。样本牧户的描述性统计见表 6-7，样本特征表现为以下几点：被调查者基本都是户主且是乡村（苏木嘎查）户口，男性居多；在年龄结构上，各类经营主体户主或合作社理事长年龄基本都

---

① 合作社牧户：指按章程规定加入合作社的牧户。
② 家庭牧场：指以家庭成员为主要劳动力，从事草原畜牧业规模化、集约化、商品化生产经营，并以畜牧业为主要收入来源，已达到一定规模并到工商行政管理部门登记注册了的经营主体。
③ 合作社家庭牧场：指已被认定的家庭牧场，按章程规定加入合作社的经营主体。

处于31~40岁、41~50岁、51~60岁三个年龄段。其中，普通牧户户主年龄在这三个年龄段的分布较均衡，占比在30%以上；家庭牧场户主年龄在31~40岁的占比达36.67%；合作社牧户和合作社家庭牧场经营主体在41~50岁年龄段的最多，占比分别为43.33%和61.54%。在受教育水平上，普通牧户和家庭牧场中，初中及以下学历的户主分别占比70%、63.33%，整体文化水平偏低；合作社牧户和合作社家庭牧场经营主体大多数具有高中及以上学历，分别占比53.33%、69.23%，整体文化水平偏高；在养畜经验上，普通牧户、合作社牧户、家庭牧场养畜年数大多在11~20年、21~30年、31~40年三个年龄段，分别占比90%、76.67%、73.33%，三者养畜经验年数在41~50年的分别占比为3.33%、10%、16.67%，说明养畜经验对新型经营主体的形成有促进作用。合作社家庭牧场养畜年数大多在11~20年、21~30年两个时间段，占比84.61%，从整体上可以看出，户主或理事长养畜经验丰富。

表6-7　　　　　　　　　　受访人员的描述性统计

类别		数量（个）				比例（%）			
		普通牧户	家庭牧场	合作社牧户	合作社家庭牧场	普通牧户	家庭牧场	合作社牧户	合作社家庭牧场
性别	男	28	29	28	12	93.33	96.67	93.33	92.31
	女	2	1	2	1	6.67	3.33	6.67	7.69
年龄	≤30岁	1	0	1	0	3.33	0	3.33	0
	31~40岁	10	11	8	3	33.33	36.67	26.67	23.08
	41~50岁	10	9	13	8	33.33	30	43.33	61.54
	51~60岁	9	7	7	2	30	23.33	23.33	15.38
	>60岁	0	3	1	0	0	10	3.33	0
户口类别	乡村	30	30	28	13	100	100	93.33	100
	城镇	0	0	2	0	0	0	6.67	0

类别		数量（个）				比例（%）			
		普通牧户	家庭牧场	合作社牧户	合作社家庭牧场	普通牧户	家庭牧场	合作社牧户	合作社家庭牧场
受教育水平	≤5年	10	10	8	1	33.33	33.33	26.67	7.69
	6~8年	11	9	6	3	36.67	30	20	23.08
	9~11年	7	7	11	8	23.33	23.33	36.67	61.54
	12~15年	2	4	4	1	6.67	13.33	13.33	7.69
	>15年	0	0	1	0	0	0	3.33	0
养畜经验年数	0~10年	2	3	4	0	6.67	10	13.33	0
	11~20年	11	9	8	5	36.67	30	26.67	38.46
	21~30年	6	6	8	6	20	20	26.67	46.15
	31~40年	10	7	7	2	33.33	23.33	23.33	15.39
	41~50年	1	5	3	0	3.33	16.67	10	0

资料来源：笔者根据调研数据整理所得。

（二）研究方法

1. DEA 模型变量介绍

根据锡林郭勒盟畜牧业生产特征，最终选取了 4 个投入指标和 2 个产出指标。其中，投入指标有：草场面积、劳动力投入、畜牧业支出和能繁母畜数，产出指标有畜牧业收入和出栏牲畜数。

2. 调查样本

表 6 - 8 显示了不同调查主体的投入、产出情况：

表 6 - 8　　　　　　　　样本牧户投入产出情况统计表

经营主体	变量	草场面积（公顷）	劳动力投入（人）	牧业支出（元）	能繁母畜数（只）	牧业收入（元）	出栏牲畜数·（只）
普通牧户	平均值	345.30	2.33	69272.00	254.80	119828.40	99.30
	最大值	1566.67	4.00	308900.00	1405.00	622240.00	300.00

续表

经营主体	变量	草场面积（公顷）	劳动力投入（人）	牧业支出（元）	能繁母畜数（只）	牧业收入（元）	出栏牲畜数（只）
普通牧户	最小值	31.33	1.00	6130.00	37.00	4840.00	20.00
	标准差	368.15	0.60	59573.57	283.08	110777.71	71.57
合作社牧户	平均值	598.66	2.67	114167.10	510.90	254213.13	213.60
	最大值	1781.27	7.00	267390.00	1652.00	912800.00	480.00
	最小值	36.67	1.00	27200.00	105.00	15640.00	45.00
	标准差	497.27	1.19	60340.87	337.38	194757.79	118.51
家庭牧场	平均值	562.06	3.17	161937.37	548.47	366724.53	215.57
	最大值	1471.33	6.00	378000.00	1490.00	805500.00	436.00
	最小值	34.67	2.00	10000.00	40.00	3300.00	68.00
	标准差	373.25	1.16	92116.21	332.20	188725.70	112.03
合作社家庭牧场	平均值	755.87	4.46	227515.38	733.69	491357.80	241.31
	最大值	1906.67	14.00	564500.00	1310.00	1152800.00	550.00
	最小值	149.33	2.00	38600.00	125.00	116000.00	108.00
	标准差	589.80	3.10	161950.77	420.39	296482.43	132.50

资料来源：笔者根据调研数据进行统计分析得出的结果。

二、结果与分析

（一）DEA 模型获得的生产效率测算结果

本节使用 DEAP2.1 软件对锡林郭勒盟普通牧户、合作社牧户、家庭牧场、合作社家庭牧场的生产效率进行分析，选取投入主导型模型，采用可变规模报酬模型，计算出不同经营主体的综合效率、纯技术效率和规模效率，具体结果如表 6-9 至表 6-12 所示。

表6-9　　　　　　　　锡林郭勒盟地区普通牧户生产效率情况

牧户编号	综合效率	纯技术效率	规模效率	规模报酬	牧户编号	综合效率	纯技术效率	规模效率	规模报酬
1	0.346	0.660	0.524	irs	16	0.800	0.814	0.982	drs
2	0.659	0.679	0.971	irs	17	0.821	0.836	0.981	drs
3	0.891	0.892	0.999	drs	18	0.876	0.883	0.991	irs
4	0.586	0.601	0.975	irs	19	0.700	0.729	0.960	irs
5	0.753	0.757	0.994	irs	20	0.582	0.611	0.953	irs
6	0.531	0.652	0.815	irs	21	0.823	0.827	0.995	irs
7	1.000	1.000	1.000	/	22	1.000	1.000	1.000	/
8	0.597	0.641	0.932	drs	23	0.459	0.524	0.876	irs
9	0.547	0.906	0.604	irs	24	0.915	0.916	0.999	irs
10	0.455	0.672	0.678	irs	25	0.549	0.657	0.835	irs
11	0.527	0.677	0.779	irs	26	0.337	1.000	0.337	irs
12	0.563	0.574	0.981	irs	27	0.451	0.490	0.920	drs
13	0.680	0.790	0.861	irs	28	0.633	1.000	0.633	irs
14	0.535	0.541	0.989	irs	29	0.503	0.680	0.739	drs
15	0.590	0.603	0.978	drs	30	0.613	0.670	0.914	irs

资料来源：笔者对实地调研数据进行生产效率测算的结果。

表6-10　　　　　　　锡林郭勒盟地区合作社牧户生产效率情况

牧户编号	综合效率	纯技术效率	规模效率	规模报酬	牧户编号	综合效率	纯技术效率	规模效率	规模报酬
1	1.000	1.000	1.000	/	6	0.605	0.701	0.863	irs
2	1.000	1.000	1.000	/	7	0.144	0.475	0.302	irs
3	0.540	0.603	0.895	irs	8	0.620	0.684	0.907	irs
4	0.444	0.650	0.683	irs	9	0.564	0.583	0.967	irs
5	1.000	1.000	1.000	/	10	0.706	0.759	0.930	irs

续表

牧户编号	综合效率	纯技术效率	规模效率	规模报酬	牧户编号	综合效率	纯技术效率	规模效率	规模报酬
11	0.382	0.601	0.636	irs	21	1.000	1.000	1.000	/
12	0.763	1.000	0.763	irs	22	0.042	1.000	0.042	irs
13	0.233	1.000	0.233	irs	23	0.845	0.853	0.991	irs
14	0.904	1.000	0.904	drs	24	1.000	1.000	1.000	/
15	0.817	0.819	0.998	drs	25	0.737	1.000	0.737	irs
16	1.000	1.000	1.000	/	26	0.799	0.821	0.973	drs
17	0.694	0.799	0.869	drs	27	0.404	0.619	0.653	irs
18	0.797	1.000	0.797	irs	28	0.395	0.716	0.552	irs
19	0.256	1.000	0.256	irs	29	0.535	0.761	0.703	irs
20	0.595	0.622	0.957	irs	30	0.492	0.940	0.523	irs

资料来源：笔者对实地调研数据进行生产效率测算的结果。

表6－11　　　　锡林郭勒盟地区家庭牧场生产效率情况

牧户编号	综合效率	纯技术效率	规模效率	规模报酬	牧户编号	综合效率	纯技术效率	规模效率	规模报酬
1	1.000	1.000	1.000	/	10	1.000	1.000	1.000	/
2	0.755	0.757	0.998	drs	11	1.000	1.000	1.000	/
3	1.000	1.000	1.000	/	12	0.582	1.000	0.582	irs
4	0.535	1.000	0.535	irs	13	0.471	1.000	0.471	irs
5	0.983	1.000	0.983	drs	14	1.000	1.000	1.000	/
6	1.000	1.000	1.000	/	15	0.952	1.000	0.952	drs
7	1.000	1.000	1.000	/	16	1.000	1.000	1.000	/
8	1.000	1.000	1.000	/	17	0.738	0.769	0.960	irs
9	1.000	1.000	1.000	/	18	0.727	0.919	0.791	drs

牧户编号	综合效率	纯技术效率	规模效率	规模报酬	牧户编号	综合效率	纯技术效率	规模效率	规模报酬
19	0.077	1.000	0.077	irs	25	0.799	1.000	0.799	drs
20	1.000	1.000	1.000	/	26	1.000	1.000	1.000	/
21	0.645	0.786	0.821	drs	27	0.596	0.667	0.894	irs
22	0.700	0.702	0.996	irs	28	0.899	0.918	0.979	drs
23	0.894	1.000	0.894	drs	29	0.544	0.667	0.816	irs
24	0.788	0.822	0.959	drs	30	1.000	1.000	1.000	/

资料来源：笔者对实地调研数据进行生产效率测算的结果。

表 6 - 12　　　　　锡林郭勒盟地区合作社家庭牧场生产效率情况

牧户编号	综合效率	纯技术效率	规模效率	规模报酬	牧户编号	综合效率	纯技术效率	规模效率	规模报酬
1	1.000	1.000	1.000	/	8	1.000	1.000	1.000	/
2	0.755	0.775	0.975	irs	9	0.492	0.713	0.689	drs
3	0.930	0.944	0.985	irs	10	1.000	1.000	1.000	/
4	1.000	1.000	1.000	/	11	1.000	1.000	1.000	/
5	1.000	1.000	1.000	/	12	0.903	1.000	0.903	drs
6	1.000	1.000	1.000	/	13	1.000	1.000	1.000	/
7	0.440	0.532	0.827	drs					

资料来源：笔者对实地调研数据进行生产效率测算的结果。

（二）DEA 模型生产效率测算结果分析

表 6 - 13 显示普通牧户、合作社牧户、家庭牧场、合作社家庭牧场的生产效率分布情况。普通牧户中仅有 6.67% 的牧户综合效率为 1，达到最佳；综合效率处于 0.7 及以上的牧户占比为 33.33%。纯技术效率达到 1 的牧户占比为 13.33%；纯技术效率处于 0.7 及以上的牧户占比为

46.67%。这表明在当前的管理和技术水平上，将近一半的普通牧户对资源的利用是有效率的。规模效率处于 0.9~1.0 的牧户占比为 56.67%，达到 1 的仅占 6.67%，说明大多数普通牧户因规模限制无法达到最佳规模水平。

表 6-13　　　　　　　　各类经营主体生产效率占比

效率类型		效率分布						
		<0.5	0.5~0.6	0.6~0.7	0.7~0.8	0.8~0.9	0.9~1.0	1.0
综合效率（%）	普通牧户	16.67	36.67	13.33	6.67	16.67	3.33	6.67
	合作社牧户	30	13.33	10	16.67	6.67	3.33	20
	家庭牧场	6.67	13.33	3.33	20	6.67	6.67	43.33
	合作社家庭牧场	15.38	0	0	7.69	0	15.38	61.54
纯技术效率（%）	普通牧户	3.33	10	40	10	16.67	6.67	13.33
	合作社牧户	3.33	3.33	20	16.67	10	3.33	43.33
	家庭牧场	0	0	6.67	13.33	3.33	6.67	70
	合作社家庭牧场	0	7.69	0	15.38	0	7.69	69.23
规模效率（%）	普通牧户	3.33	3.33	10	6.67	13.33	56.67	6.67
	合作社牧户	13.33	6.67	10	13.33	10	26.67	20
	家庭牧场	6.67	6.67	0	6.67	13.33	23.33	43.33
	合作社家庭牧场	0	0	7.69	0	7.69	23.08	61.54

资料来源：笔者对生产效率测算结果整理所得。

合作社牧户中有 20% 的牧户综合效率为 1，达到最佳，比普通牧户高 13.33%；综合效率处于 0.7 及以上的牧户占比为 46.67%，比普通牧户高 13.33%，说明合作社牧户的综合效率高于普通牧户。纯技术效率达到 1 的牧户占比为 43.33%，比普通牧户高 30%；0.7 及以上的牧户占比为 73.33%，比普通牧户高 26.67%。规模效率达到 1 的牧户占比为 20%，比普通牧户高 13.33%。综上所述，合作社牧户的生产效率高于普通牧户。

家庭牧场中有 43.33% 的牧户综合效率为 1，比普通牧户高 36.67%，比合作社牧户高 23.33%；综合效率处于 0.7 及以上的牧户占比为 76.67%，比普通牧户高 43.33%，比合作社牧户高 30%。纯技术效率达到 1 的牧户占比为 70%，比普通牧户高 56.67%，比合作社牧户高 26.67%；0.7 及以上的牧户占比为 93.33%，比普通牧户高 46.67%，比合作社牧户高 20%，说明相对于普通牧户和合作社牧户来说，在当前各自的技术和管理水平上，家庭牧场对投入资源的使用更有效率。规模效率达到 1 的占比为 43.33%，比普通牧户高 36.67%，比合作社牧户高 23.33%。综上所述，家庭牧场的生产效率高于普通牧户和合作社牧户。

合作社家庭牧场中有 61.54% 的牧户综合效率为 1，比普通牧户高 54.87%，比合作社牧户高 41.54%，比家庭牧场高 18.21%；综合效率处于 0.7 及以上的牧户占比为 84.62%，比普通牧户高 51.29%，比合作社牧户高 37.95%，比家庭牧场高 7.95%。所以从整体上来看，合作社家庭牧场整体上综合效率高于单一的家庭牧场、合作社牧户和普通牧户。纯技术效率达到 1 的牧户占比为 69.23%，0.7 以上的牧户占比为 92.31%；规模效率达到 1 的牧户占比为 61.54%，0.7 及以上的牧户占比为 92.31%，由综合效率等于纯技术效率和规模效率二者的乘积可知，较高的纯技术效率和规模效率是合作社家庭牧场综合效率最高的原因。

（三）不同经营主体规模报酬分布情况

表 6-14 为普通牧户、合作社牧户、家庭牧场、合作社家庭牧场的规模报酬分布情况。

表 6 – 14　　　　　　　　不同经营主体规模报酬变化情况占比

经营主体	规模报酬递增（%）	规模报酬不变（%）	规模报酬递减（%）	合计（%）
普通牧户	70	7	23	100
合作社牧户	67	20	13	100
家庭牧场	27	43	30	100
合作社家庭牧场	15	62	23	100

资料来源：笔者对生产效率测算结果整理所得。

普通牧户规模小，生产经营分散，无法实现规模经济，规模效率偏低，同时由于草场规模、家庭经济等条件限制，无法使用先进技术，因而技术效率也较低。被调查者中有 70% 的普通牧户都可以进一步扩大规模、增加投入，从而提高产出。规模报酬递减的牧户占 23%，仅有 7% 的普通牧户达到了最佳规模水平。53.33% 的普通牧户纯技术效率在 0.7 以下，需采用先进的技术来转变当前的生产经营方式。首先，普通牧户由于生产经营方式单一，成本高，获利低，抵御风险的能力差；其次，其经营者本身是直接决策者，决策方式较为果断，一旦发生决策失误，可能造成严重的后果；最后，由于是个人生产经营，普通牧户一般未进行标准化养殖，其产品质量安全难以得到保障。

合作社牧户以家庭经营为主，其规模和普通牧户相近，但由于其参加了合作社，其生产经营流程较为规范、产品质量安全更有保障、决策方式更为多元，与普通牧户相比，其生产更有效率。被调查者中有 67% 的合作社牧户可以通过扩大规模、增加投入来提高产出，规模报酬递减的牧户占 13%，20% 的牧户达到了最佳规模水平。26.67% 的合作社牧户纯技术效率偏低，在 0.7 以下，合作社经营者应借助合作社力量引导牧户学习并掌握先进的技术，提升牧户的参与感、满意度。由于合作社牧户必须同时兼顾其他牧户的利益，不能片面追求个人的效益最大化，而且普通社员牧户势单力薄，话语权小，有时正当权益得不到保护，所以与以自身经营为主体的家庭牧场相比，其规模效率偏低，这也是其综合效率低于家庭牧场的原因所在。因此，牧户在选择参加合作社时，应选择满足自身需求、符合自身利益的合作社，在不侵犯他人利益的基础上，维护自身的合法权益，实现个人利益最大化。

家庭牧场是一个以家庭成员为主要劳动力，进行集约化、规模化、商品化生产经营，以自身效益最大化为目标的经营主体，所以其纯技术效率和规模效率都比较高，从而综合效率高。被调查者中有27%的家庭牧场处于规模报酬递增阶段，需要进一步扩大规模、提高产出；规模报酬递减的占30%；43%的家庭牧场达到了最佳规模水平。家庭牧场整体上纯技术效率较高，且一般是标准化生产，产品质量也高。但由于是家庭自身经营，则与普通牧户一样，也存在着决策方式单一的问题，可以考虑实行合作社家庭牧场的模式。

合作社家庭牧场这一主体同时具备了家庭牧场和合作社牧户的优点，所以其综合效率整体上高于二者。这一经营主体中，62%的被调查者都达到了最佳规模水平，该主体克服了普通合作社牧户话语权小和家庭牧场牧户决策形式单一的问题，是一种理想的经营模式。

三、结　论

通过对锡林郭勒盟不同经营主体生产效率进行对比分析，得出其生产效率由大到小依次为：合作社家庭牧场、家庭牧场、合作社牧户、普通牧户。家庭牧场和合作社作为新型经营主体，是实现小牧户和现代畜牧业发展有机衔接的主干力量，政府应对其加大支持力度，给予更多更好的政策制度，同时鼓励引导普通牧户向新型经营主体转变。为了更准确、更有效地促进其转变，本节对不同经营主体提出了有针对性的建议，供相关部门作为参考。

关于普通牧户，其规模小，生产经营分散，无法实现规模经济，因而导致其单产低、效益低、养殖水平低和成本高、风险高和管理难度高。首先，政府应加大宣传力度，鼓励其以草场入股或草场托管的形式加入合作社。在鼓励普通牧户加入合作社时，应根据其具体经济、生产情况等使条件相似、实力相当的牧户加入同一合作社，避免大户为了自身的利益操控整个合作社而损害大多数小户的利益，这样可以实现相互制衡，促进均衡发展。其次，政府可给予支持使其扩大规模，逐渐转变成家庭牧场。但是，扩大规模并不是意味着一味地增加投入，而是要注意适度原则，实现最佳规模水平，过大的规模会造成规模效率递减，浪费资源，不利于做到生产效率最大化。最后，对于无力继续从事畜牧业者，政府可鼓励其将草场出租给需要者，一方面，出租者可获取租金；另一方面，承租者可扩大经营规模。

关于合作社牧户。牧户参与合作社是其获得收入的关键，只有提高合作社整体的生产效率，社员牧户的生产效率才能随之提高。首先，合作社应建立一套行之有效的约束机制。从新成员的加入老成员的退出，要有明确的章程，建立连带责任制，用制度化的方式规范成员的行为。对于合作社的现有人员，要建立严格意义的岗位责任制，明确每个人的权利和义务，做到各种事情都能责任到人。其次，合作社之间可以通过成立专业联社来增强市场地位。不同类型合作社联合形成产业链，通过内部交易即可实现更快更好地发展；同种类型合作社通过联合壮大规模，在统一采购和销售时讨价还价的力度会更强。最后，合作社可以依托相关科研单位和基层服务机构，开展从创业到管理、运营的全方位辅导，通过借助相关部门的力量进行发展、壮大。

关于家庭牧场。首先，政府应增强其品牌意识，支持其进行品牌化建设，鼓励其打造属于自己的品牌并引导其走出去。只有树立了品牌，利用口碑进行营销、推广，才能实现更快、更好的发展。其次，政府可鼓励其加入合作社。普通的家庭牧场与相对规模化、结构化的合作社相比，缺乏先进的技术支持，经营模式和组织设计相对落后，通过借助合作社的力量，可以利用更先进的技术和经验模式进行生产和销售。

在畜牧业现代化发展过程中，各种经营主体都扮演着重要的角色，缺一不可。政府应加快完善政策支持体系，以普通牧户和家庭牧场为基础，以牧民专业合作社为主导，探索各经营主体之间利益关系的联结机制，推动统一经营向发展牧户联合与合作的方向转变，着力提高统一经营的组织化程度。鼓励牧民专业合作社加强与普通牧户、家庭牧场的合作，签订合同，确定合理的收购价格，以定向投入、服务、收购的方式，为其提供先进生产技术、生产资料、市场信息和产品销售等服务，推动其生产方式的转变。同时，普通牧户和家庭牧场以优惠价格为牧民合作社提供牲畜、初级畜产品等原料，成为其第一车间。通过以上的合作方式，充分发挥各自的比较优势，努力形成各主体间合作与联合的组织形态。政府应加大对牧区专业化人才的培养力度，完善培养方式，按照当地的实际需求进行职业化教育。加大教育力度，为牧区经济发展培育懂牧业、爱牧区、爱牧民的专业化、职业化人才，以此来促进当地教育的发展。另外，为了留住当地人才、吸引外部人才，政府应拿出一些具有公益性质的岗位来解决毕业生的就业问题，培养返乡青年成为牧区现代化的建设者、推动者。

第四节

畜牧业龙头企业案例[①]

一、CYX 肉类食品有限责任公司

CYX 肉类食品有限责任公司位于呼伦贝尔市新巴尔虎右旗，建厂时间

---

① 本节资料来源为笔者实地走访调研及企业公开数据。后面不再赘述。

为 2007 年 9 月，固定资产在 3000 万元左右，董事长现为刘某。2018 年
10 月，笔者在刘董的带领下参观了该企业整个屠宰加工工序的车间、厂
房，主要工序为"持检疫票入场"、急宰间、隔离间、焚烧室、速冻冷藏
库、速冻储藏库、牛/羊吊宰车间等。该企业整个厂区的用地面积达到
1 万平方米。其中，建筑面积为 5243.02 平方米，主要包括屠宰加工车间
1114.09 平方米，牛吊宰车间 297.09 平方米，排酸冷库 155.76 平方米，
包材库 91.50 平方米，速冻储藏库 I 765.88 平方米，新建速冻储藏库 II
1045.54 平方米，水池 50.02 平方米，新建牧民休息室 100 平方米，新建
羊吊宰车间 130.48 平方米，新建车库 200 平方米，其余（西门卫、局部
新建办公区、更衣室、宿舍、职工宿舍、食堂等）面积共计 1292.66 平方
米。除了局部新建的办公区为砖、钢结构外，其余均为砖结构。在他的详
细解说下，笔者对屠宰加工工序有了更深刻、更直观的认识，同时，也了
解到了屠宰的生产工序：挂羊→阿红（放血）→屠宰→割头、蹄→扒皮
（机器）→开膛（有专业人员进行洗肠等）→割淋巴→修脖、头→过磅→高
压清洗→排酸（24 小时）→分割→修肉→卷工、贴标签→扫描→入库。

在与刘董的交流中，笔者了解到该公司与当地 300 户牧户签订了收购
屠宰合同，并生产、加工具有"三品一标"（绿色、有机、无公害，有地
理标识）的畜产品。由于西旗的羊"喝的是泉水，吃的是草药"，所以当
地的羊肉味道十分鲜美，没有丝毫的羊膻味，且注册的"XQ"牌羊肉商
标现已被内蒙古自治区评定为"著名商标"。该龙头企业的年屠宰量在
56000 只/头左右，日冻结能力 50 吨，按羊肉卷作为衡量标准计算，其仓
储能力可以达到 6000 吨。在设备投资方面，该企业投资 23 万元建立了一
个 60 吨的地磅（地磅室 18 平方米）；投资 100 万元分别建立了一套羊自
动屠宰线、牛屠宰线，日屠宰量分别能达到 2000 只、50 头；投资 65 万
元建立了 4 套包括分解输送带在内的热缩机与 15 台真空包装机；投资
2400 万元用于冷藏、排酸及速冻库的建设；分别投资 27 万元、30 万元、
27 万元购买了一辆冷藏运输车、5 辆拉羊运输车、1 辆拉粪车和 1 辆污水

车；投资 30 万元建立了 2 个可供暖的锅炉；投资 20 万元打了 3 口供水井，其中，1 口井的井深为 147 米，另外两口井均为 120 米；投资 360 万元升级了 3 次污水处理系统；在小型维修、机器保养、员工开支及贷款利息等方面，大约需要支出 800 万元。

2010~2013 年，羊肉价格持续上涨；而 2014~2016 年羊肉价格却持续下跌；从 2017 年开始直至 2021 年，羊肉价格一直处于上涨态势。刘董表示，在 2017 年，羊价为 22~24.5 元/斤，分割后的羊价在 28~30 元/斤，副产品 50 元/套。2018 年时，羊价为 23.5~26 元/斤，分割后的羊价为 31 元/斤，副产品的价格涨到 80 元/套。此外，笔者还了解到以下价格信息：羊前腱 19~20 元/斤，羊后腱 17~18 元/斤，羊排 28~30 元/斤，羊腰子 45 元/斤（一对 0.3 斤/羊），肝 3.5 元/斤（1.2 斤/只），肺 3 元/斤（1 斤/只），心 6~6.5 元/斤（0.3 斤/只），毛肚 9.5~10.5 元/斤（1.5~2 斤/只），头 4.8 元/斤（2~2.5 斤/只）、蹄 5.3 元/斤（4 个蹄子 1.2 斤），小肠 14~15 元/根，肥肠 6~7 元/根（0.4~0.6 斤/只），羊尾 2.5 元/斤（2 斤/只），肚油 2.6 元/斤（2~3 斤/羊），羊尾芯 17~18 元/根（0.2~0.3 斤/只），带刺羊脊骨 15~16 元/斤，不带刺羊脊骨 13~13.5 元/斤。胯骨 1.5~2 元/斤，月牙骨 28~30 元/斤，未被狼针草破坏的羊皮 15 元/张。据了解，2018 年分割后的羊价在 34 元/斤左右。

加快当地畜牧业龙头企业的培育，鼓励企业发展壮大，不仅能够提高畜牧业产业化经营水平，促进畜牧业增效，还能带动当地就业，促进牧民增收。

二、公司带动型新牧区建设模式——正镶白旗 YS 肉类有限责任公司

（一）正镶白旗 YS 肉类有限责任公司简介

正镶白旗 YS 肉类有限责任公司（以下简称"YS 公司"）成立于 1998

年，是一家完全按照现代企业管理模式运行的新兴肉类加工、销售股份制企业。成立至今，经过多年不断的探索和前进，现已跻身全区同行业的前列，已成为推进锡林郭勒盟农牧业产业化的领头羊。该公司位于锡林郭勒盟正镶白旗明安图镇西南部，占地面积4万平方米，环境优美，非常适合于肉类产品的加工、贮藏。公司现有资产总额3200万元，建筑面积1万平方米，现拥有员工160余人，其中管理技术人员30人，冷藏能力400吨，日加工排酸冷却肉产品6吨，日速冻能力25吨，日屠宰加工能力为1500只羊单位，年加工能力为40万只羊单位，日加工肉21吨，产品有两大类5个系列60多个品种，主要产品有牛羊肉卷、牛羊排骨、法式羊排、方体肉、肥羊切片、各类牛羊带骨分割产品，副产品有牛羊净肚、净肠等。在全国十几个大型城市建立了销售网点。目前，公司已建设肉羊产业化基地5处，年育肥羊规模达3万只。公司年生产加工牛羊肉制品及其副产品近万吨。工业总产值5000万元，营业收入4800万元。

2001年YS公司对屠宰生产线进行了第一期技术改造，通过改造基本上能够在一条冷链下生产加工肉产品，符合国家出口标准，提高了产品档次，而且产品附加值大幅度提高。由于加工条件的改善，2001年和2002年分别为第21届世界大学生运动会和党的十六大提供了高档羊肉制品，为YS公司产品打入国际市场奠定了基础。

由于公司注重基地建设，培育企业自己的货源市场，牲畜收购量不断增加，到2002年公司收购加工量达13.5万只羊单位，完成工业总产值4083万元，同比增长158.7%。牲畜收购量居全盟同行业榜首，起到了龙头企业的带动作用。

2004年，公司被评为内蒙古自治区第一批推进农牧业产业化重点龙头企业；2005年，公司被评为国家重点扶贫龙头企业和全国少数民族特需品定点生产企业；2006年，公司获得中国民营科技促进会创新奖。

YS公司现已顺利通过了ISO9001认证、中国有机（天然）食品认证、清真食品监制认证、危害分析和关键控制点（HACCP）认证、进出口产品自营权注册登记。并被内蒙古自治区工商局评为"重合同守信用企业"、被自治区科学技术委员会评为"民营科技企业"、被自治区经贸委评为"质量效益先进企业"、被自治区伊斯兰协会评为"伊斯兰教信得过企业",YS 商标已成为内蒙古自治区著名商标。

(二) 主要做法和成效

新牧区建设中畜产品产业化、市场化、组织化极为重要。YS 公司为积极发挥龙头企业的带动作用,与牧区当地政府、广大牧民以及经纪人建立稳定的合作关系,引入利益联结机制,成为利益共同体。政府为改善牲畜饲养管理方式,提高牧民饲养管理水平,切实推进畜牧业生产经营方式的转变,减轻草场压力,增加牧民收入,积极引导、鼓励和支持牧民早接羔、早出栏,即冬羔育肥出栏。因此,地方政府协助该公司与牧户签订冬羔羊购销协议(订单),然后畜牧部门对接冬羔已有"订单"的牧户全程提供技术服务。各嘎查一般根据实际情况,优先选择基础设施条件好、具有饲养管理能力的牧户作为冬羔育肥户,进行示范,以点带面逐步推广。冬羔体重达到合同标准以上的(一般要求胴体重量 13.5 公斤以上),屠宰加工企业应免收屠宰加工费并给予牧户资金奖励。政府在规定期间内(每年 6 月 15 日~7 月 15 日)采取冬羔出栏时间越早收购价格越高,即补贴越多的激励政策,并保证即使市场价格继续上涨,也要坚持用高于市场价收购。政府把补贴,即奖励金直接划入公司账户进行结算。

以 YS 公司为龙头的四种产业化运作模式如下所示:

1. "公司+嘎查委员会+牧户"模式

当地苏木、镇政府协助公司与各嘎查签订合同,并分配收购任务,政府充当协调者和监督管理者。然后各嘎查委员会与所属嘎查广大牧户签订羔羊收购合同,并落实到人。羔羊出栏时,合同牧户自己或以联户的方式把羔羊直接运送到 YS 公司,标准体重以上的以合同价格结算。另外,公司向运送者提供午餐和适当的燃油费补贴,一般每只羊补贴 1~2 元。

2. "公司＋合作社＋牧户"模式

该模式中，YS 公司直接与牧民专业合作社签订羔羊或畜产品购销合同，然后由合作社与广大会员签订合同、分配任务、落实到人。如果不是松散的合作关系，即较彻底的股份制合作，合作社就不必与各会员签订合同，而直接统筹安排出售规模。羔羊或畜产品销售时，合作社统一组织、统一运送、统一结算。

3. "公司＋大户＋牧户"模式

该模式中，YS 公司直接与有信誉、有实力、有威力的养畜大户签订羔羊购销合同，然后由大户根据合同要求落实到合作牧户。大户与合作牧户之间多为亲属或者朋友关系，是一种完全建立在信任基础上的合作，一般不需要签订合同。当羔羊或畜产品销售时，基本由大户牵头完成组织货源、运送、结算、分配等工作。

4. "公司＋经纪人＋牧户"模式

YS 公司直接与经纪人签订羔羊或畜产品购销合同，与牧民不存在合同关系，即牧民与经纪人之间是一种无任何约束的完全自由的买卖关系。一般牧民享受不到政府和公司的优惠政策和规定，而牧民只是从与经纪人的讨价还价中得到满意的收入，所以多数牧民设法通过延长饲养时间增加肉羊体重，从而获得价值增值。目前，YS 公司与 30 多位经纪人签约了羔羊或畜产品购销合同，要求每年收购并运送的规模不能少于 500 头，而且规定头数规模与奖励金额成正比。具体为：500～1000 只，每只奖励 2元；1001～1500 只，每只奖励 3 元；1501～2000 只，每只奖励 4 元。

三、内蒙古 MY 实业集团 MY 牧业有限责任公司

内蒙古 MY 牧业有限责任公司（以下简称"MY 牧业公司"）于 2010年在锡林浩特市注册成立，注册资金为 8353 万元。公司依托两大优势资源，即生态资源（原生态有机草原）、生物资源（有机羊、有机牛、生物

科技加工牛羊副产品)。现已形成具有规模化、综合实力强的内蒙古自治区级农牧业产业化重点龙头企业。

内蒙古 MY 牧业有限责任公司主要的全资和控股子公司有:内蒙古 SNT 肉业有限公司;内蒙古 SNT 左旗苏尼特羊业有限公司;内蒙古 W 羊业有限公司;内蒙古 SD 牛业有限公司;呼伦贝尔市 MY 牧业有限责任公司;上海 SJD 冷冻食品有限公司;深圳 YC 顺食品有限公司;MYSS 食品(北京)有限公司。

公司产业已涵盖:原生态有机牧场建设、有机饲草料种植加工、有机肉羊、肉牛模式化养殖育肥、精细屠宰加工、羊肉深加工、调理半成品、熟制产品加工、生物工程产品开发、物联网 RFID 高新信息化全程有机溯源体系平台建设、现代冷链物流、全国销售网络建设。

内蒙古 MY 牧业公司已不断成长为内蒙古地区肉食品行业的强势企业,2006 年被评为内蒙古自治区级农牧业产业化重点龙头企业;2008 年度被授为全国食品安全示范单位,同年,SNT 品牌还被授予改革开放三十年内蒙古最具影响力的品牌。

内蒙古 MY 牧业有限责任公司是由内蒙古 MY 实业有限责任公司、内蒙古 GLMT 投资有限责任公司和 HW 国际共同投资控股的中外合资企业。公司总资产为 10 亿元人民币,是集原生态有机牧场建设、有机饲草料种植和加工、有机肉羊肉牛模式化养殖育肥、精细屠宰加工、调理半成品加工、熟制产品加工、物流、销售为一体的全产业链的集团企业。

目前,公司已开发了普通冷冻产品、分割产品、速冻熟食产品和即食熟食产品等四大系列产品,并在全国范围内取得了良好的销售业绩。

(一) MY 牧业公司带动农牧民股份化合作社所解决的问题

(1) 确定农牧民的产权;

(2) 规范合作社的财务;

(3) 采用企业化管理方式;

（4）采用信息化监督方式；

（5）提高农牧民的收入（草场收入、股东分红收入、产业工人月收入及年收入）。

（二）MY 牧业公司带动农牧民股份化合作社运营模式

（1）"政府＋龙头企业＋银行＋合作社＋大牧场＋标准化养殖园区"的产业化创新运营模式。

（2）股份化合作社和大市场的对接，上游和下游的整合，完成合作社养殖—产品深加工—专卖店销售的完整的产业链运营模式。

（3）打造原生态草原的有机品牌。

（三）草原畜牧业股份化合作社发展方向

1. 规模化发展

带动牧民、建设大牧场、建设连锁型标准化的养殖园区，战略性地整合草原畜牧业经济，企业作为示范牧场带动农牧民转变畜牧业生产经营方式。

2. 产业化发展

（1）草原畜牧业的现代化、肉食品加工的工业化、销售网络信息化一体的产业化发展模式。

（2）上游、下游整合，信息化链条连在一起（产业化），提高农牧民收入，提供消费者安全食品。

3. 标准化发展

标准化是草原畜牧业肉食品市场的灵魂，主要有繁育标准化、饲草料标准化、养殖标准化、防疫标准化、生产工艺标准化、养殖园区标准化、产品标准化、包装标准化、冷链运输标准化、销售网络标准化。

4. 流程化发展

企业管理流程化、财务管理流程化、人力资源管理流程化、营销市场流程化、养殖作业流程化、技术管理流程化、生产管理流程化、生产工艺流程化、冷链物流流程化。

5. 信息化发展

传统畜牧业转变成现代畜牧业，传统的肉食品加工转变成工业化发展，建立直营销售网络体系。为保障食品安全，必须应用物联网 RFID 溯源系统，采用 ERP 管理软件、GPS 定位系统、食品监控系统、OA 办公系统，穿插应用的信息化平台。

（四）股份化合作社运营模式

运营模式："政府 + 龙头企业 + 银行 + 合作社 + 大牧场 + 标准化养殖园区"的产业化创新运营模式

1. 带动农牧民标准化饲养

实现由产品库存到活体储存的生产方式转变。带动农牧民进入产业区进行肉羊养殖。通过政府协调、规模化发展、龙头企业带动，建立标准化养殖基地。鼓励有条件的农牧民直接进入园区，没有条件的扶持带动，在技术、资金方面给予帮助。增加当地肉羊养殖数量，提高附加值，使农牧民通过养殖肉羊就地增收。

2. 建设标准化养殖园区

在资源整合的基础上进行产业园区建设，达到全年不间断肉羊出栏，实现全年供应，满足市场需求。运用先进科学技术进行"饲草料标准化、科学饲养、统一管理、统一出栏、统一防疫、RFID 有机溯源"的发展战略，大大提高羊肉品质，降低生产成本，实现肉羊养殖业向科学化、规模化、标准化、计量化、规范化、集约化、现代化经营模式转变。

3. 建立养殖经营管理模式

建立一个农牧民繁育、自然放牧、标准化园区养殖、标准化肉羊统一出栏（收购）的经营模式。配种接羔由农牧民来做，哺乳期后在原生态草原自然放牧一个月后统一计量化称重收购，进入标准化养殖基地集中饲养 2 ~ 3 个月，抓膘提高重量，使肉羊重量达到生产标准化产品重量。

（五）股份化合作社经营模式

建立一个企业和农牧民合作、农牧民委托企业托管、农牧民以生物资产参股合作的经营模式。

1. 合作养殖

（1）企业与农牧民签订订单，由农牧民进行羔羊繁育养殖，达到企业收购标准后全部收购。

（2）由企业养殖（提纯扶壮）苏尼特纯种种公羊，采用胚胎移植和人工授精技术给农牧民能繁母羊进行人工授精和胚胎移植，产下的优质苏尼特羔羊由企业全部回收。

2. 园区托管

农牧民将出生后 3~4 个月的羔羊、12 个月以上的架子羊按计量称重后放入园区托管养殖，双方签订托管协议，育肥增重后达到出栏标准，售后价款由企业和牧民按事先约定好的条件按比例分成。

3. 参股经营

农牧民、合作社、以生物资产参股龙头企业，按照"风险共担，利润共享"原则，按企业年度经营利润进行分红。经企业与农牧民、合作社双方协商议价后，按生物资产份额进入企业参股经营。

4. 农牧民就业

进行园区托管和参股经营的农牧民愿意进入企业工作的可由企业优先安排就业。

（六）股份化合作社管理模式

建立一个养殖过程流程化、量化的管理模式。

一是养殖过程中每只羊入园区计量称重、补饲过程中每个月计量称重、出栏时计量称重，并上传至物联网信息化平台。

二是实现防疫定时定量的量化管理。肉羊的来源和健康状态、安全用药、药品安全、定期进行圈舍消毒，并上传至物联网信息化平台。

三是按照有机肉羊饲养标准选择饲草料来源，严格控制饲草料的无污染和农药残留，做到有机安全饲养，并上传至物联网信息化平台。

四是用科技手段对种植过程进行控制，保证青干草、青贮玉米、玉米秸秆饲草料有机，实现饲料的标准化补饲。严格按肉羊不同生长阶段进行科学定量的饲草料标准化饲喂。

五是建立多方联合解决农牧民流动资金的合作方式。政府提供平台，并帮助农牧民协调，在企业、银行、担保公司三方共同努力下，完成为农牧民的肉羊养殖融资。通过建立互补联营模式，由企业下订单给具有一定养殖规模的农牧民养殖肉羊，银行解决流动资金，担保公司向银行担保，农牧民用基础母羊来给企业担保，企业向担保公司进行反担保，企业收购回来的生物资产（肉羊）经变现后负责给银行还款。

第七章

草原畜牧业现代化的概述

第一节

概念与基本特征①

一、概念

（一）草原畜牧业

草原畜牧业是以草原为基地，主要采取放牧的生产方式，利用草原牧草资源饲养家畜而获得畜产品的畜牧业。牲畜、草场均是草原畜牧业的生产对象，且牲畜与草场之间是相互依赖、相互依存的，草场的生产能力决定着牲畜的产量和效益，同时牲畜适度采食牧草的行为，也会促使草场牧草的生长。

（二）牧区草原畜牧业

我国的牧区畜牧业主要分布在北部和西部边疆地区，且牲畜头数占全

---

① 资料来源：笔者根据相关资料整理获得。

国牲畜总头数的 22%。牧区草原畜牧业与农耕区畜牧业有所不同，它是以天然草场为基础，主要放牧对象以草食家畜为主，围栏放牧、轮牧为其主要的畜牧类型，经营管理方式较为粗放，且极易受到灾害性天气的影响，主要畜产品为皮、毛、肉、奶等。

（三）现代草原畜牧业的内涵

许多发达国家不仅在工业方面有着领先的地位，农业方面特别是畜牧业发展方面也十分发达。畜牧业作为现代农业中的重要组成部分，其在农村产业结构中的比重超过了 40%，高的甚至达到 60% 以上。由于经济、社会发展水平等条件的差异，不同国家在畜牧业现代化进程中渐渐形成了各自独特的发展模式。而国外的现代草原畜牧业主要集中于以下四种发展模式：现代草地畜牧业、大规模工厂化畜牧业、适度规模经营畜牧业和集约化经营畜牧业。

第一种模式：现代草原畜牧业是以现有的天然草场和自然环境为生产条件，通过围栏放牧的方式进行畜牧业的生产和发展，在组织模式上采用家庭牧场＋企业的一种畜牧业类型，如澳大利亚和新西兰。这两个国家草地资源相对丰富且自然环境优越，因此，可以利用天然草场进行放牧。另外，澳大利亚以家庭牧场为主要经营方式，并在政府扶持下，对草牧场实行规模化经营管理，产业化发展水平较高；新西兰在畜牧业生产加工方面，积极为牧民提供技术指导、注重草种改良，增加了其畜产品在国际市场上的竞争力。

第二种模式：大规模工厂化的畜牧业主要是以丰富的土地资源、紧缺劳动力和雄厚的资金技术实力为生产条件，以机械化为基本特征，以家庭牧场＋企业、产业化利益共享合同为组织形式的资本密集型、技术密集型的畜牧业发展模式，典型代表以美国为主。美国的农业总产值中有 50% 都来自畜牧业，其合作组织发达，且在畜牧业发展中以智能化与信息化为主，机械化程度较高，同时，对良种的推广、畜产品质量、环境的保护和牧草的种植较为重视，因此，美国生产的畜产品具有强劲的国际竞争力。

第三种模式：适度规模经营畜牧业还对外部环境条件有所要求，必须以地形平原、温带海洋性气候、丰富的耕地和草地资源为生产条件，再加之资金、技术的有力支撑，以"农户 + 专业合作社 + 企业"为组织模式的畜牧产业模式，如荷兰、德国和法国。以法国、荷兰为例，一方面，这些国家的奶农不但可以同时加入多个合作组织，还能从中享受到多种优质服务，有效解决了牧民在加工销售等环节存在的困难。另一方面，政府会为这些合作组织提供专业的技术指导或给予补贴的方式等对其进行大力扶持。

第四种模式：集约化经营畜牧业的特点是土地资源稀缺，经济和科技水平较为发达，畜牧业发展受到自然资源的限制，典型代表有日本、韩国及我国的台湾地区，这些国家和地区都是以集约化经营为主，发展适度规模的草原畜牧业。以日本奶农为例，在资金和技术集约化程度逐渐提高的基础上，奶农户数在减少，但每户的饲养规模却在逐步扩大。

虽然国外的草原畜牧业发展模式不尽相同，但前提都是以保证畜产品质量安全和重视环境保护为根本基础。对于整体发展状况良好的国外现代草原畜牧业而言，这与自身的自然条件优势密不可分，但其中也不乏政策上的引导。政府以给予畜产品直接价格和间接价格上的补贴、建立完善的畜牧业科研推广和扩散体系、注重扶植畜牧业合作经济组织的建立和发展的方式，来调动畜牧业生产者的积极性。

在现代畜牧业生产方式和模式方面，坎迪、曼达尔、哈姆达尼（2010）在对查谟和克什米尔州畜牧业生产方式的调查中发现，18% 的人对现代畜牧业生产方式持反对态度，15% 的人持有积极态度，67% 的人持中立态度。同时指出，牧民的态度决定了传统畜牧业向现代畜牧业的转变，且牧民的受教育程度对其态度起到了决定性作用。

在畜产品质量安全方面，欧盟对于有机畜牧业与畜产品安全之间的关系研究十分重视，并鼓励和支持牧民发展有机畜牧业。通过畜牧业立法，以增强畜牧业管理，保证畜产品安全，同时，建立和完善发展畜牧业质量保证计划等制度。

当前，我国草原畜牧业的发展既面临着机遇，也伴随着各种挑战。在现有发展的基础上，学习和借鉴国外发达畜牧业的经营方式及发展模式，有利于我国畜牧业快速填补自身不足，是促使我国现代草原畜牧业走上可持续发展道路的有效途径。

现阶段我国的专家学者对农业现代化发展水平的综合评价研究已较为成熟，但作为农业系统中的畜牧业子系统来说，其本身的现代化发展也十分重要，发达的畜牧业是农业现代化的重要标志。而畜牧业现代化要走在农业现代化的前列，要在农业中率先实现现代化。但现阶段，我国学者对于畜牧业现代化的研究鲜少，主要分布在如下七个方面：

1. 关于现代畜牧业内涵及特征的研究

现代畜牧业的发展具有相对性和动态性，随着经济社会的发展，现代畜牧业的内涵逐渐丰富。与传统畜牧业不同，它的概念具有综合性和动态性，是在传统畜牧业基础上发展起来的、能够替代传统草原畜牧业的一种必然方式。可持续发展是现代畜牧业的重要标志（陈伟生等，2019），机械化是畜牧业现代化的物质基础。除了以机械化为特征，还应当在科学合理的管理模式下，发展集约化经营，从而推进畜牧业的高质量可持续发展（于桂华，2011）。玉素甫·麻先（2005）指出，现代畜牧业的发展过程中，应当及时消除畜群结构不合理、饲养经营方式粗放的现象，同时向牲畜良种化、畜产品营销网络平台化靠拢。在此基础上，加强牲畜疫病防治体系的建设、完善社会化服务体系，提高畜牧业生产效益水平。此外，塔布斯克·巴依朱马（2011）提出，牧民标准化定居也是推进畜牧业现代化进程的重要环节。

在经济快速发展、科学技术不断更新的时代背景下，现代畜牧业的内涵逐渐丰富。王国刚（2018）认为，用现代物质、现代科学技术、现代管理方式和现代文化知识武装、改造畜牧业，能够使其生产技术、生产手段和生产组织向当今世界先进水平靠拢。任智慧（2019）指出，现代畜牧业与传统畜牧业有着本质的区别，它是资本、技术、管理、市场的有机融合体。2015年6月召开的全国现代畜牧业建设工作会中，强调我国将建立以布局区域化、养殖规模化、生产标准化、经营产业化、服务社会化为基本特征的现代畜牧业生产体系。

2. 关于现代畜牧业建设目标的研究

我国现代畜牧业的主要目标应该以安全、优质、高效、可持续发展为基础，将其逐渐打造成资源节约型、技术密集型、绿色发展型的产业。现代畜牧业课题组提出了现代畜牧业发展的总体目标和阶段性目标，并指出我国畜牧业正处于中长期发展目标阶段，终极目标是要实现畜牧业生产经营能力的明显提高、劳动分工的合理化、资源的有效且可持续利用、草原生态环境的显著改善，以及符合中国畜牧业实际的现代畜牧产业格局。

3. 关于现代畜牧业支持手段和发展政策的研究

由于我国各个地区之间的畜牧业发展水平相异，因此，应当有针对性地采取差异化的发展策略。类似地，我国也应当根据畜牧业发展所处的不同阶段而适当调整相应的方针政策。在畜牧业发展的最初阶段，畜产品的生产效率低下，政府应当通过制定法令条例、改善管理体系等，以此指导畜产品销售；在畜牧业发展从初级阶段转为专业化阶段以后，政府就应当加大科技要素的投入力度，同时大力扶持畜牧业龙头企业的建设与发展；当迈入高级阶段后，政府需要进一步完善管理体制，协调畜牧业经济发展与草原生态环境恢复建设，使其共生发展。我国正处于传统畜牧业向现代畜牧业转变的关键时期，同时畜牧业产业化进程也在不断加快，然而畜产品深加工环节薄弱且附加值低等现象较为严重，因此，政府部门应当及时引导畜牧业产业化的发展，加大科技、资本等投入力度，对畜牧业企业实施有关信贷、税收等方面的倾斜政策，从而避免类似问题的频繁涌现。针对畜产品质量安全不过关、畜禽疫病防治体系不完善、饲草料资源不能及时供应等问题，政府也需要及时调整现行的政策措施，如加大资金扶持力度、制定合理的倾斜政策等，以保证畜产品生产、供给端的稳定。杨振海等（2011）对我国草原畜牧业发展现状及面临的困难进行详细阐述后，提出建设现代草原畜牧业的发展政策：加快转变草原畜牧业的发展方式，加大草原畜牧业生产补贴力度，支持种畜场等良繁体系的建设，推进牛羊标准化规模养殖发展，推行农牧结合的生产模式及加强技术指导和服务等，都能在一定程度上促进牧区又好又快发展。现阶段，网络日益发达，谢杰等（2016）将"互联网＋"畜牧业模式与传统畜牧业模式进行比较后，指出必须要在科学合理制定发展规划的基础上，加快畜牧业基础设施建设，在不断提高畜产品生产效率及质量的同时推动现代畜牧业的转型升级。增强政企联动，加大对农村电商、农村金融和互联网金融的扶持力度；与此同时深化互联网对畜牧业的渗透融合，提升畜牧业发展水平，并进一步完善电子商务法规与食品安全法规，保护消费者利益。

4. 关于现代畜牧业建设必然性的研究

在中央政府提出的推进农业现代化发展的号召之下，传统畜牧业如何转型升级，如何向现代畜牧业进程迈进这一问题引起了不少学者的关注。张成虎（2011）认为，畜牧业生产方式的转变是人类社会生产方式进步的标志；发展畜牧业低碳经济的生产方式不但有利于保护生态环境，而且是伴随着经济增长模式等诸多社会发展因素转变的重要标志。然而，我国将于2030年前实现碳达峰，2060年前实现碳中和，因此，进一步优化畜牧业产业结构，建设现代畜牧业体系是当前面临的重大课题。一方面，要调整现代畜牧业的内部结构，鼓励生产市场前景广阔、需求性较强、经济附加值更高的牲畜产品；另一方面，大胆尝试调整饲养方式，充分利用废水、废气、有机肥等资源，循环利用、以旧代新、挖潜增效。

5. 关于现代畜牧业发展制约因素的研究

我国正处于从传统草原畜牧业向现代草原畜牧业转型的关键阶段，应清晰地认识到在这一发展过程中存在的各种不利因素，只有处理好这些问题，才能保证畜牧业的持续、稳定、健康发展。虽然现阶段我国畜牧业仍然以传统形态为主，但其中已经带有部分现代畜牧业的成分。然而，我国畜产品进入国际市场日益困难，国外畜产品进入我国市场的数量逐渐增加，传统畜牧业的弊端日益严重，这些因素仍旧制约着我国现代畜牧业的发展进程。王建连等（2019）提出，基础设施落后、产业化水平不高且后劲不足、品牌竞争力不强、科技服务水平不高，牧民的草原生态保护意识不强等因素，都是制约当前畜牧业发展的主要因素。王济民（2006）等学者认为动物疫病风险如果不能够及时处理与应对，将会造成不可控制的损失；随着人们生活质量的不断提升，对于食品安全问题的关注越来越强，畜产品的生产必须建立相应的安全防控标准与体系。此外，由于近年来的旱情较为严重，很多牧区草场贫瘠，牧民面临着贷款购买饲草料与搬迁的困境，因此，不利的生态环境对于现代畜牧业的长远发展有着严重的制约作用。除以上问题外，王纯礼（2013）从游牧的生产方式不利于畜牧业现代化的角度，提出牧民定居对实现现代畜牧业具有重要意义。

6. 现代畜牧业发展模式及发展出路

传统草原畜牧业往往以粗放的生产方式为主，生产活动以零散的牧民为主，因此，不能形成规模效应，并且抗风险能力较弱，这种低成本、低效益的传统产业很难在短期之内以现代化的方式对其进行全面的改造。我国各地自然条件和地域状况均有所差异，所以要因地制宜地发展各地区的资源优势，根据其自身特点采取适合其自身发展的畜牧业发展模式，通过发挥地域特有资源本身最大的优势，以创造最高效益。针对牧区而言，其现代畜牧业的建设模式可分为生态型草原畜牧业和经营型草原畜牧业。生态型草原畜牧业的基本特点可以概括为草原"三化"极其严重，生态环境持续恶化，危及周边河流及其他区域生态安全。因此，为了保证生态效益和经济效益的协同发展，牧区草原畜牧业应当向生态型转变。经营型草原畜牧业基本特点为：在生态环境较为良好的地区，以草原保护和建设为辅佐，适度发展经营型草原畜牧业。其发展方向为加强草原基础设施建设，着力提高草原生态保护，建立无公害畜产品生产基地。

7. 关于现代畜牧业评价指标体系构建的研究

中国传统农牧业向现代化转变的趋势已是必然（丁谦，2010）。我国很多学者已经着眼于研究农牧业现代化水平的综合评价，然而在农业现代化评价指标体系的设计方面，程智强等（2003）以易操作性、可比性、独立性、时效性、综合性为指标设置原则，基于现代化水平和现代化质量两方面，构建了10个三级指标，并运用层次分析法对农业现代化进行综合评定。谭爱花等（2011）以2007年中央一号文件中提出的对我国农业现代化的内涵与要求作为指标设计的指导理念，从农业经济现代化水平、农业社会现代化水平和农业生态现代化水平三方面为切入点，构建了8个二级指标和30个三级指标，采用层次分析法对我国农业现代化中各评价指标进行确权，并运用多指标综合测定法对农业现代化水平进行测定。在对我国农业现代化发展进程的评价方面，徐星明（2000）等在构建了评价农业现代化的12项类指标和16项个体指标的基础上，通过建立数学模型，采用综合目标分层加权法对我国31个省区市的农业现代化进程总得分进行测评，测评结果显示，总体而言我国沿海发达地区基本上将于21世纪20年代前后在全国率先实现农业现代化。辛岭（2010）等利用层次分析法构建了4个二级指标和12个三级指标，对我国自改革开放以来至2008年的农业现代化发展水平进行了定量测算，并针对测评结果对东中西部地区农业现代化发展进程中存在的问题提出了相应的对策建议。部分学者通过构建农业现代化指标体系，采用层次分析法分别对我国湖南省和辽宁省大连市的农业现代化发展进程进行了分析与测评（徐贻军，2008）。

以上各专家学者在农业现代化评价指标体系的设计构建、分析测评我国整体及各省区市的农业现代化发展水平的研究成果等方面提供了部分参考依据，但值得注意的是，作为农业系统中的畜牧业子系统，其本身的现代化发展也十分必要（马有祥，2016）。但现阶段我国学者对于畜牧业现代化的研究较少，且多集中在转型升级路径及发展模式选择等方面。布尔金（2016）等以新巴尔虎左旗为研究对象，采用态势分析法（SWOT）对不同畜牧业转型升级模式进行了分析，由此提出在传统畜牧业中加入生产技术、信息服务等新的生产要素，对加快现代畜牧业的转型具有重要意义。谢杰（2016）等在对"互联网＋"畜牧业模式和传统畜牧业模式进行比较分析后，提出只有借助"互联网＋"模式才能推动传统畜牧业的转型升级，促进新型业态的产生。王济民（2012）在介绍了世界畜牧业的发展趋势及美国、日本、澳大利亚等畜牧业发达国家的畜牧业发展模式及做法后，指出我国要因地制宜的在农区、城郊、牧区现代畜牧业建设模式上进行发展。锡琳塔娜（1995）等指出，畜牧业生产形成一定的规模与标准是传统畜牧业向现代畜牧业过渡的显著标志，其实施过程实质上就是由传统畜牧业向现代畜牧业转变的过程，是走向优质、高产、高效现代畜牧业的有效途径。白音巴特尔（1994）等在回顾了锡林郭勒盟畜牧业发展的历程后，指出若想要稳定发展当地畜牧业，适应市场经济的需要，只有依靠科技，走建设养畜、科学经营之路。而通过建立指标体系来评价畜牧业现代化的研究较少。戴健（2007）等建立了现代畜牧业基本测度评价模型，对新疆地区现代畜牧业的实现度进行了测评，并与美国和内蒙古地区畜牧业进行了比较分析；陆文聪（2004）等通过建立现代畜牧业评级指标体系，运用层次分析法，对浙江省现代畜牧业的发展水平进行了基本判断和综合评价。姜法竹（2007）等以农业部发布的《全国畜牧业发展第十一个五年规划（2006～2010年)》中"走高产、优质、高效、生态、安全的可持续发展道路"的指导思想为指标构建的依据，建立了"优质系统、高产系统、高效系统、生态系统、安全系统"5个子系统和30个指标，为今后各学者定量测评某区域效益型畜牧业的发展情况提供了参考依据。

综上所述，学者们对畜牧业现代化的分析测评基本上集中在对某一省份整体的畜牧业现代化发展进程方面，但对某一省份中具体地区的草原畜牧业现代化发展进程的评价少有研究。作为内蒙古地区农牧业经济重要的支柱产业，畜牧业的发展在内蒙古地区经济发展中的地位不容忽视。据统计，2017 年内蒙古自治区畜牧业产值达到 1160.9 亿元，占农牧业产值的42.2%，比全国平均水平高出 12 个百分点，因此，研究内蒙古自治区草原畜牧业现代化建设有着重要的现实意义。

草原畜牧业现代化是草原牧区发展的必然趋势，是相对传统草原畜牧业而言的，代表当代草原畜牧业发展先进水平的综合性概念。其以确保畜产品安全供给和提高牧民收入为目标，配备现代科学技术和设备以提高劳动生产率，在市场经济和宏观调控的共同作用下，通过联户、合作经济组织、股份制等组织管理模式，各方形成密切相关的有机体，使畜牧业生产向多元化发展形式转变。

现代草原畜牧业是相对的概念，包括了传统草原畜牧业向现代草原畜牧业转变的过程，以及草原畜牧业现代化由低向高层次递进发展的过程，同时也是对传统草原畜牧业的不断改造、继承与发展。基于对草原畜牧业现代化的相关认识，将草原畜牧业现代化的内涵概括为是在传统草原畜牧业的基础上发展起来的，以当今世界先进的畜牧兽医科技为依托，以实现经济、社会、生态协调发展为目标，且基础设施完善，营销体系健全，管理科学，资源节约，环境友好的高效可持续发展的产业。用发展的观点来看，传统草原畜牧业的生产方式已不再适应当今资源趋紧、人口剧增的严酷事实，只有顺应时代、转变传统的畜牧方式，才符合中国社会主义现代化的发展目标。现代草原畜牧业主要包括优良丰富的草地饲草资源、完整创新的育种体系、优质安全的饲料生产体系、规范健康的养殖体系、健全高效的动物防疫体系、先进快捷的加工流通体系等。现代草原畜牧业的发展事关生态保护、牧民增收和牧区发展，既是经济问题，也是政治问题。

从地区层面来看，发展现代草原畜牧业是增强牧区经济实力的一个重要手段；从国家层面来看，这不仅能够带动农业经济的快速发展，更是顺应农牧业现代化的重要表现形式。草原畜牧业现代化是社会主义发展进程中的必然趋势，也是牧区经济快速发展、多种经济形式并存的必然选择。

二、现代草原畜牧业的特征

（一）耦合性特征

现代草原畜牧业是传统草原畜牧业的优良特征与现代科技紧密结合的耦合体。随着人口增加、制度变迁和社会经济发展，过去的传统草原畜牧业本身也在不断地演进，也就是说，传统草原畜牧业不断吸纳现代科技成果来武装自己，弥补本身脆弱的部分。到目前为止，在内蒙古自治区的草原牧区已经很难发现过去那种原始的、真正意义上的草原畜牧业经营模式了，尤其是以游牧业形态的畜牧业经营方式。即使存在也只是局部的、不完整的形式。其实随着时代的发展现代科技、现代文化、现代理念已经在传统草原畜牧业、草原管理中潜移默化，已经或正在形成二者相结合的耦合体。无论在硬件还是在软件上，都可以发现传统要素与现代要素相结合的情景。20世纪80年代以前牧民基本不打草、不储备，后来由人工打草发展为打草机械化；过去牧民居无定所，并都住在传统蒙古包（即毡房），后来演变为半定居、定居状态，住在砖瓦房、移动宿营车；过去移动、搬迁、运输用勒勒车，现在用四轮拖拉机或摩托车、汽车；还有风力发电、太阳能发电、卫星电视、电话等。除劳动手段与现代科技结合外，劳动力和劳动对象也与现代科技相结合。牧民由过去的不识字的文盲或小学、初中文化程度向更高学历过渡，正在向有文化、懂技术、会经营的新型牧民转变，即经营者的经营管理理念、方法、手段正在逐步走向现代化。作为劳动对象的牲畜与饲草，也与现代科技相结合，改变其部分传统属性。如品种改良、牧草栽培、人工草地建设等方面也在不断推进。

（二）产业化特征

产业化经营是国民经济发展的客观要求，也是牧区经济持续健康发展的必然选择。是确保畜产品增长和牧民增收，实现草原牧区全面建成小康社会的必由之路。是推动社会主义新牧区建设的战略举措。畜牧业产业化是集科教、产+销、贸工牧于一体的、实行企业化管理的利益共同体。其目的是在满足生产、生活需要的基础上，实现畜牧业经济效益甚至整个区域的经济效益、社会效益和生态效益的和谐、共生发展。

产业化是实现现代草原畜牧业的重要途径。发展草原畜牧业产业化经营，要着力培育一批竞争力强、带动力强的畜产品加工或流通的龙头企业、牧民合作经济组织，与牧户有机结合的组织形式，让牧民从产业化经营中得到更多的实惠。建立并完善教、研、推相结合的科技增长机制、贸工牧一体化的经济运行机制和管理机制，加速推进草原畜牧业现代化的实现。

（三）生态畜牧业特征

生态畜牧业是人们自觉地按照生态学和生态经济学原理，运用系统工程方法，把现代科学和生态技术同传统游牧业的精华紧密结合，指导和组织畜牧业生产，建设良性循环、高产优质、高效低耗、保护草原环境、持续发展的现代畜牧业发展体系。生态畜牧业扼制了游牧业超载过牧、草原退化、沙化、盐渍化、水土流失等生态灾害问题。以合理利用草地资源，增加饲草供给，调节畜草平衡，控制过牧行为，增强抵御自然灾害的能力，使畜牧业得到稳定发展。

发展现代草原畜牧业，进一步加强草原畜牧业的生态功能，以生态良好为基础，以传统草原牧畜牧业优点与现代科技、现代经营管理相结合为核心的生态畜牧业。推进现代草原畜牧业，必须减少牧区这一草原生态经济系统人口，需要进一步完善人口转移的政策措施，逐步使有意愿、有能力的牧民进城置业，有条件的适龄儿童进城读书，一部分年轻人进城创业，老年人进城养老成为一种导向和机制；加快建立健全科学合理的草牧场有偿流转制度，推广牧区生态家庭牧场模式，使草场资源得到高效利用，提高畜牧业现代化水平；加快转变草场利用方式和放牧制度，推行划区轮牧、季节轮牧、游牧方式，减轻草场压力，实现草地利用合理化、科学化。

（四）文化产业特征

游牧是充分利用自然资源实现人与自然和谐共生的生产方式。游牧是游牧民族在长期的历史锤炼中形成的，包括价值观念、行为方式、礼仪习俗、语言文字，以及物质载体和符号体系，是游牧民族长久生存的价值基础，是历史发展的延续，也是不可或缺的创新源泉。一个民族要继续生存，不仅要有物质保证，还要有文化基础。游牧是草原上从事畜牧业生产活动者们的精神世界和意识形态。对于草原畜牧业而言，天然草原都是其发展建设的生态根本，传统草原畜牧业向现代草原畜牧业转变更需要可持久利用的自然资源。发展现代草原畜牧业不是一种文化的消亡，而是一种科学的传承和发展；它不是用一种现代文明全盘取代传统文明，而是将二者相互交融，并有机统一成一个整体。游牧曾存在过相当长的一段历史时期。但也当根据时代的发展，全面、客观、理性地思考其中的两面性。今后，主导草原牧区畜牧业发展应当是在有效挖掘、保留和传承优秀文化精髓的基础上，充分汲取农业文明、工业文明和信息文明等人类文明中的其他突出成果，以保障草原牧区的可持续发展。

游牧是一切草原畜牧业文化衍发的基础，并从中派生出了丰富的草原牧区文化。以草原为主导地位的草地农业生态系统是使草原牧区各种文化能够永续传承与发展的重要介质。草原畜牧业文化的核心在放牧，而放牧的核心在放牧系统单元。因此，可以认为放牧系统单元就是草原畜牧业文化的遗传基因。现如今，在草原牧区实施的草原承包到户政策对草原系统整体驱动的文化底蕴已经产生了一些不利影响（任继周、侯扶江、胥刚，2011）。

（五）观光旅游特征

发展现代草原畜牧业，进一步强化草原畜牧业的观光旅游功能。把草原生态景观保护与优秀文化的挖掘开发结合起来，把草原畜牧业与现代科技要素、特色观光旅游业结合起来，依托得天独厚的生态环境和民俗文化资源，大力发展形式多样的旅游观光草原畜牧业，大力提升现代草原畜牧业的观光旅游功能，使牧民的收入来源不再仅依赖草原畜牧业生产功能，同时，实现保护草原生态，增加牧民收入，推进牧区产业多元化。

第二节

原则、目标和任务

发展现代草原畜牧业能够保障绿色畜产品供给安全和轻工纺织部门原料需求，保护广大消费者利益，对提高畜牧业国际竞争力，促进草地生态环境保护，促进牧民增收都具有重大的现实意义和战略意义。

一、原则

现代草原畜牧业须从草原牧区基本特点出发，在提高机械设备技术水平的前提下，也需要重视人力资源的充分利用；不但要保护草原生态，还要使牧区畜牧业经济效益保持在一定的高度，走草原特色的现代畜牧业发展道路。

（1）坚持牧区草场以家庭承包为经营模式的基本制度。

（2）坚持传统畜牧业的优点与现代技术、资本密集相结合，兼顾草地生产率和劳动生产率。

（3）坚持在尊重牧民自身意愿的基础上，大力推进牧区人口向城市进行转移就业政策，促进城镇化建设，统筹城乡规划。

（4）坚持草原牧区美丽发展双赢，在必须保护好草原生态的前提下，在生态环境评估的基础上有序、合理开发利用各种资源。

（5）积极推进草原畜牧业产业化经营，有效提高畜产品供给。

二、目标

现代草原畜牧业与传统草原畜牧业相比，需要在畜产品供给、牧民收入，以及草地生态等方面达到更高、更好的标准和要求，在家庭承包经营基础上，通过联户、合作经济组织、股份制等组织管理模式，保证劳动生产率和草地产出率。

现代草原畜牧业建设总体上要实现三个目标：

（1）在确保畜产品质量安全的基础上，保证其供需平衡，并适当增加现代草原畜牧业的多功能性，加强和巩固现代草原畜牧业的基础地位。

（2）拓展牧民增收渠道，确保牧民从多个产业增加收入。在不损害其他产业利益的前提下，不断缩小牧农差距、牧工差距和城乡差距。

（3）确保草原生态安全，在合理开发牧区草地资源的基础上，为恢复草地生态系统功能、弘扬草原牧区优秀文化做出应有的贡献。

三、任务

在社会主义现代化建设中，着力推进现代化草原畜牧业发展这一任务成为建设新型牧区的一个关键环节，国家也对牧区经济的发展提出了诸多相关意见。牧区的当地政府应当及时采取恰当的措施，认真贯彻落实，积极推进草原牧区畜牧业建设，在符合和顺应经济发展规律和畜牧业发展规律的前提下，开展多元化的草原畜牧业经营模式，发展社会主义新牧区。

（一）加大对"三牧"的投入力度，建立促进现代草原畜牧业建设的投入保障机制

国家提出若干意见来促进草原畜牧业建设，从本质上来说，是要从根本上提升牧民收入，修复草原生态。特别是在当前经济发展势头良好、财

政增收较为乐观的时期，更要把握好机会，加大对牧业、牧区、牧民的资金投入力度，巩固、完善、加强支牧惠牧政策，满足草原畜牧业建设过程中的一系列发展需求。

（二）加快草原畜牧业基础建设，提高现代草原畜牧业的设施装备水平

部分牧户家中棚圈建设落后，无法满足农牧民牲畜舍饲圈养的要求；牲畜在夏季进行活动的场所，如凉棚等设施也有所缺乏。因此，政府需要正视已经存在的问题及潜在的隐患，及时制定相关政策，积极采取有效措施，加强监管、完善法律法规。另外，针对牧区生产生活条件滞后的地区，加大投入力度，完善和加强牧区畜牧业基础设施建设。

（三）推进畜牧业科技创新，强化建设现代草原畜牧业的科技支撑

加快科技发展的前进步伐，有助于资源和市场对草原畜牧业建设。因此，加强畜牧业科技创新体系建设，增强草原畜牧业科技自主创新能力，借助科技的手段提高畜牧业经济的生产效率，全面普及信息化、科技化的草原畜牧业建设体系势在必行。

（四）开发草原畜牧业多种功能，健全发展现代草原畜牧业的产业体系

草原畜牧业不应当仅仅停留在最基本的畜产品供给的功能方面，除此之外，还应当具备生态保护、边疆护卫、观光休闲、文化传承等功能。挖掘出草原畜牧业的多种可利用价值，向其广度和深度进军，有利于草原畜牧业产业结构的优化升级。

（五）培养新型职业牧民，造就建设现代草原畜牧业的人才队伍

为了提升劳动生产率、土地生产率等生产效率，需要牧民对现代技术有所了解和掌握，这就要求传统的牧民向更高层次的新型职业牧民转变。所谓新型职业牧民，简单来说就是有文化、懂技术、会经营，从整体上提升劳动者的文化素质，这样会加快现代草原畜牧业的建设步伐。

第三节

草原畜牧业现代化发展现状与问题[①]

在现代农业中，现代草原畜牧业是其中的一个重要分支，由于其带动产业能力强、劳动力需求大，因而占据着现代农业中不可或缺的重要地位。由于传统型草原畜牧业的粗放式发展，原本良好的草原生态也在被逐渐侵蚀，这样发展的结果就是牧民的主要经济来源受阻，从而导致牧区的经济发展陷入僵滞状态，这就要求转变传统畜牧业粗放的生产方式，为社会主义可持续发展开辟道路。

我国天然草原面积广阔，约占国土总面积的 41.7%，在我国经济社会发展中，畜牧业占据着重要地位。据农业部统计，截至 2015 年我国畜牧业总产值超过了 2.9 万亿元，并在 2016 年突破 3.17 万亿元。当前，我国畜牧业养殖方式正在从传统的粗放、分散饲养方式向现代的集约化、规模化饲养方式转变，畜禽个体生产能力明显增加、饲料报酬率和劳动生产率显著提高、畜牧业科技进步贡献率稳步上升，畜牧业已经成为农业和农业经济的支柱产业，成为农民增收和就业的主要渠道之一。特别是在"十二五"时期，内蒙古地区的畜牧业经济发展迅速，畜产品产量如羊肉产量、牛奶产量均居于全国首位。据内蒙古自治区农牧业厅统计，2017 年牧业年度全区牲畜头数达到 1.26 亿头只，牛奶和绒毛产量当年在全国位居首位，各类畜禽规模养殖场超过 10 万家，畜禽粪污资源利用率接近 70%，规模养殖场粪污处理设施配套率达到 75%，大小牲畜繁殖成活率

---

① 本节数据为笔者实地走访及对调查问卷进行整理分析后获得，后面不再赘述。

达到 98.7%。然而，在草原畜牧业快速发展的同时，面临的问题和挑战也越来越多，在短时间内向现代草原畜牧业过渡有一定难度。主要表现为缺乏国际竞争力，畜产品收购价格不稳定，特别是在 2015 年、2016 年，牧民普遍处于亏损状态，另外，生态环境恶化、草场资源利用不合理使草原退化严重，并引发一系列自然灾害的发生，进而对牧民的畜牧生产生活造成不便，最终导致牧区经济发展缓慢。而生产组织化程度低下，科技创新投入不足等问题都在制约着现代畜牧业的发展。因此，想要推动内蒙古地区草原畜牧业现代化的快速发展，解决以上出现的问题是关键。

现阶段，传统畜牧业向现代畜牧业转变已初见雏形，无论是在牧民生活方式、生产经营方式还是生态保护及文化传承方面，都有所体现。例如，在已逐渐趋于智能化和信息化的生活方式和生产经营方式上，牧民利用智能放牧设备便能通过手机轻松查询到自家牲畜的具体方位，利用互联网的便利在微信上售卖纯手工奶食品的牧民更是不占少数。在生态保护方面，"绿水青山就是金山银山"的理念也已经深入牧民脑海中，生态保护意识显著提高，能够根据草牧场情况进行四季轮牧。据统计，内蒙古地区的草原植被平均盖度已从 2000 年的 30% 恢复到了 2016 年的 44%。虽然取得了草原生态在一定程度上的改善和牧民收入有所增加的可喜成果，但在草原畜牧业转型过程中仍存在诸多问题。一方面，小牧户经营较为分散，组织化程度低，抵御自然灾害、市场风险能力弱，草场碎片化现象严重。另一方面，家庭牧场、合作社等经营主体带动能力不强，还没有形成标准化经营、规模化饲养和品牌化营销的发展模式。因此，想要推动内蒙古地区草原畜牧业现代化的快速发展，解决以上出现的问题是关键。

内蒙古地区的草原面积广阔，既扮演着北方生态屏障的重要角色，又承担着我国主要畜产品输出的重任。故本节以 2012 年 7 月 11 日至 2012 年 2 月 25 日在内蒙古自治区呼伦贝尔市新巴尔虎右旗和新巴尔虎左旗所收集的实际调研数据为例，在随机抽样基础上采用入户访谈与问卷调查相结合的方法，在调查 161 户牧户的基础上（其中有效问卷为 150 份，有效率为93.2%），对草原畜牧业现代化的发展现状与发展中存在的问题进行研究。

一、现代物质装备条件

表7-1显示，从生产机械普及程度看，在150户调查样本中，拥有拖拉机的134户、打草机的91户、搂草机的53户，分别占89.33%、60.67%、35.33%；交通工具中，拥有摩托车的为140户，占93.33%，数量高达208辆，另外1/3的牧户拥有家用小轿车，占34%。从新能源利用程度看，拥有风力发电的有115户，占77%，其中，32%的牧户同时使用太阳能，其余32户使用交流电，占23%。拥有移动宿营车和移动棚圈的牧户分别为26户和33户，分别占牧户总数的17.3%、22%。132户拥有羊舍，其中，有暖棚的57户，占43.2%。83户拥有牛舍，其中，有暖棚的22户，占26.5%。

表7-1　　　　　　　　现代物质条件装备草原畜牧业状况

装备	拥有户数（户）	样本户中的比重（%）	拥有个数（台、辆）	备注
拖拉机	134	89.33	190	个别户有2辆以上
打草机	91	60.67	158	个别户有2辆以上
搂草机	53	35.33	82	个别户有2辆以上
捆草机	7	4.67	8	/
切割机	5	3.33	7	/
粉碎机	2	1.33	2	/
卡车	18	12	18	/
农用车	9	6	11	/
三轮车	2	1.33	2	/
轿车	51	34	54	个别户有2辆以上

装备	拥有户数（户）	样本户中的比重（%）	拥有个数（台、辆）	备注
摩托车	140	93.33	208	个别户有 2 辆以上
移动宿营车	26	17.33	26	/
移动棚圈	33	22	47	/
风力发电	115	77	123	个别户有 2 台以上
太阳能发电	48	32	55	个别户有 2 台以上
交流电	35	23	/	/

资料来源：笔者根据调研数据进行生产效率测算的结果整理而得。

"互联网、电话网、卫星网"三网信息服务体系建设方面，手机在牧民中已经得到普及，150 户调查对象全部拥有手机，但是服务费用较高，平均每户每年的花费约为 3569 元，且草原上的服务设施较少，信号不稳定。广播电视服务也基本普及，牧民可以通过广播电视来获取信息，但是，互联网的普及率还比较低，150 户中仅有 41 户开通了网络通信服务，许多牧民不能利用互联网来补充获得广播电视中未涉及的信息，更不能及时获得生产和销售所需要的信息。所以，现阶段，信息化服务已经开始进入牧民的生活，但牧民的信息化程度还不高，还不能满足现代草原畜牧业的发展要求。

二、牧民科技文化素质

现代生产要素的投入能够为传统产业注入新的生命力，促进传统产业走智能化发展路线。所谓技术进步，即在生产要素投入保持恒定的情况下，由于更先进的生产技术的投入、更完善的组织管理机制的实行，使产出数量得以大幅度提升，或在产出数量不发生改变的情况下，所需的生产要素投入较原来更少。

虽然传统草原畜牧业在诸多方面的技术水平处于较低端行列，但实则却是无风险的。对于始终以劳动力为主而从事草原畜牧业的牧民而言，若令其在生产经营中使用从未接触过的新技术，其实是面临巨大风险的。特别是在现阶段的畜牧业经营管理中，在牧户对先进经营管理理念、先进技术使用率较低的条件下，其要实现利润最大化的目的是很难达到的，只能保证在确保自身生存机会的前提下，使面临的风险最小化。

而现代草原畜牧业是用现代科学技术改造，用现代经营形式推进，用培养新型牧民发展草原畜牧业。其中，人力资本是最关键的因素，是决定性的因素。而且这一因素主要取决于人力资源的综合素质。

文化素质是决定综合素质的基础。在150户调查样本中，户主学历为小学学历的有49人，占总数的32.67%；初中学历的有53人，占总数的35.33%；高中学历的有39人，占总数的26%；大专以上学历的9人，仅占总数的6%。由此可以看出，现阶段牧民的文化素质仍旧较低，虽然高中学历的比例与以往相比有所增加，但是牧民的学历程度还是以初中和小学为主，而高学历的人极少。这种现状与现代草原畜牧业要求相差较远，所以，提高牧民科技文化素质迫在眉睫。

三、科技成果的滞后性

农业的根本出路在于机械化、信息化、智能化，同样，草原畜牧业现代化的发展亦是如此。一方面，通过纵向比较，从历史角度而言，在中华人民共和国成立初期甚至更早的时期，牧民已经对在草原畜牧业发展中投入使用机械设备、进行基础设施建设产生了需求，但鉴于当时的畜牧业机械化程度发展较为滞后，牧民对于使用更高级的机械设备来解放人力畜力的愿望无法得到满足，致使草原畜牧业的科技供给与牧民需求严重脱节。到20世纪80年代，特别是进入21世纪以来，具有较高科技含量的机械化生产设备已在草原畜牧业中广泛投入使用，缓解了技术供给与生产需求不对等的矛盾。另一方面,通过横向比较,从国际视角来看,我国草原畜牧业装备综合水平与发达国家相比落后 30 年左右,国外发达国家在 1960 年就基本实现了饲草生产过程的全面机械化。尤其是随着草原畜牧业生产的快速发展,我国的畜牧业中低端机械化设备不再适应牧民的发展需求,而生产更为高效、功能更为完善的高端草原畜牧业装备越来越获得牧民的青睐。因此,认清我国草原畜牧业科技成果发展的滞后性,解决市场与牧民之间的供求结构性矛盾成为当务之急。

四、科技成果的实用性

科技创新在草原畜牧业发展中的应用,不仅降低了牧民的劳动强度,还极大限度地降低了生产成本与时间成本。一方面,经实地调研,发现在内蒙古自治区阿拉善左旗的草原牧区,电子望远镜与视频放牧管理被推广试用于牧民生产生活中,即牧民可以利用手机或者电脑作为监控平台,实时监控和录制周围人员及牲畜活动、饮水、牧草生长、环境变化情况等。经测算,牧民利用电子望远镜监控管理水井、棚圈、家园、放牧,每年可节约人工费上万元。毋庸置疑,这一人工智能设备大大缩短了牧民对于放牧的管理时间,但同时不可否认的是,由于该设备的高倍监控摄像机价格较为昂贵,而且边境牧区的网络、通信信号较差,要想实现实时监控并将数据上传给牧民,还存在技术上的困难,因此,想要在牧区普及此类智能设备可能并不合适。然而,并非所有的高科技成果都不能为牧民所用,GPS 卫星定位系统的成功研发就为牧民解决草场纠纷、矛盾提供了便利。例如,在内蒙古自治区呼伦贝尔市新巴尔虎右旗克尔伦苏木芒赉嘎查,牧民经常由于草场界限不清而产生纠纷,担任该嘎查党支部书记的米吉格道尔吉为了解决这一问题,协调相关部门利用 GPS 对 3.87 万公顷草场重新进行了测量,多退少补。不仅彻底解决了草场纠纷问题,还收回了 0.33 万公顷的集体草场。2009 年,米吉格道尔吉将加入合作社的 18 户牧民的草场和牲畜重新整合，在联户经营的基础上进行轮牧。这样虽然降低了牧民的放牧成本，但合作社运行过程中仍存在利益分配机制不健全、相应的配套人才支撑较为缺乏、专业服务能力欠缺等问题，对于能否长期稳定运营和发展，难免存在质疑。另一方面，虽然各大科研机构及高校在草原畜牧业发展方面的科研成果层出不穷，但由于"重数量，轻质量"的现象时有发生，导致真正可适用和实用在牧区的成果却很少，难以为牧区经济带来经济效益。由此可见，要想真正普惠于"三牧"，科技成果的实用性极为关键。

除此之外，草原畜牧业应用的机械设备是需要定期保养与更新的，但是多数牧民很难做到在维护中使用，使用中维护，而基础设施的陈旧、老化等问题可能就会导致牧民生产效率下降和生产成本升高的局面。

五、科技推广的艰难性

畜牧业技术推广是指通过试验、示范、培训、指导，以及咨询服务等，把畜牧业技术普及应用于畜牧业生产产前、产中、产后全部过程的活动。科学技术在草原畜牧业发展中的推广较为艰难，可能是由于科技推广政策、人员数量及其文化素质、牧民学习接受能力、国家资金投入支持力度等要素制约导致的，这些因素基本上贯穿于技术推广的各个环节。一方面，由于基层的草原畜牧业科技推广人员数量相对不足，且具有高专业素质的人才更为缺乏，同时牧民对利用科学技术发展牧区经济的意识不够强烈，对在草原畜牧业发展中进行科技投入的态度较为保守，通过科技创新改造草原畜牧业的观念和意识还没有完全形成。据 2018 年对内蒙古自治区呼伦贝尔盟、锡林郭勒盟和阿拉善左旗牧区的 440 户调研中发现，户主受教育程度在初中及以下的比例占到了 73.2%，调研数据如实地反映了牧区基础教育薄弱、劳动力文化素质偏低的现状。由于具有不同文化程度的牧民对新技术的接受能力存在差异，再加之对科技成果的应用能力较差，就使科学技术在草原畜牧业的推广中易受到阻碍。另一方面，就现阶段而言，国家的现行相关政策几乎没有对小规模畜禽养殖户的扶持，由此导致科技要素的启动资金不足，畜牧业生产要素供给短缺，没有在仍处于小规模畜牧业生产经营的牧民群体中形成激励效果，其自觉、积极应用科技成果的热情没有被激发出来，加大了科技进步对于促使粗放型草原畜牧业向集约化草原畜牧业发展方式转变的难度。

六、科技成果的效益性

经过长期的不懈努力，我国草原畜牧业的科技创新与研发水平有了较大进展。新中国成立以来，我国在畜牧业科学技术成果的研发及应用等许多方面取得了重要进展，缩小了与畜牧业发展较为领先的国家之间的差距。然而，我国的畜牧业生产力水平较为滞后且畜牧业科技成果转化率仍旧较低，在部分草原畜牧业发达的国家中，其科技成果的转化率甚至能达到70%以上。以能够反映科技成果、技术性能的饲料转化率为例，我国与发达国家的饲料转化率相比，生猪的饲料转化率分别为3.0：1、2.8：1；肉鸡的饲料转化率为2.1：1、1.9：1，禽蛋的饲料转化率分别为2.2：1、1.9：1，牛奶的饲料转化率分别为1：3、1：3.3。由此看来，我国的饲料转化率明显偏低，因此导致了我国畜牧业的竞争力低下，而这是由于我国畜牧业的生产效率和畜禽生产力没有跟上科技的发展所造成的。本质上而言，牲畜的疫病防治与监测、棚圈温度变化等因素，都是影响牲畜饲料转化率的原因，而这些都需要依靠高科技设备进行监管与控制，但我国科技成果转化的经济效益仍与发达国家存在较大差距。究其原因，可能是由于我国的草原畜牧业科技推广服务体系尚未十分健全，使科技成果的推广效益整体处于不明显、不稳定的状态，进而导致利用科学技术发展草原畜牧业的经济效益、社会效益不突出且存在较大幅度的波动，仍未达到使牧民满意的预期效果。

由于生态环境恶化、气候多变、地理位置偏远、交通条件不便、通信状况不佳、牧民文化素质普遍偏低、草原建设投入资金力度不足、社会化服务体系不健全等方面问题的制约，草原畜牧业仍滞后于其他产业的发展。然而，草原畜牧业相较其他产业而言，有其自身的特殊性，必须明确的一个观点是："传统"的不一定都是落后的，"现代"的也不一定都是先进的。特别是在草原畜牧业的可持续发展过程中，必须兼顾传统与现代，任何否定一方的想法均不可取，将二者融合才有出路。

第四节

草原畜牧业现代化的实现策略

现代草原畜牧业是草原畜牧业现代化由低层次向高层次递进发展的过程，同时也是对传统草原畜牧业的不断改造、继承与发展。因此，充分挖掘实现草原畜牧业现代化的路径，早日实现现代草原畜牧业，对于草原生态保护、牧民持续增收和牧区向好发展具有重要意义。

一、推进新型经营主体之间的合作，打造"1+1>2"的效果

所谓的合作即构建"家庭牧场＋龙头企业""合作社＋龙头企业"的产加销一体化的形式，全力打造"龙头企业＋"的创新发展新业态。生产领域由家庭牧场、合作社负责，屠宰、加工及销售领域则由畜牧业龙头企业负责。在现阶段草原"三权分置"的基础上，草牧场的经营权就可以流转。如此一来，牧民就可以将自家草牧场进行流转，并入股到合作社。这就扩大了合作社的草场规模，在一定程度上实现其规模化经营，使草场轮牧成为可能。通过轮牧经营，草原生态环境恶化的情况也会有所改善，这就为将牧区的环境建设得更为"生态宜居"创造了良好的条件。

一方面，家庭牧场、合作社可以参股到龙头企业。通过直接与畜牧业

龙头企业进行对接，为其提供标准化的牲畜。龙头企业利用生产端提供的牲畜，通过规模化生产、标准化经营与品牌化营销的方式，将其加工成更具附加值的畜产品。这些高附加值的畜产品，可按照高端、中低端畜产品的不同层次向不同收入阶层的消费群体区销售，这就使销售路径有了保障，同时也获得了利润。而畜牧业龙头企业不能以完全独占企业利润为目标，其应当把该部分所产生利润的20%返还给家庭牧场、合作社。但这其中存在的问题是：如果龙头企业未能盈利，参股的家庭牧场、合作社该如何面临和承担亏损的风险？这就需要本着"牧民只负责盈，不允许亏，保证让其保本"的原则，若一旦出现亏损，龙头企业应当首先保证家庭牧场、合作社的最低股本，而股本以下的损失，家庭牧场、合作社不能再追究责任。整个畜牧业利益链条的建立和完善，是逐步实现畜牧业产业兴旺的过程，助推现代草原畜牧业的实现。

另一方面，政府可以参与畜牧业龙头企业一定的股份，对其利润进行调控，为其提供市场信息，并进行宏观调控，同时，畜牧业龙头企业将反馈的信息传递给旗（市）政府，这就可以使畜牧业龙头企业更好地参与到整个市场中来。

在草原畜牧业的转型过程中，新型经营主体扮演着重要角色，是推动草原畜牧业现代化建设的基础和核心，为草原畜牧业现代化的实现提供新动能。因此，在充分利用现代科学技术的前提下，使新型草原畜牧业经营体系走合作化的道路，将各个资源进行整合，借助彼此的优势，有效弥补自身不足，使现行的生产关系逐渐适应生产力的发展，提高生存能力，这便能够在一定程度上使草原畜牧业更好地融入经济发展新常态中，为畜牧业的发展增添活力。

二、扶植小牧户，将小牧户与大市场的有效对接

在走新型经营主体合作化道路的过程中，草原畜牧业逐渐实现转型升

级。但这一部分牧民的现代化并不能代表畜牧业整体现代化的实现。对于不愿意或无法与新型经营主体合作的小牧户，应当尝试寻求新途径解决其与现代草原畜牧业有机衔接的问题。这就需要积极发挥政府的主导作用；有机统合民间组织、社会团体及政府职能部门的力量；大力构建社会化服务体系，从而为这些小牧户提供社会化服务。例如，小牧户可以将自家的草牧场和牲畜等资产托管给社会化服务主体进行经营、管理，社会化服务主体对这些资源进行合理安排规划。同样，小牧户也可以以政府为纽带，与畜牧业龙头企业之间建立对接联系，从而将小牧户与龙头企业之间的利益分配问题转化为政府与龙头企业的利益分配问题。这就降低了小牧户的市场风险，在一定程度上使小牧户的自身利益得到了应有的保障。小牧户通过政府将牲畜提供给畜牧业龙头企业后，企业利用其所提供的资源，生产高附加值产品，最终将该产品所产生的增值部分以一定比例返还给这部分小牧户。这一过程其实是牧民进行经济积累的过程，是逐步实现生活富裕的过程，而政府作为连接小牧户与龙头企业的一个重要平台，也可以从这部分利润中扣除一部分资金留作为资金积累。

三、发展壮大集体经济，助力现代草原畜牧业实现

由于我国现阶段草原畜牧业生产力发展不均衡，多种经济形式并存发展是一种必然。其中，集体经济着重体现共同致富原则，不仅对草原畜牧业现代化的发挥起着引领作用，而且对牧区建设有着重要意义。前面论述的路径在实现现代草原畜牧业现代化的过程中，都是在以合作促转型，其实质就是一种合作经济，而集体经济同样如此。那么，怎样以集体经济的力量推动草原畜牧业现代化的发展进程？这里提出两个可行方法：一是项目分配。无论是有关家庭牧场的项目、合作社的项目，还是畜牧业龙头企业的项目，都要通过集体经济两委的决定。举例说明，若家庭牧场、合作社或是畜牧业龙头企业得到相应项目后，产生了利润，那么集体经济有权

从这些新型经营主体中收回由项目产生效益的 20% 作为集体经济再发展的资本金。二是生产要素入股或租赁。一方面集体经济可以将手中现有的草牧场、牲畜等资源入股到家庭牧场或是合作社之中，进一步扶持家庭牧场、合作社，并从中获得一部分利润。另一方面，基于小牧户畜少草多，没有多余资金购入牲畜的情况，集体经济也可以将牲畜租赁给这一部分牧户，并从中获取利润。如当年羔羊按照 4∶6 的比例进行分成，40% 归集体经济所有，剩余的 60% 归小牧户所有。另外，集体经济还可以为畜牧业龙头企业提供牲畜，而企业同样返还给集体经济一部分利润。这样不仅使小牧户的收入得以增加，集体经济也能够在积累中不断发展壮大。上述方法都能够使集体经济的资本得到积累，实现集体经济的可持续发展。这样一来，在集体经济治理有效的基础上，便能拉动一部分小牧户，提升其生产水平。在小牧户有了一定的经济基础后，其意识理念等也会逐渐提高，不但进一步促进现代草原畜牧业的加速实现，而且加强了乡村精神文明建设。

推进新型经营主体之间的合作，同时对小牧户加大扶植力度，并充分发挥集体经济的力量，是实现草原畜牧业现代化的重要策略。要举全社会之力，在逐步落实产业兴旺、生态宜居、乡风文明、治理有效、生活富裕的过程中，实现现代草原畜牧业的最终目标。

第八章

草原畜牧业现代化指标
体系构建与评价

　　从 19 世纪 70 年代开始，发达国家就已经逐步实现了从传统农业向现代农业的转变。党的十六大以来，我国便一直强调现代农业的推进与建设。2017 年，中央农村工作会议上又提出了乡村振兴战略的目标任务，即要在 2035 年基本实现农业现代化。2017 年 10 月召开的党的十九大中提出"贯彻新发展理念，建设现代化经济体系"的思想，会上再一次强调了加快推进农业农村现代化的基本要求，并首次提出要实现小农户和现代农业发展的有机衔接。我国农业正处于从传统农业向现代农业转变的关键阶段，农业现代化是我国实施乡村振兴战略的两大最终目标之一，而农业现代化又是"新四化"中最为薄弱的短板，因此，实现农业现代化的任务就显得尤为重要和紧迫。

　　本章为客观全面地反映内蒙古自治区草原畜牧业现代化发展水平及趋势，准确把握其体现出的现有优势及存在的问题，在建立草原畜牧业现代化评价指标体系的基础上，分为两个部分对内蒙古地区草原畜牧业现代化的发展水平进行分析和评价。第一部分：采用层次分析法，分别选取 2001 年、2006 年及 2016 年这三个年份，对内蒙古地区典型草原牧区呼伦贝尔市的新巴尔虎右旗、锡林浩特市的西乌珠穆沁旗和苏尼特左旗的草原畜牧业现代化发展程度进行评价。第二部分：采用熵值法对 2017 年锡林郭勒盟 9 个旗（市）：锡林浩特市、东乌珠穆沁旗、西乌珠穆沁旗、阿巴嘎旗、苏尼特左旗、苏尼特右旗、正镶白旗、镶黄旗、正蓝旗的草原畜牧业现代化发展进程进行评价。

第一节

内蒙古自治区草原畜牧业现代化评价

通过对各类文献及相关资料的广泛查阅，了解了草原畜牧业现代化的基本内涵及本质特征，进而对草原畜牧业现代化有了较为全面的分析。本节对以上内容进行充分认知的基础上，用定性的方法选择确定能体现草原畜牧业现代化内涵特征的各级各项指标。指标体系构架分为总目标层、子目标层、准则层、指标层四个层次。每一层选择能反映其主要特征的要素作为评估指标。

一、指标体系的构建及方法

（一）指标体系的构建

本书所采用构建草原畜牧业现代化指标体系的方法为层次分析（AHP）法。根据指标体系设置原则和系统层次的不同要求，经过反复调研和多次论证，同时结合统计资料的可得性和专家意见，构建了含4个目标子系统，6个准则层指标，以及与之相对应的14个指标。其中，总目标层（A）以现代畜牧业发展水平的综合评估为目标，用来反映现代畜牧业发展的总体特征。子目标层（A_i）以反映草原畜牧业现代化内涵和特征为目标，分别设立了草原畜牧业现代化商品化、高效集约化、可持续、信息化特征的子系统。准则层（B）是根据草原畜牧业现代化各内涵和特征设立的类指标系统。指标体系及相应的权重见表8-1。

表 8 − 1　　　　　　草原畜牧业现代化指标体系及指标权重表

子系统	相对于目标层权重	准则层（B）	相对于子目标层权重	指标层（C）	相对于准则层权重
商品化（A_1）	0.3	市场系统（B_{11}）	0.1057	（1）牲畜出栏率（C_111）	0.5000
				（2）畜产品商品率（C_112）	0.5000
高效集约化（A_2）	0.2	效率系统（B_{21}）	0.1057	（3）繁殖成活率（C_211）	0.8182
				（4）劳动生产率（C_212）	0.0909
				（5）土地生产率（C_213）	0.0909
		集约系统（B_{22}）	0.0511	（6）户均牲畜饲养量（C_221）	0.1062
				（7）禁牧面积比重（C_222）	0.6333
				（8）草畜平衡面积比重（C_223）	0.2605
可持续化（A_3）	0.4	生产系统（B_{31}）	0.3432	（9）牲畜总增率（C_311）	0.0960
				（10）牲畜改良良种化率（C_312）	0.2510
				（11）牧民家庭人均可支配收入（C_313）	0.6530
		环境系统（B_{32}）	0.3432	（12）退化草原面积比例（C_321）	1.0000
信息化（A_4）	0.1	信息系统（B_{41}）	0.0511	（13）广播电视普及率（C_411）	0.8333
				（14）网络通讯普及率（C_412）	0.1667

资料来源：笔者根据数据调研论证整理而得。

（二）指标含义及计算方法

第一层次：综合指标包括 4 项主体指标，主要反映草原畜牧业现代化的综合发展水平。

第二层次：主体指标包括商品化指标、高效集约化指标、可持续指标、信息化指标，主要从这 4 个方面考察草原畜牧业现代化发展水平。

第三层次：分类指标包括市场系统、效率系统、集约系统、生产系统、环境系统和信息系统 6 项指标，在整个指标体系中起着承上启下的作用，主要反映各主体指标的基本内容。

第四层次：群体指标包括 14 项具体指标，用来衡量草原畜牧业现代化各方面发展水平。各项指标具体含义分别是：

（1）牲畜出栏率＝期内（一般年内）牲畜出栏头/期初（年初）头数×100%。

（2）畜产品商品率：指一定时期（一般年内）出售的牲畜头数（或畜产品产量）与牲畜总头数（畜产品总产量）之比。

畜产品商品率＝出售的牲畜数量/牲畜总产量×100%

（3）繁殖成活率是指本年度所生牲畜占上年度末可繁殖的成年母牲畜的百分率，也可称繁殖率。

繁殖成活率＝本年度所生牲畜/上年度末可繁殖的成年母牲畜×100%

（4）劳动生产率＝单位时间内的畜产品产量或产值/劳动人员总量（或劳动报酬）。

（5）草地生产率＝草场畜产品数量或产值/草场面积。

（6）户均饲养量＝牲畜总头数/牲畜养殖总户数。

（7）禁牧面积比重：是指草地禁牧面积与草原总面积的比值。

禁牧面积比重＝草地禁牧面积/草原总面积×100%

（8）草畜平衡面积比重：指草地草畜平衡面积与草原总面积的比值。

草畜平衡面积比重＝草地草畜平衡面积/草原总面积×100%

（9）牲畜总增率是反映一定时期畜群规模扩大程度的指标，用于衡量牲畜头数的增长水平。

牲畜总增率＝（本年度内繁殖成活的仔畜头数－本年度内成幼畜死亡头数）
/本年度初牲畜头数×100%

（10）牲畜改良良种化率＝牲畜改良或良种牲畜头数/牲畜总头数×100%。

（11）牧民家庭人均可支配收入，指居民家庭在支付个人所得税之后，所剩余的全部实际现金收入（不包括借贷收入）。

（12）退化草原面积反映的是草地退化程度的指标。

（13）广播电视普及率 = 使用广播电视的牧户数/牧户总数 × 100%。

（14）网络通信普及率 = 使用互联网、移动通信的牧户数量/牧户总数 × 100%。

（三）评价模型的构建方法

根据已构建的草原畜牧业现代化评价指标体系及其指标层次分析，建立草原畜牧业现代化评价模型：

$$AM = \sum W_i Z_i \tag{8-1}$$

式（8-1）中，W_i 表示各群体指标所占的权重，Z_i 表示各群体指标的标准化值。本节在已建指标体系和测评模型基础上，运用相关数据，对草原畜牧业现代化的发展程度进行量化研究，以此来了解草原畜牧业现代化处于何种发展程度。由于社会的发展与进步，从本质上来讲，草原畜牧业现代化对时间而言是动态变化的，对于草原畜牧业现代化的评价指标体系在不同时期也有着不同的指标内容，以上关于草原畜牧业现代化评价指标体系及方法是以内蒙古自治区呼伦贝尔市的新巴尔虎右旗和锡林浩特市的西乌珠穆沁旗，以及苏尼特左旗的数据为支撑。

根据上述过程内容，进行草原畜牧业现代化评价方法的具体步骤为：

（1）确定各项指标的权重和标准值，其中权重通过 AHP 法计算得出，标准值则来自对研究区域统计年鉴数据的标准化处理。

（2）数据标准化处理，采用 min-max 标准化方法，将全部原始数据处理在 [0，1] 的区间范围内。

（3）计算综合得分，通过运用 AHP 法确定的因子权重和标准化后的分值进行综合加权计算，得出最终的加权总分。

二、实证结果分析

以内蒙古自治区的典型草原牧区呼伦贝尔市的新巴尔虎右旗、锡林浩特市的西乌珠穆沁旗和苏尼特左旗为例，分别选取 2001 年、2006 年及 2016 年呼伦贝尔市《新巴尔虎右旗统计年鉴》、锡林浩特市《西乌珠穆沁旗统计年鉴》及《苏尼特左旗统计年鉴》的数据，以上述 14 项指标来评价草原畜牧业现代化发展程度，各项指标具体数值如表 8－2 所示。

各项数据的准确性和真实性决定了草原畜牧业现代化发展的真实水平，是测评草原畜牧业现代化程度的重要保证。因此，为保证数据的可靠性和真实性，本书均采用研究地区所公布的统计年鉴的数据。由于各项指标数据具有不同的特性，因此，需要事前对指标数据进行标准化处理，这里采用"最小—最大标准化"（简称"min－max 标准化"）方法进行数据的标准化处理。

min－max 标准化方法就是对原始数据进行线性变换。设 minA 和 maxA 分别为属性 A 的最小值和最大值，将 A 的一个原始值 x 通过 min－max 标准化映射成在区间 ［0，1］ 中的值 x′，其公式为：

$$新数据 = （原始数据 － 极小值）/（极大值 － 极小值）$$

按照这样的方法将各指标按照 min－max 标准化方法进行标准化处理后得到的数据如表 8－3 所示。

通过对评价模型的构建以及标准化数据的处理，计算得出内蒙古自治区新巴尔虎右旗、西乌珠穆沁旗及苏尼特左旗 2000 年、2005 年与 2015 年草原畜牧业现代化评价得分（见表 8－4）。

（一）空间维度比较

2000 年，苏尼特左旗的草原畜牧业现代化加权总分为 4.51 分，分别高于新巴尔虎右旗 2.07 分与西乌珠穆沁旗 2.34 分，综合分析以上 14 项指标，在牲畜出栏率、畜产品商品率、禁牧面积比重、草畜平衡面积比重及广播与网络通信普及率 6 项指标上，苏尼特左旗的分值明显高于其他两个研究区域即该地区商品化、高效集约化及信息化程度比较高，因此，苏尼特左旗的现代化程度在 3 个区域中最高。而新巴尔虎右旗虽然在市场系

表8-2　2000年、2005年及2015年区域草原畜牧业现代化各指标具体数值

指标	2000年			2005年			2015年		
	新巴尔虎右旗	西乌珠穆沁旗	苏尼特左旗	新巴尔虎右旗	西乌珠穆沁旗	苏尼特左旗	新巴尔虎右旗	西乌珠穆沁旗	苏尼特左旗
牲畜出栏率（%）	61	14.25	68.20	47.70	83.28	97.40	60.44	111.36	82.40
畜产品商品率（%）	60.90	7.35	148.50	70	111.98	127.80	54.36	119.72	118.10
繁殖成活率（%）	83.68	87.80	78.50	88.80	103.70	91.20	89.21	99.50	79.50
劳动生产率（%）	3.05	2.35	2.05	2.10	2.04	2.80	5.97	7.75	5.23
土地生产率（%）	6.50	12.46	2.30	8.01	11.75	6.12	20.36	53.25	15.89
户均饲养量（头/户）	240	220	220	280	140	70	210	120	120
禁牧面积比重（%）	0.54	0.36	0.58	1.33	37.56	7.24	29.5	17.65	20.28
草畜平衡面积比重（%）	15.31	18.21	20.02	28.92	25.36	22.90	66.25	83.71	82.58
牲畜总增率（%）	23.60	52.20	-22.70	31.20	80.97	76.10	5.90	92.96	67
牲畜改良种化率（%）	15.77	56.80	56.50	77.48	90.96	88.20	80.23	95.83	96.30
牧民家庭人均可支配收入（万元）	2737	3942	3419	4265	4283	2282	14527	14398	8655
退化草地面积（万公顷）	117.67	32	278.98	97.88	118.87	104.58	99.27	117.67	91
广播电视普及率（%）	83	84	95	78	84	95	97.67	98	98
网络通信普及率（%）	22.80	12.6	24.24	2.24	1.21	0.65	9.12	13.71	8.15

资料来源：笔者根据资料整理而得。

表 8 - 3　2000 年、2005 年和 2015 年标准化处理后的各指标值

指标	2000 年			2005 年			2015 年		
	新巴尔虎右旗	西乌珠穆沁旗	苏尼特左旗	新巴尔虎右旗	西乌珠穆沁旗	苏尼特左旗	新巴尔虎右旗	西乌珠穆沁旗	苏尼特左旗
牲畜出栏率（%）	0.87	0.00	1.00	0.00	0.72	1.00	0.00	1.00	0.43
畜产品商品率（%）	0.38	0.00	1.00	0.00	0.73	1.00	0.00	1.00	0.98
繁殖成活率（%）	0.56	1.00	0.00	0.00	1.00	0.16	0.49	1.00	0.00
劳动生产率（%）	1.00	0.30	0.00	0.08	0.00	1.00	0.29	1.00	0.00
土地生产率（%）	0.41	1.00	0.00	0.34	1.00	0.00	0.12	1.00	0.00
户均饲养量（头/户）	1.00	0.00	0.00	1.00	0.33	0.00	1.00	0.00	0.00
禁牧面积比重（%）	0.82	0.00	1.00	0.00	1.00	0.16	1.00	0.00	0.22
草畜平衡面积比重（%）	0.00	0.62	1.00	1.00	0.41	0.00	0.00	1.00	0.94
牲畜总增率（%）	0.62	1.00	1.00	0.00	1.00	0.90	0.00	1.00	0.70
牲畜改良种化率（%）	0.00	1.00	0.99	0.00	1.00	0.80	0.00	0.97	1.00
牧民家庭人均可支配收入（万元）	0.00	1.00	0.57	0.99	1.00	0.00	1.00	0.98	0.00
退化草地面积（万公顷）	0.02	0.00	0.07	0.00	0.07	0.02	0.02	0.07	0.00
广播电视普及率（%）	0.00	0.08	1.00	0.00	0.35	1.00	0.00	1.00	1.00
网络通信普及率（%）	0.88	0.00	1.00	1.00	0.35	0.00	0.17	1.00	0.00

资料来源：笔者根据资料整理而得。

表8－4　2000年、2005年和2015年区域草原畜牧业现代化评分结果

指标	2000 年				2005 年				2015 年			
	新巴尔虎右旗	西乌珠穆沁旗	苏尼特左旗		新巴尔虎右旗	西乌珠穆沁旗	苏尼特左旗		新巴尔虎右旗	西乌珠穆沁旗	苏尼特左旗	
牲畜出栏率（%）	0.44	0.00	0.50		0.00	0.36	0.50		0.00	0.50	0.22	
畜产品商品率（%）	0.19	0.00	0.50		0.00	0.37	0.50		0.00	0.50	0.49	
繁殖成活率（%）	0.46	0.82	0.00		0.00	0.82	0.13		0.40	0.82	0.00	
劳动生产率（%）	0.09	0.03	0.00		0.01	0.00	0.09		0.03	0.09	0.00	
土地生产率（%）	0.04	0.09	0.00		0.03	0.09	0.00		0.01	0.09	0.00	
户均饲养量（头/户）	0.11	0.00	0.00		0.11	0.04	0.00		0.11	0.00	0.00	
禁牧面积比重（%）	0.52	0.00	0.63		0.00	0.63	0.10		0.63	0.00	0.14	
草畜平衡面积比重（%）	0.00	0.16	0.26		0.26	0.11	0.00		0.00	0.26	0.24	
牲畜总增率（%）	0.06	0.10	0.00		0.00	0.10	0.09		0.00	0.10	0.07	
牲畜改良种化率（%）	0.00	0.25	0.25		0.00	0.25	0.20		0.00	0.24	0.25	
牧民家庭人均可支配收入（万元）	0.00	0.65	0.37		0.65	0.65	0.00		0.65	0.64	0.00	
退化草地面积（万公顷）	0.02	0.00	0.07		0.00	0.07	0.02		0.02	0.07	0.00	
广播电视普及率（%）	0.00	0.07	0.83		0.00	0.29	0.83		0.00	0.83	0.83	
网络通信普及率（%）	0.15	0.00	0.17		0.17	0.06	0.00		0.03	0.17	0.00	
加权总分	2.44	2.17	4.51		1.23	4.77	2.76		2.17	5.24	2.24	

资料来源：笔者根据资料整理而得。

统、效率系统、集约系统及信息系统 4 个准则层指标上的分值高于西乌珠穆沁旗，但差别不大。

2005 年草原畜牧业现代化发展程度与 2000 年不同，西乌珠穆沁旗的草原畜牧业现代化加权总分最高为 4.77 分。究其原因，在效率系统、集约系统及生产系统 3 个准则层指标方面，西乌珠穆沁旗的分值明显高于其他两区域，即该地区高效集约化及可持续化程度比较高。苏尼特左旗在牲畜出栏率、畜产品商品率、繁殖成活率、劳动生产率、牲畜总增率、牲畜改良良种化率，尤其是广播电视普及率 7 项指标的分值明显高于新巴尔虎右旗。因此，新巴尔虎右旗的加权总分最低，低于西乌珠穆沁旗 3.54 分、低于苏尼特左旗 1.53 分。

2015 年，内蒙古自治区 3 个研究区域草原畜牧业现代化加权总分排序与 2005 年一样，西乌珠穆沁旗的草原畜牧业现代化加权总分仍最高，且为 3 年最高的 5.24 分，但其原因又有其不同之处。在市场系统、效率系统、集约系统、生产系统及信息系统 5 个准则层指标方面，西乌珠穆沁旗的分值明显高于其他两个区域，即该地区商品化、高效集约化、可持续化及信息化程度均较高，毋庸置疑，其加权总分最高。苏尼特左旗在牲畜出栏率、畜产品商品率、草畜平衡面积比重、牲畜总增率及牲畜改良良种化率 5 项指标方面的分值高于新巴尔虎右旗，加权总分高于新巴尔虎右旗 0.07 分，差别不大。

（二）时间维度比较

西乌珠穆沁旗草原畜牧业现代化加权总分在 2000 年、2005 年及 2015 年分别为 2.17 分、4.77 分及 5.24 分，由此可以看出，草原畜牧业现代化的发展程度随着时间的推移而有所提高，草原畜牧业现代化加权总分年均增速为 7.62%。究其原因，一方面，该区域草场资源自然条件好，与当地牧民注重生态的可持续性，时刻关注草场的载畜率，注重草畜平衡，适当减少牲畜的饲养量，同时积极配合草原生态补助奖励机制有很大关系；另一方面，西乌珠穆沁旗工业化程度较高，当地牧民利用工业化带来的财政资金反哺畜牧业，以工业的快速发展带动畜牧业产业的发展。这不但会加快草原畜牧业现代化的发展进程，在各产业协同发展的作用下，也会使国家的产业布局更加合理化。

新巴尔虎右旗草原畜牧业现代化加权总分在 2000 年、2005 年及 2015 年分别为 2.44 分、1.23 分及 2.17 分，草原畜牧业现代化发展呈现先下降后上升的趋势。2000～2005 年，新巴尔虎右旗的自然灾害尤其是旱灾频发，直接导致牲畜的繁殖率及总增率下降，与此同时，禁牧面积比重的下降严重损害了草场质量，从而降低了草原畜牧业现代化的发展速度。2005～2015 年，当地政府及牧民吸取经验教训，深刻认识到草原畜牧业现代化的发展离不开高质量的草场。因此，2005 年之后，禁牧面积较之前有所增加，牧民严格遵守草畜平衡及草原生态补助奖励机制实施办法，使草原畜牧业现代化发展速度在之后的几年呈上升的趋势。

苏尼特左旗草原畜牧业现代化发展呈趋缓，草原畜牧业现代化加权总分在 2000 年、2005 年及 2015 年分别为 4.51 分、2.76 分及 2.24 分，草原畜牧业现代化加权得分以年均 6% 的速度在递减。苏尼特左旗多数草原属于荒漠草原，近年来退化程度尚未明显好转，直接导致草原畜牧业现代化发展程度不高。另外，该区域牲畜的改良程度低，直接导致牲畜总增率低，从而使草原畜牧业现代化发展呈下降的趋势。

综合而言，内蒙古自治区西乌珠穆沁旗草原畜牧业现代化发展态势良好，应继续保持其增长趋势；新巴尔虎右旗的草原畜牧业现代化发展有望进一步提高，应继续发扬人、草、畜和谐发展的优良传统；而苏尼特左旗则需采取针对性的措施来延缓草场退化，增加牲畜的品种改良数量，从而促进草原畜牧业现代化的发展。

第二节

锡林郭勒盟草原畜牧业现代化评价

　　锡林郭勒盟是内蒙古自治区最具代表性的牧区，是内蒙古地区乃至我国最重要的绿色畜产品生产基地之一。因此，该牧区草原畜牧业现代化的建设对内蒙古地区草原畜牧业现代化的发展具有较大的促进与带动作用，这就有必要建立一套评价草原畜牧业现代化发展进程的指标体系，以此来评估锡林郭勒盟各旗（市）草原畜牧业现代化的发展进程。本章在系统查阅各类文献、参考前人研究的基础上，以锡林郭勒盟的 8 旗 1 市为评价对象，在科学设计草原畜牧业现代化评价指标体系的基础上，在采用熵值法进行评价的基础上分别对生产、科技、社会、气候、生态环境和基础设施水平等方面对锡林郭勒盟 9 个（8 旗 1 市）评价对象的草原畜牧业现代化发展水平进行定量分析。

一、指标体系构建及方法

（一）指标体系构建

　　许多专家及学者对农业现代化的发展进程做过分析与评价，但始终没有形成一个统一的评价指标体系标准，由于不同国家、地区及不同时期，因自然、社会、科技、经济，以及经营管理特点的不同而形成的农业发展模式不同，所以并不存在可以被广泛接受的标准型评价指标体系。许多专家学者在研究畜牧业现代化的过程中，由于评价的侧重点相异，选取的评价指标也有所不同。因此，对于农业系统的子系统——畜牧业来说，也并没有形成一个固定的评价体系标准。

　　根据各指标数据的可获得性，通过对草原畜牧业现代化内涵的理解，本部分在参考了各学者对农业现代化、畜牧业现代化评价的研究成果的基础上，新增加了2个气候指标和3个生态环境指标，即年大风日数、年降水量和草原植被盖度、天然草地高度、干草产量，同时增加了机井数和畜棚畜圈总面积作为对草原畜牧业现代化基础设施建设水平的衡量指标。极端天气是影响草原畜牧业发展的一个重要因素，此外基础设施建设的完善也能大大降低极端天气对畜牧业的不良影响，因此，新增加的评价指标旨在更加综合、全面、科学地衡量草原畜牧业现代化的发展进程，最终设定了5个主体指标、20个个体指标的草原畜牧业现代化评价指标体系（见表8-5），以此来评价锡林郭勒盟各旗（市）草原畜牧业现代化的发展水平。

表8-5　　　　　　　　草原畜牧业现代化评价指标体系

主体指标（准则层）	个体指标（方案层）	单位
生产水平指标 X_1	劳动生产率 X_{11}	元/人
	土地生产率 X_{12}	元/公顷
	牲畜出栏率 X_{13}	%
	畜群纯增率 X_{14}	%
	人均饲养量 X_{15}	头（只）/人
	畜产品商品率 X_{16}	%
	能繁母畜比重 X_{17}	%
	牧业占农林牧渔业总产值的比重 X_{18}	%
科技水平指标 X_2	单位草原面积机械总动力 X_{21}	%
	牲畜品种良种化率 X_{22}	%
生活及社会发展水平指标 X_3	牧民人均可支配收入 X_{31}	元
	城镇化率 X_{32}	%
气候及生态环境水平指标 X_4	草原植被盖度 X_{41}	%
	天然草地高度 X_{42}	厘米
	干草产量 X_{43}	公斤/公顷

主体指标（准则层）	个体指标（方案层）	单位
气候及生态环境 水平指标 X_4	草地可利用率 X_{44}	%
	大风日数 X_{45}	天
	年降水量 X_{46}	毫米
基础设施建设 水平指标 X_5	机井数 X_{51}	眼
	畜棚畜圈总面积 X_{52}	万平方米

资料来源：笔者根据资料整理。

（二）评价方法说明

1. 草原畜牧业现代化评价方法及其基本原理

在确定草原畜牧业现代化发展水平的评价指标体系后，选取一套科学、客观并可行的评价方法则更为重要。为了制定更加具有科学性及合理性的指标权重，采用熵值法对各指标进行确权，从而对锡林郭勒盟草原畜牧业现代化的发展水平进行分析与测评。熵值法是以熵值为核心思想，对各主体指标和个体指标进行确权，即熵值法所确定的权重完全是根据各个指标的实际情况确定的，这就规避了加权综合评价法中主观赋权带来的缺陷，使最终的评价结果更具客观性和准确性。

在实际应用中，利用熵值法进行评价时，样本数据必须完整，这样才能根据各指标所反映的信息差异确定出熵值。若某项指标的熵值越小，则代表该指标值的变异程度就越大，所反映的信息量就越多，在综合评价中该指标所起的作用越大，权重就越大，反之亦然。

2. 熵值法进行综合评价的基本步骤

设有 k 个评价指标 X_1，X_2，$\cdots$，X_k，其中，$X_i = \{x_1$，x_2，$\cdots$，$x_n\}$。本节中，$k = 20$，$n = 9$。

首先，进行数据的标准化处理。本部分所涉及的指标包括两类：一类是正向指标（越大越好的指标）；另一类是逆向指标（越小越好的指标），在本节中，除大风日数外，全部为正向指标。设对各指标数据进行标准化处理后的值为 Y_1，Y_2，L，Y_K，那么对于正向指标的标准化处理为：

$$Y_{ij} = \frac{\max(X_i) - X_{ij}}{\max(X_i) - \min(X_i)} \qquad (8-2)$$

对于逆向指标的标准化处理为：

$$Y_{ij} = \frac{\max(X_i) - X_{ij}}{\max(X_i) - \min(X_i)} \qquad (8-3)$$

其次，计算各指标的信息熵。根据信息熵的定义，其计算公式为：

$$E_j = -k \sum_{i=1}^{n} P_{ij} \ln P_{ij} \qquad (8-4)$$

式（8-4）中，$K = 1/\ln n$，$P_{ij} = Y_{ij} / \sum_{i=1}^{n} Y_{ij}$。若 $P_{ij} = 0$，则定义 $\lim\limits_{P_{ij} \to 0} p_{ij} \ln p_{ij} = 0$。

再次，计算各指标权重。通过上一个步骤计算出的信息熵 E_1，E_2，$\cdots$，E_K，可以计算出各指标的权重：

$$W_i = \frac{1 - E_i}{K - \sum_{i=1}^{k} E_i} (i = 1, 2, \cdots, k) \qquad (8-5)$$

最后，计算出各旗（市）草原畜牧业现代化的综合发展水平得分分值：

$$S_i = \sum_{i=1}^{k} W_i X_i \qquad (8-6)$$

二、实证结果与分析

本节所建立的草原畜牧业现代化评价指标体系中，各指标的实际值是根据锡林郭勒盟生态委员会和《锡林郭勒盟统计年鉴（2017 版）》中的数据计算整理得出的。基于熵值法的计算，得出了锡林郭勒盟（8 旗 1 市）草原畜牧业现代化评价指标体系中各主体指标和个体指标的权重（见表 8-6）。

表 8 – 6 基于熵值法的锡林郭勒盟草原畜牧业
现代化评价指标体系各指标权重

准则层	权重	方案层	权重
生产水平指标 X_1	0.277	劳动生产率 X_{11}	0.268
		土地生产率 X_{12}	0.100
		牲畜出栏率 X_{13}	0.103
		畜群纯增率 X_{14}	0.177
		人均饲养量 X_{15}	0.153
		畜产品商品率 X_{16}	0.066
		能繁母畜比重 X_{17}	0.071
		牧业占农林牧渔业总产值的比重 X_{18}	0.062
科技水平指标 X_2	0.062	单位草原面积机械总动力 X_{21}	0.778
		牲畜品种良种化率 X_{22}	0.212
生活及社会发展水平指标 X_3	0.354	牧民人均可支配收入 X_{31}	0.575
		城镇化率 X_{32}	0.425
气候及生态环境水平指标 X_4	0.228	草原植被盖度 X_{41}	0.500
		天然草地高度 X_{42}	0.130
		干草产量 X_{43}	0.094
		草地可利用率 X_{44}	0.061
		大风日数 X_{45}	0.059
		年降水量 X_{46}	0.156
基础设施建设水平 X_5	0.078	机井数 X_{51}	0.557
		畜棚畜圈总面积 X_{52}	0.443

资料来源：笔者根据实证结果分析而得。

由表 8 – 6 所列出的各项指标权重可知，生产水平指标、生活及社会发展水平指标、气候及生态环境水平指标是评价现阶段锡林郭勒盟（8 旗 1 市）草原畜牧业现代化发展水平最为核心的内容。在生产水平指标中，劳动生产率指标占比较大，它反映了每个从事草原畜牧业的劳动人员在单位时间内生产的畜产品总产值。所占权重排在最后三位的分别是能繁母畜比重、牧业占农林牧渔业总产值的比重和畜产品商品率，这三项指标虽然权重较低，但却不可缺少。在科技水平指标中，单位草原面积机械总动力所占权重最大，它反映了草原畜牧业机械化发展的总体水平，在一定程度上用以反映草原畜牧业现代化的发展程度。牧民人均可支配收入、机井数分别在生活及社会发展水平指标和基础设施建设水平中所占权重最大，在气候及生态环境水平指标中，草原植被盖度、天然草地高度和年降水量这三项指标占据了该准则层指标近80%的比重，这与日益严峻的生态环境形势是较为吻合的。

在得到这5个主体指标和20个个体指标的相应权重后，还需计算出所评价对象的综合评分，才能进行下一步的比较分析。利用综合评分的计算公式 $S_i = \sum_{i=1}^{k} W_i X_i$，得到锡林郭勒盟各旗（市）草原畜牧业现代化发展水平的综合得分，将评价对象按照得分的大小进行排名，结果如表8-7所示。

（一）草原畜牧业现代化发展水平总体评价

锡林郭勒盟不同旗（市）之间，由于生产水平、科技水平、生活及社会发展水平、气候及生态环境水平、基础设施建设水平的差异，导致其草原畜牧业现代化的发展程度也出现了明显差距。由表8-7可知，锡林郭勒盟9个评价对象的草原畜牧业现代化综合评分按降序排列依次为锡林浩特市、东乌珠穆沁旗、西乌珠穆沁旗、阿巴嘎旗、正蓝旗、苏尼特左旗、正镶白旗、苏尼特右旗、镶黄旗。由此可以更加清晰地看出，锡林浩特市的草原畜牧业现代化发展程度在整个锡林郭勒盟处于最优，其综合得分是排在第二位的东乌珠穆沁旗的2.3倍，是排名最靠后的镶黄旗的6.2倍。

表 8-7　2016 年锡林郭勒盟草原畜牧业现代化发展水平得分及排序

旗（市）	生产水平		科技水平		生活及社会发展水平		气候及生态环境水平		基础设施建设水平		草原畜牧业现代化水平	
	得分	排名	得分	排名	得分	排名	得分	排名	得分	排名	得分	排名
正蓝旗	15839.290	6	30.497	1	8678.022	5	99.985	1	474 6.508	1	29394.302	5
正镶白旗	11426.739	8	26.472	2	5272.352	8	91.624	3	362 1.004	2	20438.192	7
镶黄旗	10738.087	9	8.054	9	7020.674	7	69.745	6	647.362	9	18483.923	9
阿巴嘎旗	25258.795	4	19.180	7	12495.354	4	72.833	5	140 6.599	6	39252.761	4
锡林浩特市	98259.426	1	24.510	3	12837.644	2	91.523	4	345 6.616	3	114669.719	1
东乌珠穆沁旗	33443.303	2	23.459	5	14787.277	1	60.484	7	258 1.350	4	50895.873	2
西乌珠穆沁旗	25349.657	3	23.900	4	12618.904	3	92.127	2	179 7.563	5	39882.152	3
苏尼特左旗	19024.430	5	18.292	8	7349.907	6	52.062	8	765.296	8	27209.988	6
苏尼特右旗	13822.120	7	23.251	6	5245.439	9	51.791	9	955.221	7	20097.822	8

资料来源：笔者根据公式计算整理而得。

（二）生产水平评价分析

在评价草原畜牧业现代化发展程度的生产水平指标中，位列前三位的分别是锡林浩特市、东乌珠穆沁旗和西乌珠穆沁旗，生产水平最低的三个旗分别是苏尼特右旗、正镶白旗和镶黄旗，处于中等生产水平的为阿巴嘎旗、苏尼特左旗和正蓝旗（见表8-8）。

表8-8　　　　　锡林郭勒盟草原畜牧业现代化生产水平指标排序

旗（市）	劳动生产率	土地生产率	牲畜出栏率	畜群纯增率	人均饲养量	畜产品商品率	能繁母畜比重	牧业占农林牧渔业总产值的比重
正蓝旗	6	5	6	4	7	5	6	8
正镶白旗	8	2	3	6	9	2	9	9
镶黄旗	9	4	8	3	8	9	3	6
阿巴嘎旗	4	7	2	1	2	6	8	3
锡林浩特市	1	1	5	2	1	4	4	7
东乌珠穆沁旗	2	6	9	5	3	8	7	2
西乌珠穆沁旗	3	3	1	7	6	1	1	1
苏尼特左旗	5	8	4	9	4	3	5	4
苏尼特右旗	7	9	7	8	5	7	2	5

资料来源：笔者根据评价分析结果整理而得。

在劳动生产率指标中各旗（市）的总排序与评价生产水平指标所计算出的综合排序相同，锡林浩特市、东乌珠穆沁旗和西乌珠穆沁旗之所以位列前三，是因为虽然2016年东乌珠穆沁旗和西乌珠穆沁旗的牧业从业人员数均超过2万余人，但这两个旗的畜产品产值水平却都很高。而锡林浩特市的畜产品产值与这两个旗相比虽然不是最高的，但其牧业从业人员数在这 9 个旗（市）中却是最少的。因此总体看来，锡林浩特市的劳动生产率是最高的，东乌珠穆沁旗和西乌珠穆沁旗紧随其后。

对于土地生产率指标，锡林浩特市依然是最高的，正镶白旗列第二位，西乌珠穆沁旗排在第三位，而东乌珠穆沁旗却排在第六位的中等偏下水平，这是由于对于该旗而言，其草地面积在 9 个旗（市）中最大，达到 393.88 万公顷，因此在一定程度上拉低了其土地生产率水平。与东乌珠穆沁旗状况相反，正镶白旗的草地面积只有 53.95 万公顷，近似于东乌珠穆沁旗草地面积的 1/7 倍，虽然其草地面积和畜产品产值均处于较低水平，但从整体来看，正镶白旗仍然能够充分利用有限的草地面积来实现其较高的土地生产率。

在牲畜出栏率、畜产品商品率、能繁母畜比重和牧业占农林牧渔业总产值的比重这四个指标中，西乌珠穆沁旗均表现最优。与之相反的是，对于在生产水平综合得分靠前的东乌珠穆沁旗而言，其牲畜出栏率、畜产品商品率和能繁母畜比重均处于较低水平。据统计，西乌珠穆沁旗 2016 年出栏牲畜为 132 万只，当年 12 月末牲畜出栏率为 216.8%，达到东乌珠穆沁旗的 2.4 倍。与 2015 年相比，2016 年 12 月末东乌珠穆沁旗的牲畜出栏率下降了 6%，而西乌珠穆沁旗的牲畜出栏率却增加了近 1 倍。究其原因，可能是由于以下两个方面：一方面，在 2016 年西乌珠穆沁旗完成了 14 万只可追溯羔羊的出栏，且新建了 3 处活畜交易市场，在一定程度上解决了牲畜出栏难的问题；另一方面，该旗增加了对肉食品加工企业的贷款，以此来推动此类企业对肉食品的尽早生产和牲畜的尽早出栏，这项措施本质上也促进了当地畜产品商品率的提高。

阿巴嘎旗在多数指标中的排名处于中等偏下水平，但在畜群纯增率和人均饲养量这两项指标中，阿巴嘎旗在 9 个旗（市）中最为突出，其畜群纯增率是排在第二位的锡林浩特市的 2.2 倍，而苏尼特左旗和苏尼特右旗的畜群纯增率却不增反减。畜群纯增率是反映一定时期内畜群积累状况的指标，决定纯增率大小的主要原因是畜群总增量和为社会（包括生产者自身）的消费需求所供给的牲畜数量的多少。对于苏尼特左旗和苏尼特右旗而言，其能繁母畜比重偏低，而且幼畜死亡量相对较多，这可能是导致这两个旗畜群纯增率水平较低的部分因素。在人均饲养量这一指标中，阿巴嘎旗仅次于锡林浩特市，列第二位，正蓝旗、镶黄旗和正镶白旗的人均饲养量水平处于偏下水准。蓝、黄、白三旗之所以排在末位，是因为这三个旗中不但牲畜头数少，而且从事牧业的人员数相对较多。

（三）科技水平评价分析

在本节所评价的 9 个旗（市）中，科技水平列前三位的分别是正蓝旗、正镶白旗和锡林浩特市；科技发展水平较为落后的分别是阿巴嘎旗、苏尼特左旗和镶黄旗；其他三个旗的科技发展水平处于中等水平（见表 8 - 9）。

表 8 - 9　　　　锡林郭勒盟草原畜牧业现代化科技水平、生活及
　　　　　　　社会发展水平及基础设施建设水平指标排序

旗（市）	科技水平		生活及社会发展水平		基础设施建设水平	
	单位草原面积机械总动力	牲畜品种良种化率	牧民人均可支配收入	城镇化率	机井数	畜棚畜圈总面积
正蓝旗	2	4	5	6	1	2
正镶白旗	1	8	8	9	2	4
镶黄旗	4	9	7	2	9	9
阿巴嘎旗	8	6	4	8	6	5
锡林浩特市	3	5	2	1	3	7
东乌珠穆沁旗	6	2	1	4	4	1
西乌珠穆沁旗	5	3	3	5	5	3
苏尼特左旗	9	7	6	7	8	8
苏尼特右旗	7	1	9	3	7	6

资料来源：笔者根据评价分析结果整理而得。

由表 8 - 9 中各旗（市）的科技水平指标可知，正镶白旗、正蓝旗和锡林浩特市的单位草原面积机械总动力水平较高，这是由于虽然草地面积较小，但农牧业机械总动力较高，政府对农牧业机具的购置和补贴资金也有所增加，这在某种程度上提高了单位草原面积机械总动力。

对于牲畜品种良种化率这一指标，水平较高的分别是苏尼特右旗、东乌珠穆沁旗和西乌珠穆沁旗。由于培育出优质、高性能的种畜能够更好地促进畜牧业向现代化、高产、优质的方向发展，因此，2016 年苏尼特右旗编制了《"十三五"期间优质良种肉牛产业发展规划》，引进 1500 余头肉牛。另外，苏尼特种公羊的良改比重达到了 99%。西乌珠穆沁旗在2016 年出台了《西乌旗 2016 年推进良种肉牛产业发展方案》，大力推进了良种肉牛产业政策。

（四）生活及社会发展水平评价分析

根据表 8 - 9 中生活及社会发展水平指标，在 9 个评价对象中，牧民人均可支配收入最高的 3 个旗（市）分别是东乌珠穆沁旗、锡林浩特市和西乌珠穆沁旗。据统计，锡林郭勒盟的东乌珠穆沁旗是内蒙古地区农牧区常住居民人均可支配收入最高的旗县之一，且牧民人均可支配收入连续30 年位居全区牧业旗县之首。当地牧民积极推进"生态+""旅游+"等经营模式，大力发展观光旅游畜牧业，充分将畜牧业与二、三产业融合在一起，一定程度上增加了牧民自身的收益。

锡林浩特市城镇化率最高，到达了 90% 以上；镶黄旗和苏尼特右旗，城镇化率均在 60%。2016 年，镶黄旗编制完成了《新宝拉格镇城镇总体规划（2016—2020）》等一系列提高城镇规划的措施，并取得了显著的成效，其城镇化率比"十一五"期末提高了 7.6%。苏尼特右旗近几年来在新型城镇建设发展思路的引领下，也逐步发挥了其区位优势和产业优势，大大推动了当地的城镇化建设。

（五）气候及生态环境水平评价分析

由表 8 – 10 可知，草原植被高盖度的旗（市）依次为：西乌珠穆沁旗、正镶白旗和锡林浩特市，均在 50% 以上；中盖度的旗（市）依次为：阿巴嘎旗、正蓝旗和东乌珠穆沁旗；低盖度的旗（市）依次为镶黄旗、苏尼特左旗和苏尼特右旗。其中，草原植被盖度最高与最低的旗（市）相差了 40%。锡林郭勒盟有草甸草原、典型草原和荒漠化草原三种草原类型，从草甸草原过渡到荒漠化草原，即从东部到西部的过程中，牧草越来越稀疏，草原植被盖度和天然草地高度依次降低，本节中数据所显示的结果基本遵从这样的分布规律。

表 8 – 10　　锡林郭勒盟草原畜牧业现代化气候及生态环境水平指标排序

旗（市）	草原植被盖度	天然草地高度	干草产量	草地可利用率	大风日数	年降水量
正蓝旗	5	4	4	9	4	1
正镶白旗	2	5	8	8	2	2
镶黄旗	7	8	3	5	1	5
阿巴嘎旗	4	6	7	3	9	7
锡林浩特市	3	1	1	4	5	3
东乌珠穆沁旗	6	2	6	1	3	6
西乌珠穆沁旗	1	3	2	2	8	4
苏尼特左旗	8	7	5	6	6	9
苏尼特右旗	9	9	9	7	7	8

资料来源：笔者根据评价分析结果整理而得。

正常情况下，从草甸草原到荒漠化草原的降水分布是逐渐减少的，但从 2016 年锡林郭勒盟所统计的年降水量来看，处于中部典型草原的正蓝旗、正镶白旗和锡林浩特市的年降水量超过了处于东部草甸草原的西乌珠穆沁旗和东乌珠穆沁旗。对于苏尼特左旗和苏尼特右旗来说，年降水量的多少直接决定了这两个旗草原植被盖度、天然草地高度和干草产量的多少。由于 2016 年这两个旗所在地区降水量少，较为干旱，因此，气候及生态环境水平总体指标内的各个体指标均较差。

根据所统计的数据显示，这 9 个旗（市）的草地可利用率均在 85% 以上，这表明近年来，锡林郭勒盟对于草原生态的保护与建设投入力度明显加大，并能够合理安排草场载畜量，保证草畜平衡。

对于大风日数这个逆向指标（大风日数越多，排名越靠后）而言，位于南部地区的镶黄旗、正镶白旗和正蓝旗的状况普遍较好，但 2016 年阿巴嘎旗的大风日数最多，为 78 天。苏尼特左旗、苏尼特右旗和西乌珠穆沁旗所在地区的大风日数均在 40 天左右，而东乌珠穆沁旗的大风日数基本上是西乌珠穆沁旗的一半。据统计，2016 年全盟各旗县大风日数之和为 454 天，比 2015 年增加了 77 天。

（六）基础设施建设水平评价分析

由表 8 - 9 可知，正蓝旗的机井数和畜棚畜圈总面积水平都很高，这是由于该旗 2016 年在畜牧业基础设施建设中共投资了 727 万元，用来进行标准化棚圈、机电井井房及太阳能提水设备等项目的建设。这一措施在一定程度上既保证了牲畜能够安全度过冰冻等恶劣天气，又大大提高了牧民的生活质量。其他各旗（市）虽然也在畜牧业基础设施建设方面加大投入力度，提高了畜牧业的综合生产能力，但苏尼特右旗、苏尼特左旗和镶黄旗的机井数与正蓝旗相比，仍旧较少，与之相差了近 5 倍。东乌珠穆沁旗和西乌珠穆沁旗的畜棚畜圈总面积较大，2016 年以来，东乌珠穆沁旗、西乌珠穆沁旗分别投入 50 万元、243 万元对畜棚进行新建，并对畜牧业基础设施进行了完善。

第三节

结论和政策建议

一、结论

总之，传统的并不一定代表着落后与过时，现代的也未必全都是先进的，判断传统或是现代应当以可持续发展能力为评价标准。从本章对草原畜牧业现代化的发展评价结果可以看出，内蒙古自治区不同区域草原畜牧业现代化发展总体上是平稳提升的。但是，在不同区域间，发展并不完全一致，既有现代化进程发展较快的，也有相对慢一些的。这主要是由于各地区自然和社会经济条件及地方性政策和制度差异造成的。但无论各牧区的发展进程差距有多大，都要以畜牧业绿色发展为前提，以优质、高产、低耗为基础，正确处理好资源与环境、当前利益与长远利益的关系，确保绿色形态的畜产品的永续供给。

根据以上分析，锡林郭勒盟草原畜牧业现代化发展水平表现出一定的规律：一方面，大体上呈现出以锡林浩特市为中心，距离市中心越远，草原畜牧业现代化发展程度越低的特征；另一方面，还呈现出东部高、西部低的区域差异性特征。由此可以进一步判断，内蒙古地区乃至我国草原畜牧业整体处于由传统型向现代化转型升级的发展阶段，并且在不同地区间存在发展水平差。而在人才、科技相对发达或集聚地区的草原畜牧业现代化程度可能更高。本章基于锡林郭勒盟 9 个旗（市）在生产水平、科技水平、生活及社会发展水平、气候及生态环境水平和基础设施建设水平这 5 个主体指标的表现特征基础上，提出加快实现草原畜牧业现代化必须走绿色化、科技化、组织化、规模化、标准化和品牌化道路的对策建议，以期为加快发展草原畜牧业现代化的政策制定和制度安排提供参考依据。

二、政策建议

(一)着力监管规范化，确保草原绿色化

草原生态环境保护是草原畜牧业现代化转型升级的基础。一是各级政府要认真落实草原生态保护补助奖励政策，加大对草原的监管执法力度，建立健全盟市、旗市（区）、苏木镇（场）、嘎查（分场）四级草原生态保护监督管理体系和大数据草原生态保护平台，真正实现禁牧区的禁牧和草畜平衡区的平衡。二是调整草地利用方式，由无控制型利用向科学、合理型利用转变，例如，划区轮牧、季节轮牧、小游牧等方式。三是加大执法力度，认真贯彻落实草原保护法，依法制止乱砍、乱采、乱挖、乱搂、乱种等破坏草原生态环境的违法者。四是重视牲畜粪污的无害化处理和资源化利用问题。随着能源产业特别是新能源技术的广泛应用，草原牧区由于草场面积、禁牧、休牧等原因，无法合理利用草场，因此，在一定程度上出现与规模养殖业一样的粪污问题。

(二)加强队伍人才化，提升服务科技化

我国现代畜牧业的核心竞争力在于人才和科技的支撑。2018年5月11日，在内蒙古自治区召开的"农牧业高质量发展10大三年行动计划"专题新闻发布会上提出了"农牧业科技支撑行动计划"，会议指出，到2020年畜禽良种化率由90%提高到95%，奶牛、肉牛优质冻精实现全覆盖，农牧业科技进步贡献率由54%提高到56%以上。草原畜牧业现代化科技服务体系建设要以人才和科技创新为驱动，推进科技普及、推广，提升畜牧业科技支撑能力。首先，对于牧民而言，要加强牧民在畜牧业生产、经营和管理等方面的科技教育培训力度，提高牧民的整体素质，从根本上提升牧区的畜牧业科技水平；其次，要充分发挥畜牧兽医站、草原站

等各级机构的作用，加大对畜牧业专业科技人才引进和技术的推广，特别是对良种繁育、疫病防控还不健全的体系加大资金、人才、技术投入，鼓励各企业与高校、科研机构合作开展技术创新，构建畜牧业大数据平台；最后，畜牧业现代化也需要在气象现代化服务体系上有所建设，加强灾害性天气的监测、预报和警报工作，减少畜牧业灾害损失。

（三）推进牧民组织化，扩大经营规模化

草原畜牧业在绿色化、科技化发展进程中，不仅需要生产要素的组织化、规模化，更需要畜牧业经营主体的组织化和规模化。在一定意义上，组织化是规模化的基础和前提。牧民组织化程度的提高，能够在一定程度上促进畜牧业生产经营的规模化，即形成"牧民组织化＋服务规模化"的运行模式。一是推进牧区草牧场"三权分置"改革，引导牧民草牧场的有序流转，解决草场碎片化问题，推动畜牧业新型经营主体（家庭牧场、牧民合作社、龙头企业等）形成，加快生产经营规模化。同时，大力发展社会化服务，实现小牧户与现代畜牧业的有机衔接。二是在牧民组织化的基础上发挥地区比较优势，规模化生产"三品一标一功能"（有机、绿色、无公害畜产品，地理标志畜产品，功能性畜产品）畜产品；三是在保证畜产品质量的基础上，合理安排畜种结构，使草地资源得到充分有效利用。扩大能繁母畜比重，提高其生产效率，加速畜群周转，扩大畜牧业总产值，增加牧民收益。

（四）提高产品标准化，打造营销品牌化

在草原畜牧业以绿色化为基础，科技化为支撑，组织化为保障，规模化为依托的基础上，依靠新型草原畜牧业经营主体，特别是畜牧业龙头企业生产加工标准化产品，扩大市场，提高知名度和认可度，逐步培育和打造品牌。准确找到市场层级定位，突出地域畜产品特色是提高畜产品附加值，增加牧民收入，推动区域经济发展，以及促进草原畜牧业现代化建设

的又一条重要路径。内蒙古自治区奶业高举大草原旗帜，成功培育了"伊利""蒙牛"等国际知名品牌，同时，畜牧业进一步发展还需要打造肉牛、肉羊产业的知名品牌。尽管现在已经有不少肉制品品牌，如乌珠穆沁羊肉、苏尼特羊肉等，但品牌生产规模小，优质不优价，知名度不高，市场占有率少，附加值较低。因此，在上述基础上，必须以标准化为核心，以品牌化为目标，从草原畜牧业产前、产中、产后到流通各个环节，严格按标准化生产、加工及品牌化营销，从而打造出更加优质的品牌。

第九章

新型经营主体与草原畜牧业现代化的关系

    草原畜牧业是牧区的基础、优势产业，同时也是牧民的主要生计来源。在我国，传统草原畜牧业向现代草原畜牧业转型升级的过程中，新型经营主体和科技创新融合起着至关重要的作用。新型经营主体和草原畜牧业现代化的关系遵循马克思生产力和生产关系理论，新型经营主体推动草原畜牧业现代化的发展，而草原畜牧业现代化的发展又促进新型经营主体的形成和发展。

    国内外专家学者对新型经营主体（专业大户、家庭牧场、牧民合作社、龙头企业）和草原畜牧业现代化的研究成果颇丰，但现有的研究过于碎片化，缺乏从有机整体出发进行系统研究，特别是在以新型经营主体基础上进行草原畜牧业现代化的研究尚属空白。草原畜牧业现代化的建设离不开新型畜牧业经营主体的支撑，而新型畜牧业经营主体的发展又会对草原畜牧业现代化起到积极的促进和推动作用。如何构建推进草原畜牧业现代化进程的主体？如何打造"三生"共同体（牧民生活方式、生产经营方式、生态保护及文化传承），发挥市场的决定作用和政府的调节功能，从而最终实现草原畜牧业现代化？本章将新型经营主体与草原畜牧业现代化相结合，以新型畜牧业经营主体为载体，从新型畜牧业经营主体的形成机制、运行机制及发展现状等方面进行深入研究，探讨现代草原畜牧业的实现途径，以期为草原畜牧业向现代草原畜牧业转型升级提供科学依据，推动现代草原畜牧业目标的早日实现。

本章通过梳理不同生产关系阶段中科学技术与新型经营主体相互融合的具体过程，分析新型经营主体成为草原畜牧业现代化的新动能的作用机理。在此基础上，从生产管理智能化、产品营销网络化、社会服务平台化及科技投入多元化四个方面，进一步分析新型经营主体是草原畜牧业现代化载体的理论逻辑，得出需加快科技创新驱动畜牧业高质量发展，引领传统草原畜牧业的转型升级，助推现代草原畜牧业的实现的结论。

第一节

理论基础

马克思在《资本论》中指出：生产力是由包括生产工具在内的生产资料、劳动对象和劳动者构成的。这三个构成要素本身的特质及其结构决定着生产力的强弱。特别是劳动力要素的生产经验与劳动技能对生产力的决定性作用更大。生产力反映了人与自然的关系，即人类认识自然、影响自然的能力。当生产力对自然产生正影响时，就能够为人类创造更多的使用价值或财富，反之，会对自然环境和人类社会带来不利影响。

生产关系是指人们在影响自然、利用自然、顺应自然的历史过程，即物质资料的生产和精神财富的探索过程中所形成的人与人之间的关系，也就是社会关系。生产关系主要包括资源、资产、资金，即生产资料所有制形式；人们在生产中的不同地位、不等权益及其相互关系，以及包括产品在内的成果、权益、分配方式三个方面，集中体现出人与人之间的物质利益关系。

生产力与生产关系相互作用、相互依存、既对立又统一。生产力决定生产关系的性质、发展和变革，是生产关系形成的前提和基础。生产关系反作用于生产力，积极的生产关系能够推动生产力的发展，消极的生产关系会阻碍生产力的发展。

生产力与生产关系也是辩证关系，有着不可分割的内在联系。生产力、生产关系是生产方式的两个方面。

按照马克思主义的基本理论，整个经济社会的发展过程都是生产力与生产关系、经济基础与上层建筑矛盾运动的结果。因此，研究草原畜牧业现代化路径应当从生产力和生产关系两个方面进行。当前，学术界和决策主管部门，在很大程度上都是从生产力角度进行研究和制定政策的。例如，对草原畜牧业基础设施建设、畜种改良、疫病防控、生产、流通智能化、网络化、平台化，以及对草原畜牧业资金来源等的研究，是非常必要的，因为这些生产力是生产关系的决定性因素。但是，生产关系对生产力的反作用，以及一定条件下的决定性作用是客观存在的，对生产关系的研究同样是不可或缺的。目前，从生产关系角度研究草原畜牧业现代化问题的文献还相对较少。鉴于此，我们课题组预想在生产力与生产关系相互矛盾运动中，立足生产关系这个侧面，探索构建新型经营主体对草原畜牧业现代化路径的影响。

第二节

畜牧业经营主体与科技创新融合发展历程

草原畜牧业现代化是一个动态演进的过程，由于各个历史发展时期的经营体制、经济发展水平等存在差异，科技成果转化为草原畜牧业生产力要素的程度也不同。根据生产关系演变历程，将科技创新与草原畜牧业融合发展的历程大致可分为四个阶段。

一、1947～1978 年：合作化、人民公社化时期

在 1947～1978 年的这一时间段里，我国农村牧区经历了一系列的制度变革，从土地改革开始，到历经互助组、初级社、高级社的牧业合作化阶段，再到人民公社化运动，最后在经历十年"文化大革命"后进入了

草畜家庭联产承包责任制的畜牧业发展新时期。在这一时期，畜牧业基本上处于"靠天养畜"的落后状态。

1950 年，农业部首次从苏联引进种畜、优良牧草种子及人工授精器材，用以改良畜种和草场。然而，受到当时生产技术、经营管理技术、资金、配套设备等条件的制约，牲畜的受胎率、繁活率都不高。据统计，在1966～1976 的十年间，全国大牲畜的年递增率还不到 1%。另外，由于人民公社时期过度的计划管理，过快的发展计划打乱了循序渐进的发展步伐，生产关系完全超过了生产力的发展水平；同时，盲目地进行牲畜品种改良工作，对原有的生产管理制度造成了破坏。不仅如此，特别是在中华人民共和国成立前，由于缺乏有效的牲畜疫病防控技术，使畜禽疫病大面积流行，导致牲畜死亡率明显提高，对畜牧业发展造成了严重威胁。

随着社会经济的发展，畜牧业逐渐恢复生机和活力。到 1965 年末，全国共有畜牧兽医科学研究机构 53 处。20 世纪 70 年代后，羔羊当年育肥屠宰技术被推广；20 世纪 70 年代中期，旋转式割草机开始投入生产并使用，减轻了牧民的劳动强度。1974 年后，在引进肉用种牛和冻精改良本地黄牛时，各省陆续兴建了冷冻精液站和液氮站，开始推广精液低温冷冻贮藏和利用冻精授精技术。

二、1979～1997 年：草畜双承包时期

1979～1982 年，恢复畜牧业生产责任制，实施新"苏鲁克"① 制度。一些地区开始实施把集体牲畜平均分配的"包畜到户"的新"苏鲁克"制度，牧户在保证牲畜质量和数量的前提下可以独立饲养和管理牲畜，但每年需完成收购任务，并将部分牲畜上交国家，其余部分自留，期间产生的建设费用自行承担。据统计，1982 年全国大牲畜数量超过了 1 亿头

---

① 蒙古语音译，本意为"群"，引申为"畜群"。

（只）。这一体制改革调动了牧民的生产积极性，促进了牧区经济的蓬勃发展。

1983 年，草畜双承包开始在牧区实行。这种把人、草、畜有机统一起来的制度改革形成了全国畜牧业发展的一次大跨越，是牧户由游牧转变为半游牧或定居的巨大转折点。牧户的放牧方式也由原本简单的徒步放牧转变为骑马放牧，曾经的草原列车——勒勒车也已从牧民必备的传统交通工具中逐渐淡出。其实，这项改革实施之初，草场、牲畜的承包并未同时进行。由于起初草场为集体利用，牲畜吃草场"大锅饭"的行为屡见不鲜，超载过牧导致了草场退化现象的出现。但不可否认的是，这一制度的改革促进了牧区畜牧业的生产发展，牲畜头数迅猛增至中华人民共和国成立初期的 2～3 倍左右。

在草畜双承包责任制逐步发展完善的过程中，国家逐渐开始重视科学划分营地、经营管理畜群、疫病防治、畜种改良等环节。例如，在草原饲料方面，草地围栏封育、飞播牧草、灭鼠虫害等技术被广泛推行，特别是在 20 世纪 80 年代时期，无刷交流风力发电机问世，同时，饲料热喷技术和全混合日粮（TMR）饲喂技术的成功研制对提升饲料利用率有着重要意义。在现代繁殖技术方面，人工授精技术的发展取得较大进展，精液的保存由原来的低温保存发展到 -196℃ 的超低温冷冻长期保存。通过充分利用国外引进的优良品种的基础，我国的畜种结构进行了改善，对畜产品的"质"和"量"方面均做出了突出贡献。在疫病防治方面，牲畜疫病的监测与诊断、疫苗的应用等技术都取得了良好的研究成果。遥感技术在草场资源方面的应用，极大化提高了草场资源调查的效率。

不仅如此，有关畜牧业科研管理的相关组织机构、部门普遍增多。到 1987 年，全国的畜牧兽医站、家畜改良站、草原工作站总数量接近 6.5 万个。这些部门、机构在畜牧业科技推广人员群体中开展培训，并通过这部分人员为牧民普及畜牧业科技知识。

三、1997~2007 年："双权一制"时期

在农村牧区，草牧场"双权一制"的落实，促使了草场围栏的形成和牧户定居，增加了牧户投资建设草原的热情与积极性；为科学技术成果的推广与应用，为畜牧业的稳定发展提供了出路。随着经济社会的发展，现代交通工具的使用改变了牧民骑马放牧的方式，骑摩托车放牧的牧民越来越多，极大程度上节省了牧民的放牧时间。另外，特别是在牧户定居后，蒙古包逐渐转变为砖瓦房，电话、电视机成为牧户生活的必需品，太阳能等设备也在牲畜棚圈建设中投入使用。更重要的是，牧民自身已逐渐开始掌握牲畜疫病防治、划区轮牧等畜牧业经营管理技术。以新疆维吾尔自治区的阿克苏地区为例，2000 年后，该地区的牲畜免疫耳标佩戴率超过了95%，饲料生产企业的产品合格率和兽药产品抽检合格率均达到90%。

"双权一制"制度的确立，是我国草原牧区经营体制的一项具有重大意义的改革，对转变牧民"重牲畜、轻草场"的旧观念、树立"要发展，先保护"的生态效益型畜牧业新观念产生了积极影响。

四、2007 年至今：以合作经营为主的新型经营主体形成时期

对于草原牧区而言，专业大户、家庭牧场、牧民合作社及畜产品加工流通龙头企业这些新型经营主体的出现，解决了"双权一制"时期由于生产达不到规模，而无法在畜牧业经营管理上采用机械化进行生产的问题。经济的快速发展，使牧区的道路交通状况日益改善，且牧民收入也有了明显提高。牧民不再满足和局限于骑摩托车放牧，使用皮卡车、轿车等新型交通工具的牧民开始出现在人们的视线中。此外，移动宿营车、移动棚圈等草原基础机械设备在近些年畜牧业中的投入有所增加。20 世纪 80年代使用的简陋、小功率风光互补发电设备也被如今的大功率风光互补发

电机所替代。此外，牲畜良种率、能繁母畜比例逐步提升，畜牧业抗灾能力显著增强，牲畜冬春死亡率下降至 1% 以下，动物疫病防控体系同样日渐完善。由于机械化程度的提高，由原本的牧区中间商收购转变为由屠宰场利用专业机械进行分割处理，如此发达的自动化设备大大方便了牧民的生产经营。与传统草原畜牧业不同的是，随着信息技术的兴起与成熟，借助电子商务平台在生产、加工、销售、物流配送等环节满足客户需求的畜牧业新型经营主体不在少数，他们利用自媒体平台增加对全产业链可追溯体系的宣传，并对畜产品品牌建设进行推广，提高了畜产品的附加值，对真正建立起信息化的现代畜牧业起到了至关重要的促进作用。

第三节

构建新型经营主体，激发草原畜牧业的新动能

在 2015 年 10 月，李克强总理在《催生新的动能　实现发展升级》中对当时的中国经济作出初步判断时指出："我国经济正处于新旧动能转换的艰难进程中"[1]，由此"新动能"这一概念被首次提出。而 2017 年的中央一号文件中首次将"新动能"引入农业发展领域。"新动能"其实就是在经济社会发展进程中，作为草原畜牧业可持续、稳定发展的一种助推动力，能够广泛应用于草原畜牧业生产发展的新技术、新模式及新业态。简言之，草原畜牧业的新动能是在其生产经营中不同于传统实践意义上的，有利于现代草原畜牧业建设的一种能量积聚。

2017 年，党的十九大报告中提出，20 世纪中叶，要实现将中国全面建成社会主义现代化国家的宏伟目标。农业现代化包括草原畜牧业现代化，同样是实现社会主义现代化的重要力量。2017 年，中共中央、国务院发布的一号文件将"深入推进农业供给侧结构性改革，加快培育农业农

---

① 李克强. 催生新的动能　实现发展升级 [J]. 求是，2015 (20)：3 – 6.

村发展新动能"作为主旨,并为当前和未来的一段时期内,我国农村政策的改革和完善指明了方向。经过多年的努力与坚持,我国粮食生产能力在不断提高。我国农业的主要矛盾已经不是原来的总量不足问题,而是转变为当前的结构性问题;并且,这样的矛盾在牧区尤为突出。草原畜牧业在发展的过程中,一直都存在着供求不平衡与资源配置扭曲的现象,高投入与低产出、高消耗与低收益等问题持续存在;并且在偏远的乡村牧区,畜牧业生产人力资本不断攀升的同时老龄化问题突出,这一系列的矛盾都亟待解决。《2019 年中国新型农业经营主体发展分析报告》中明确指出:"新型农业经营主体是推进农业农村现代化和乡村振兴的有生力量……推动新型经营主体高质量发展,对培育农业农村发展新动能,充分释放各类资源要素活力具有积极作用"。与农业一样,在草原畜牧业的发展中,其转型升级迫在眉睫,在国际国内双循环背景下,对草原牧区现代化而言,新型经营主体便成为促进草原畜牧业现代化快速发展的新动能。

首先,新型经营主体自身的生产体系与经营管理体系比较完善,高质量的生产体系对于畜产品的生产能力与质量都提供了很好的保障作用,先进与科学的经营管理体系无论是对于经营主体还是草原畜牧业现代化,都起到了良好的推进作用。在新型经营主体这一主导力量的作用下,草原畜牧业现代产业体系的建设更加扎实与稳健。其次,新型经营主体着眼于解决和优化土地等各类资源供给的结构性矛盾,不断提高土地利用率,在降低投入的同时提升土地产出效率,利用各种先进的现代化技术与装备提高劳动生产率,优化产业结构。这些举措都是基于草原畜牧业现代化的整体形势下产生的,反之也能够更好地促进草原畜牧业现代化程度不断深入。最后,对于培育畜牧业新产业与新业态而言,新型经营主体是开拓与创新的引领者与推动者。相比小牧户而言,新型经营主体拥有更加雄厚的资本与广阔的宣传营销渠道,因此,无论是订单畜牧业、创意畜牧业还是循环畜牧业,新型经营主体对于开创这样的新业态是先行者,对于构建草原畜牧业科技创新体系都有着不容忽视的贡献力量。在此背景下，更要率先构建新型经营主体这一新动能，全力推进现代草原畜牧业现代化的建设，实现从传统草原畜牧业向现代草原畜牧业的平稳过渡（见图9-1）。

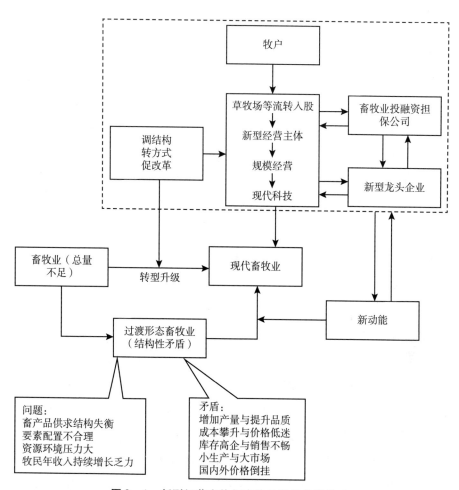

图9-1　新型经营主体与畜牧业现代化的关系

资料来源：笔者根据研究结论绘制。

第四节

构建新型经营主体，培育推广科技成果的载体

要实现小牧户与现代草原畜牧业的有机衔接，应当充分发挥新型经营主体在现代草原畜牧业发展中的主力军力量，着力推动草原畜牧业的适度规模经营。与传统的小牧户相比，新型经营主体特别是畜牧业龙头企业更容易吸纳、应用和推广新技术，已然成为当前推广草原畜牧业领域新科技成果的重要载体。

目前，我国的草原畜牧业正处于以环保为重点的全面转型升级阶段（王明利，2018），虽然在科技创新与草原畜牧业融合发展的过程中存在诸多问题，但是若想要稳定发展草原畜牧业、适应市场经济的需要，只有依靠科技，走建设养畜、科学经营之路（白音巴特尔、杨金花，1994），以创新应对转型升级过程中面临的挑战，并以生产管理智能化、产品营销网络化、社会服务平台化与科技投入多元化为目标，将草原畜牧业的经济发展方式从传统生产要素驱动转变为科技创新驱动，最终实现现代草原畜牧业与科技创新的融合发展。

一、生产管理智能化

草原畜牧业现代化的实现首先以生态优先、绿色发展为导向的高质量发展新途径。生态环境是人类赖以生存和发展的基础，是关乎文明演进的重要因素。"大跃进""文化大革命"时期对草原的无限制开垦，严重破坏了游牧、轮牧制度，使草畜矛盾加剧，导致草场退化，对草原生态环境造成了不可逆的伤害。现如今，"逐水草而居"的传统游牧生产生活方式早已失去了原生条件，也不能完全适应现代社会发展的需要。考虑到对草地资源的合理利用，对草场实行有计划的划区轮牧、四

季轮牧是无可厚非的，在此基础上进行小范围游牧，能够减少牲畜对草原的过度践踏和啃食。特别是在科技飞速发展的时代，要利用现代科技手段改造传统草原畜牧业，从而进一步完善放牧制度。智能放牧系统已被牧民应用到日常放牧生活中，牧民通过智能手机便可以实时掌握自家畜群的状况。

传统放牧方式的转变——"智能放牧"走进牧民家。位于鄂尔多斯市伊金霍洛旗的牧民吉日嘎拉，通过使用北斗卫星放牧系统，彻底改变了原有的追着牛羊跑的传统放牧方式。他曾经在草原上花十几个小时骑马骑摩托车放牛、找牛，并且6年跑坏了8辆摩托车，现如今不仅能够利用手机软件轻松实现畜群的管理，还通过承包村集体边缘的2公顷土地来增加家庭收入。这一高科技在牧区的应用，大大解放了牧民的生产力，它的投入使用一方面，减少了牧民放牧的时间成本；另一方面，也降低了摩托车对草场的破坏程度。中国首个自主研发卫星放牧系统和远程牧井系统的发明者朝鲁表示，在畜牧业生产中使用卫星放牧系统还是首次，通过北斗卫星特有的定位通信一体化技术，打破了部分牧区无网络信号覆盖、通信信号弱等技术壁垒，实现了在草原特别是沙漠、山区等无人区区域随时随地随机实时放牧，让牧民告别了"跟着牛羊走"的传统放牧方式。通过给牲畜佩戴北斗卫星模块即定位项圈，就算在没有手机信号的地方，牧民依旧可以通过互联网终端实时查看畜群的位置。定位项圈是通过太阳能充电的，能通过自带的智能电源管理功能自动调整电量。不仅如此，这一卫星放牧系统还能查询畜群的历史行走路径及移动速度、周边环境、查看无人机航拍的畜群视频、判断母牛是否产下小牛犊等。通过事先划定放牧区域，在畜群接近指定区域时，该系统还可以自动报警提示牧民。例如，当牛群走出放牧范围时，系统会自动将牛群的位置信息发送给牧户。而牧户通过给离群的牛"打电话"的方式，设备就会自动向牧民发送短信报告离群牛的位置信息。除了对牧区牛羊的定位功能之外，卫星放牧系统还能对草场的合理载畜量进行判断。例如，在放牧牲畜超过草场可承载范围后，也会迅速报警，督促牧民采取行动，以保证草原的生态平衡。

2014年初，在内蒙古地区试运行成功的远程牧井系统，同样极大限度地改变了牧民传统的生产生活方式，实现了牲畜的远程供水、饮水安全和水资源的有效利用。一方面，这一系统通过感应设备，能够检测到牲畜是否在水井附近。当畜群靠近水井时，牧民就会在电脑上收到警报信号，此时只要轻点鼠标进行操作，便能轻松启闭水泵，自动向槽中蓄水，不再需要牧民亲自提水，既节省了时间，又降低了牧民每年需要支出的燃油费用。另一方面，通过畜群脖子上佩戴的射频识别设备，系统就能对饮水的牲畜进行拍照，并将其健康状况回传到牧户的电脑或手机上，以便牧户对畜群实施远程监控。

总体而言，这些高科技数字化的现代科技在草原畜牧业中的投入使用提高了牧民的生产效率，使信息化放牧成为可能，为打造现代化智慧牧场创造了条件。

二、产品营销网络化

2016年，中共中央办公厅、国务院办公厅印发的《国家信息化发展战略纲要》中要求：要加快农业现代化，培育互联网农业，建立健全智能化、网络化。畜牧业现代化是农业现代化的重要内容和标志（王思再、李亚力、李刚，2011），具有草原特色的现代化畜牧业的发展同样需要信息技术的支撑和科技创新的引领。创新的根本动力在于对利润的追逐，但目前来看，创新动力不足是我国在发展道路上面临的最严峻的问题。我国的草原畜牧业正在从数量规模型向质量效益型转变，牧民也开始逐步对生产少而精且绿色的畜产品提起重视，在保证畜产品增值的同时为自身带来更多利润。迄今为止，受到政策制度、牧民自身文化素质和生产机械设备供给的制约，牧民只能单纯地停留在依靠出售牲畜获得收入的层面。因此，绝大部分收入基本来源于畜牧业生产。而现在牧民不仅可以利用机械设备发展精深畜产品加工，还可以将高附加值的畜产品通过第四产业，即"互联网⊕"，在互联网平台上进行销售。这里的"互联网⊕"有别于"互联网＋"，它并不是将二者简单地相加，更多的是强调传统行业与互联网平台紧密联结，发挥互联网整合和优化社会资源的优势，提升草原畜牧业的生产力。在信息产业高速发展的今天，"互联网⊕"时代早已渗透到旅游、教育培训等各个传统行业领域中，但在草原畜牧业中还未完全兴起，但这也证明了作为最传统的产业，草原畜牧业在"互联网⊕现代草原畜牧业"中的发展潜力是巨大的，为牧民带来的利益也是可期的。

三、社会服务平台化

要想在农村土地家庭承包、分散经营的基础上推动传统农业向现代农业发展转型，实现农业的集约化、专业化、规模化、组织化经营，离不开农业社会化服务体系（刘同山、崔红志、孔祥智，2019）。同理，草原畜牧业现代化的发展也需要完善的社会化服务体系的引导和扶持。服务主体包括：政府相关部门的公益性服务主体、经营性或盈利性服务主体（以新型经营主体为主）和非营利性的社会团体或民间组织等。

首先，政府所属的技术综合服务机构，如草原管理站、畜牧兽医站、畜种改良站和经营管理站，以及气象服务中心等为畜牧业经营主体提供相应的信息咨询及技术指导，培育懂技术、有文化、善经营、爱牧业的新型职业牧民；同时政府还需要制定相应的扶持、补贴政策，对推动牧区科技创新及其成果推广的人员或组织机构给予一定的表彰奖励，鼓励牧民利用互联网技术发展草原畜牧业。作为科研院所等组织机构，应当根据牧区发展与牧民的生产生活需要，在建立科研基地的基础上，与各大专业高校建立长期稳定的合作关系，并共同开展相关的项目合作，合力推进科研创新、推广应用工作。

其次，作为"合作社 + 公司（场、厂）+ 牧户"的盈利性服务体系：在农牧业推广站的带领下，在以饲草料加工、畜禽繁育等为主要功能的经济实体公司为龙头，以牧户为根本的基础上，提供产、供、销一体化的全方位综合服务。这种经营模式提供了产前、产中、产后全程服务，促进了市场服务体系的健全与完善。

最后，作为民间专业科普协会等的非营利性服务体系：以畜牧业专业大户、示范户为主干，在其辐射带动作用下，与周围的专业户联合起来，组建成农牧区专业技术协会。同时，与高校、科研院所等进行合作，聘请专业人员进行技术指导。由单纯的技术服务转化为技术、生产、供销综合服务，灵活机动地开展服务活动。

为了实现"小牧户"与"大市场"之间有效的信息传达与对接，搭建线上综合大数据社会化服务平台，推动信息技术与畜牧业产业的深度融合，对促进现代草原畜牧业的数字化建设和发展具有重要意义。2016 年12 月 29 日，鄂尔多斯市鄂托克前旗大数据中心正式启动，打造了"互联网 + 现代畜牧业"——打造数字化智慧畜牧业大数据平台。一方面，该大数据中心的"i 前旗"智慧移动平台不仅能够将方针政策实时推送给用户，同时，还能为农牧民如何选择种养殖品种、产品销售、养殖技术等进行线上指导。另一方面，数据共享交换平台通过对数据进行统计与分析，就能快速查询鄂托克前旗草原载畜量、各城镇载畜量超载情况（通过不同颜色对不超载、轻度超载、中度超载及严重超载进行等级划分）、牲畜信息（如出栏羊数量、存栏羊数量、出栏率等）、各苏木（镇）中嘎查承包面积的种类（通过不同颜色区分统计各嘎查的草场承包面积、草畜平衡面积、禁牧面积及种草面积）及补助金额发放户数等信息。这一数字化动态监测方式将草原畜牧业以信息化、科技化的手段武装起来，为其他地区畜牧业的监督管理提供了新的参考，初步实现了"数字草原"的建设。

整合牧区优势资源，构建畜牧业科技资源共享大数据平台，打造全方位的畜牧业社会化服务，能够为政府、农牧企业、科研院所、基层牧民的相互交流搭建一个良好的交流平台，从而实现草原畜牧业的互利共赢发展。

四、科技投入多元化

为了加强科技创新和成果的转化应用、增强各产业的市场竞争力，2013 年，政府与社会资本合作（PPP）模式在我国逐步推广开来。由于政府公共部门是科技创新 PPP 合作的核心（宋辉，2019），因此，政府应当加大社会资本流向牧区的引导力度，培育畜牧业产业化、信息化龙头企业，在草原畜牧业生态环境修复、畜产品生产加工销售、畜群疫病防治等领域中开展政企合作的 PPP 模式，即打造 PPP 草原畜牧业，发展多元化的科技投入，带领牧民走上致富之路，推动牧区经济繁荣发展。

2017 年 7 月，陈巴尔虎旗完成了社会资本的招标，在充分利用地理优势、畜牧业优势、草产业优势、生态优势等优质资源禀赋的同时，该旗拟借助 PPP 模式，在将三产融入草原科技创新体系的基础上，使草牧业种植、加工、科技研发、文化旅游等各个产业链融合共生发展，通过汇集吸引科技、信息、人才等关键因素，将其自身打造成中国草牧业现代示范区。这个投入了近 8.8 亿元的中国草原产业集聚区主要包括五个模块，分别为高寒地区实验室、草原综合馆、草原产业孵化中心、全域旅游中心及草原产业信息大数据平台。其中，高寒地区实验室和草原产业信息大数据平台是相辅相成的，顶级研发团队及专家利用尖端的技术研发平台开展草原保护、草原修复技术试验等，而大数据平台通过对试验数据的收集进行有效的信息处理，从而制定出科学、合理的发展规划，为草原产业集聚区的建设注入了新的生命力。作为社会资本方的北方中郡投资有限公司表示：还将在草牧业产业集群打造 7 大中心（产品生产中心、草产品交易中心、草原产业研发中心、草原产业金融中心、草原产业人才中心、草原产业创客中心、草原非物质文化遗产保护中心)。以上规划、设计旨在利用一种创新的投融资模式,以当地特色产业为依托、修复草原生态为基础,打造区域特色品牌,推动地区产业转型升级,带动牧民致富。

第十章

基于新型经营主体的草原畜牧业
现代化的发展路径

第一节

理论基础——可持续发展理论

可持续发展理论是指既满足当代人的需要，又不对后代人满足其需要的能力构成危害的发展。它包括公平性、共同性、持续性三大基本原则和经济可持续、生态环境可持续、社会可持续三大特征。

可持续发展的公平性原则包括当代人的公平，即代内之间的横向公平和代际的公平，即代际之间的纵向公平。也就是说，当代人与未来人都有同等权利利用资源和环境，以满足各自美好生活的需要。

持续性是指生态系统的自生能力、自我恢复能力、自净能力，即受到外界干扰和影响的情况下仍能保持其生产力的能力。众所周知，资源与环境是人类社会生存与发展的基础和条件，因此，资源与生态环境系统的可持续性是保持人类社会可持续发展的首要条件。这就要求人们按照可持续性的条件调整自己的生产和生活方式，走生态优先，绿色发展为导向的高质量发展新路子。在生态安全阈值范围内选择开源节流、节能减排、遵从自然，合理利用自然资源，与自然和谐共生，使可再生资源能保持其再生产能力，可耗竭资源的合理配置和替代，保证自然和人类社会的可持续发展。

可持续发展的共同性原则是一个全人类为实现可持续发展总目标的公约。因此，人类要共同促进自身之间、代际之间、自身与自然之间的协调，通过不同文明之间的对话，构建人类命运共同体才能实现这一公约。

可持续发展的经济可持续是通过经济增长得以实现的。具体表现为：数量规模型经济增长和质量效益型经济增长，即经济发展包含了数量和质量的双重增长和提高，当数量型经济增长受阻时，可借助科技的力量达到经济增长的目的。

可持续发展是以经济可持续增长为基础的，而保证经济可持续增长的基础是资源与生态环境的可持续，也就是可持续发展是以资源与生态环境可持续为条件的。可持续发展的最终目标是社会可持续发展，社会可持续发展是在良好的、健康的资源与生态环境和高质量经济发展基础上才能实现。传统草原畜牧业向现代草原畜牧业转型升级本身就是牧区畜牧业本着生态优先，绿色发展为导向的高质量发展新路子的可持续发展。

第二节

草原畜牧业现代化发展路径[①]

一、由生产资料"传统型"向"传统与现代融合型"发展

我国作为世界贸易组织（WTO）成员，在经济全球化、"一带一路"倡议实施背景下，加快完善市场经济和自由贸易制度。这就要求我国草原畜牧业要改变传统经营方式，向现代畜牧业转型升级，从宏观、微观层面合理配置畜牧业生产要素。生产符合国内外市场需要的有机、绿色、无公

---

① 刘斌，李翔宏，兰桂如，等.加快江西牧草产业化的途径和对策 [J].江西畜牧兽医杂志，2006，3：23-25.

害畜产品，有效解决我国生态环境恶化、畜产品竞争力低下、牧民增收困难的矛盾，实现我国传统草原畜牧业向现代化草原畜牧业的转变。我国传统草原畜牧业只有向现代草原畜牧业转型升级，才能与国际有效衔接，这是一个非常艰巨的任务。因此，我国草原畜牧业在 WTO 框架下，用好"绿箱"政策、"黄箱"政策，立足本土，发挥自身优势，根据国际和国内市场的需求，大力培育和发展具有国际竞争优势的畜产品。

发达国家农业的转型升级实践经验早已表明，现代农业不是以种植业为主，而是以畜牧业为主。在世界上，凡是农业高度发达的现代农业国家，都有两个显著特点，一个显著特点是畜牧业产值占农业总产值比例高，如德国占 74%、美国占 60%、法国占 57%、加拿大占 65%，而中国仅占 34%；另一个显著特点是畜牧业中草食牲畜所占的比重偏大，占畜牧业产值的 60% 以上，如澳大利亚占 85%、英国占 70%、日本占 70%，而中国仅占 20%。

生产资料包括生产工具或劳动工具和劳动对象。过去的完全游牧经济时代所使用的生产资料基本完全依靠自然、传统经验知识、低科技含量的生产工具和劳动对象。后来，现代科技知识不断向游牧经济领域渗透，传统草原畜牧业内涵发生了不断的变化。至今，传统草原畜牧业其实已经接受并融合了现代科技成果和知识形态。牧区发展现代草原畜牧业，并不是彻底推翻草原畜牧业传统要素，而是不断地发挥、发扬传统优势的同时，更加注重选择有利于草原畜牧业可持续发展的现代化要素，创建培育传统与现代相耦合的新型草原畜牧业，即现代草原畜牧业。例如，在现代化进程中，一定要保护好经上千年自然环境选育、早已成为地方优良品种的乌珠穆沁羊、苏尼特羊、巴尔虎羊、阿尔巴斯白绒山羊、阿拉善双峰驼、巴彦淖尔红驼、乌珠穆沁白马、克什克腾铁蹄马、乌审马、阿巴嘎黑马、三河马、三河牛等，要大力重视提纯复壮，改良需要充分考虑其科学性、可行性、客观性。

二、由劳动力"传统经验型"向"现代知识型"发展

只依靠传统草原畜牧业经验或技术远远不能满足现代草原畜牧业发展要求。因此，必须构建具有传统经验知识与现代科技知识相结合的新型经营主体。新型经营主体要有新的理念，必须掌握现代草原畜牧业管理技术和方法。提高牧民整体素质，培育爱牧区、懂牧业、爱牧民、有知识、会经营的新型职业牧民，是牧区现代化的迫切需要。培育新型职业牧民关系到畜牧业现代化成败。

当前，在广大草原牧区普遍存在的问题之一，是劳动力数量和质量的可持续和可提升发展问题。主要表现在劳动力文化素质偏低、劳动技能偏弱、科技驾驭能力不强，懂技术、会经营、善管理、跑流通的牧民越来越少，年轻劳动力大量短缺。

近年来，国家对新型职业牧民的培育空前重视，制度逐步完善、政策得到落实、资金足额到位。如果一个牧民被认定为新型职业牧民，每人每年可享受 3000 元的培训费。虽然牧民科技培训取得了一定成效，但也存在不少问题。一是对新型职业牧民的认定标准尚未统一，识别认定存在偏差。据笔者调查，在牧区认定新型职业牧民的标准主要考虑是否为新型经营主体负责人或是否为大学毕业生，但其实还有很多积极上进的初高中毕业生和自学成才的年轻劳动力，以及部分在外创业、打工返乡的青壮年劳动力，由于指标限制而得不到认定，得不到培训。二是在培训制度上被认定为新型职业牧民，只有一次享受同类培训支持，这也许是地方政府为了增加新型职业牧民培训数量考虑的。却对新型职业牧民知识、技能的快速提升可能带来一定不利影响。三是培训方式相对单一，培训内容不精准。目前，多数培训基本都是集中人员进行统一培训，对一般性知识、技术的掌握可能有些帮助。但是，这对那些较为复杂、有难度的、需要通过具体操作才能掌握的知识、技术来说，此种培训方式就不一定合适，需要专家

到实地生产现场演示、操作、示范，甚至手把手地传授才能真正牢固掌握。

为了进一步推进新型职业牧民培育，应由政府主导构建竞争、有序、开放、高效的牧民科技培训体系。在发展初期仍然以政府主导的新型职业牧民培训模式为主，与此同时政府应鼓励新型经营主体、其他社会化服务组织或机构创办培训业务活动，当该体系发展到一定阶段时，由政府主导逐步向市场主导与政府购买服务并监督管理模式转变，逐渐减少或减弱政府干预。

随着科技培训体系的逐渐完善，供给主体、需求主体，以及监管组织和考评机构都应按市场机制运作。按照"有组织机构、有办学规模、有办学场所、有师资队伍、有经费保障"的要求。首先，要确保供给主体所提供的培训内容、方式、方法符合并满足需求主体的实际需要，要做到精准对接。其次，政府对培训机构、组织和个人要全程引导、监管，防止第三方培训主体的非合规运作。最后，政府应积极鼓励课堂教育、远程教育、现场示范、自媒体教育等形式多样的培训方式。

根据牧民需求，如新政策、新品种、新技术和市场信息等方面开展具有针对性和实用性的培训，加强实用性技术培训和创业型人才的培养。增强新型职业牧民的主体意识，调动他们科技培训的积极性。

三、由经营组织"个体单一型"向"联户合作型"发展

牧户是草原畜牧业最小经营单位。迄今为止，牧户生产组织经营基本仍以个体单一型为主，在大自然、大市场面前显得极为脆弱，单打独斗、单枪匹马的格局尚未根本改变。虽然近年来各个地区相继出现了牧户间的联合、合作的现象，也有个别地区运行良好的组织、联合、合作模式正在形成，但总体上重形式、轻实效的各种合作组织大有存在。因此，为有效发展现代草原畜牧业，必须下大力气培育发展名副其实且运行有效的各种

生产组织形式，这样有助于资源配置的高效率、劳动生产的高效率，也有助于促进畜牧业技术推广应用。

小牧户在短期内不会全部转化为新型经营主体，而且可能长期存在下去，这需要大量的社会化服务组织和机构，为其提供方方面面的服务。如畜牧业龙头企业、牧民合作社、嘎查集体经济组织，以及其他形式的各类社会化服务组织应积极为小牧户产前、产中、产后开展多种形式的生产、加工、营销服务，通过统一服务，降低生产、流通的成本费用，提高生产效率和经济效益。

着重培育家庭牧场，一般以家庭成员和长期雇工为主要劳动力，从事规模化、专业化、集约化、社会化畜牧业生产的家庭经营，并且以畜牧业为主要收入来源的新型经营主体，是发展现代草原畜牧业的有生力量。

政府鼓励发展多种形式的牧民合作组织，深入推进示范合作社建设，促进牧民合作社规范发展。牧民也可以将草场、牲畜折股量化，组建股份制合作社，收益按股分配。在管理民主、运行规范、带动力强的牧民合作社基础上，培育发展牧区合作金融。引导发展牧民专业合作社联合社，支持牧民合作社开展对接活动。

畜牧业产业化龙头企业重点从事畜产品加工、流通和社会化服务，要辐射带动牧户和牧民合作社扩大经营规模，促进草原畜牧业现代化。畜牧业龙头企业要理顺与牧户、牧民合作社之间的利益联结机制，实现合理分工、合作经营、互利共赢。

政府要切实做到对符合条件的家庭牧场、牧民合作社、畜牧业龙头企业、畜牧业社会化服务组织等新型经营主体优先安排各种项目和新增补贴。应积极响应我国货币和财税政策优惠，以良好的信用和可靠的实力从金融机构取得贷款、保险支持等。

四、由草地利用"无控制型"向"控制型"发展

从实行家庭承包责任制以来，落实"双权一制"，广大牧户得到了自

主经营权。但由于牧户承包草场的过渡碎片化，直接影响着草地利用方式和畜牧业生产效率。绝大多数牧户只能在 1~2 块小面积草场上无任何控制地放牧，这不仅制约了牧户收入的持续增长，而且还影响草地环境的有效保护和利用。因此，在推进现代草原畜牧业建设中应对草地利用方式的合理化、效率化加以重视，即由简单粗放自由放牧向划区轮牧、季节轮牧、游牧方向发展。

自由放牧亦称"无系统放牧"或"无计划放牧"，即随意驱赶畜群在一定范围内游动采食的一种放牧方式。这种方式比较粗放，牧场不加区划，不实行分区轮牧，难以做到均衡利用，也容易发生蹄灾，使牧场利用过度而导致草场退化。且在一地放牧过久，还会引起蠕虫病的严重感染。

划区轮牧是一种合理、科学利用草原的方式，是根据草地生物量和牲畜采食量，将放牧场分割为若干小区，按一定放牧时间、放牧顺序、放牧周期进行放牧的方式。与自由放牧相比，划区轮牧是一种先进的放牧制度，可提高牧草采食率，减少饲草浪费，提高载畜量，有利于提升牧草的产量和质量。牧场试验证明，合理划区轮牧，可使家畜头数大量增加，甚至可达 3~4 倍。划区轮牧可改进植被成分，提高牧草产量和品质。经典试验证明，无论干旱地区还是湿润地区，饲料产量，可消化蛋白质产量都可增加 33%~50%。划区轮牧可增加畜产品的数量。划区轮牧可使家畜适当运动，有益健康，又避免家畜活动过多而损耗热能。试验证明，同等质量的放牧地，绵羊体质量和乳牛的奶产量较自由放牧提高 40%~100%，甚至更多。从原始草地畜牧业到现代草地畜牧业，必须经过重大转型。这个转型过程，简单地说，就是以划区轮牧为核心的草原放牧生态系统的建设，从简单粗放的管理方式向资本密集型再向知识—技术密集型的转变过程。

季节轮牧是先按草场的地形地貌、气温冷暖、湖泊、河流、泉眼等水源、返青期、枯草期、生物量、放牧适宜度等，把放牧场分为春营地、夏营地、秋营地和冬营地四季放牧场。而后根据各种季节草场条件，合理安排畜种和畜群规模，按季节轮换利用四季放牧场。也可根据不同季节放牧场面积和畜种，把季节放牧场分成若干个小区放牧。再根据牧草长情、季节变化，灵活安排放牧场的利用时间、放牧频率、轮牧周期。

传统游牧是人草畜长期协同演化过程中的重要组成部分，也是草原畜牧业发展进程中不可或缺的环节，不仅保障了当时牧民生计，也使天然草原畜牧业得以持续，并孕育出了独特生产经营方式。游牧是草原民族最初的生存方式，实际上也是靠天养畜的生产方式。

放牧不仅是最经济的产品收获方式，也是最良好、稳妥的草地管理手段。有学者主张在草场的所有权、承包权和经营权"三权分置"下，通过发放草场券明晰所有权，在产权分割但保留人居、草地和畜群的放牧系统单元基础上，以连户、合作社形式科学、合理利用草原。

五、由产业功能"单纯产品生产型"向"多功能型"发展

草原畜牧业现代化不是弱化草地资源的自然属性、经济属性和社会属性，而是不断强化、提升其三个属性。草地生态系统的健康、稳定、繁荣是有效实现草原三大属性的基础条件。在牧区，草原在人类的生产和生活中起着其他生态系统所不可替代的重要作用，如保持水土、涵养水源、防风固沙，保持生物多样性，维持生态平衡。

草原畜牧业是以草原为基础的生产部门。作为一种产业，是畜产品生产供给的重要部门，以草原为基本生产资料，为人类提供大量的肉、皮、乳、毛、绒等绿色畜产品，改善人们的生活条件，丰富人们的物质生活，强健人们的体魄。草原畜牧业还有保护草原生态、发展旅游观光、传承草原牧区优秀文化等社会功能。随着人口增加和经济社会的快速发展，对动物性产品的需求，尤其对有机、绿色、无公害畜产品的需求空前扩张。为最大限度地满足这一需求，草原畜牧业的生产供给产品的功能得到了前所未有的重视，而其他功能受到了一定影响。发展现代草原畜牧业，使草原

畜牧业的各种功能得到充分培育和发展，对加快新牧区建设起着举足轻重的作用。

传统畜牧业缺乏规模经济效应，而且只注重畜牧业的初级产品，存在产业链和价值链短，附加值低，经济效益不高的问题。要想提升草原畜牧业经济功能，必须转变畜牧业生产方式，向现代草原畜牧业转型升级。而新型经营主体具有规模效应，能够延长产业链，可增加畜产品的附加值，提高经济效益，所以应加大对新型经营主体的支持力度，以充分发挥草地的经济功能。草原畜牧业的功能多种多样，应给予其充分重视，有效发挥其生态价值、生产价值、文化价值、社会价值和经济价值。

六、由畜产品流通"单一型"向"多元型"发展

多年来，草原牧区生产资料和商品市场发育一直处于滞后状态。尤其牧户畜产品销售渠道少而窄，基本都只依靠中间商即经纪人这一渠道。众多弱小的牧民面对大市场的买卖博弈，始终处于被动、不平等的劣势地位，这是草原牧区、传统畜牧业和牧民脆弱性的表现。因此，为了保障牧区的平等、健康发展，保护广大牧民权益，应由政府主导，在企业、组织和牧民配合下，建立健全牧区市场体系，保障畜产品销售和畜牧业生产物资流动的畅通。要建立健全生产要素和畜产品市场体系，使各种资源配置更加高效。进一步完善市场的供求机制、价格机制和竞争机制，及时、精准地传递各类生产要素和畜产品的价格信号，准确反映市场供求关系和牧区资源的稀缺程度，提高市场配置资源的有效性和合理性，为宏观决策、调控中充分发挥市场的敏感性和灵活性，确保生产要素和畜产品的有序、自由流动。充分发挥市场在资源配置中起的决定性作用，减少政府对资源的直接配置直接干预，依据市场规则、市场机制、市场要求进行资源和畜产品配置，提高其配置效益和效率。新型经营主体通过信息网络技术、大数据、云计算、人工智能等各种现代手段，巩固提升已有的市场，不断开

拓新型市场，延长畜产品产业链和价值链，提高畜产品及副产品附加值，营造自主经营、公平竞争的市场环境。提高牧户议价能力，由自由市场向"畜牧业企业＋牧户"过渡，再到"畜牧业企业＋中介组织＋牧户"模式，最终实现"畜牧业企业＋牧民合作社＋牧户（家庭牧场）"的营销模式。

　　以 2015 年锡林郭勒盟乌珠穆沁羊和苏尼特羊为例，不同销售渠道的肉羊价格如图 10－1 所示。

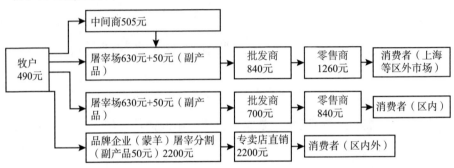

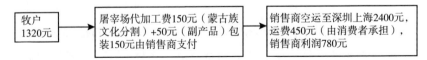

图 10－1　不同销售渠道的肉羊价格

资料来源：笔者根据调研数据绘制。

第十一章

实现草原畜牧业现代化的保障措施

一、如何构建新型牧区草原畜牧业经营主体

（一）组织领导是构建新型经营主体的保障

要充分认识新时代背景下建立新型经营主体对于推进草原畜牧业现代化、促进牧民增收和全面建成小康社会的重要性。要为构建新型经营主体，引领牧民参与产业化经营，进一步明确任务目标、强化责任分工。要完善旗县领导班子和领导干部考评体系，将推进构建新型经营主体工作任务纳入旗县市和部门考核指标内容。各级政府要定期组织有关部门、龙头企业、牧民合作社、牧民代表召开协调沟通会，及时掌握并帮助协调解决龙头企业、合作社和牧民利益联结中存在的困难和问题，保障双方的合法权益。各有关涉牧职能部门要建立维护牧民合法权益长效机制，切实为牧民搞好服务。

（二）草牧场流转是构建新型经营主体的基础

明晰土地草牧场产权是加速土地草牧场流转的助推器。因此，各级政府加快土地草牧场确权工作，真正依法把土地草牧场承包权确地到户、确股到户、确权到户。在此基础上，有条件的各地地方政府应积极建立土地

草牧场经营权流转平台，为牧民土地草牧场的经营权流转提供便利条件和专业性服务。与此同时，也有必要建立健全以协商、调解、仲裁、诉讼为主要内容的土地草牧场承包和流转纠纷调解机制，进一步强化土地草牧场流转服务并加强管理，鼓励牧民土地草牧场经营权在公开市场或利用流转平台上向家庭牧场、牧民合作社、畜牧业企业等新型经营主体流转，发展形式多样的规模经营，发展壮大集体经济。

草牧场经营权应当在遵循自愿、有偿的基础上，严格依照相关法规进行合理流转，未经允许的情况下不得随意改变草牧场用途。要积极培育草牧场经营权流转典型户，并适当给予嘉奖。而对于未经准许私自进行草牧场经营权流转的、肆意更改草牧场用途的、不履行草牧场保护和建设义务的，以及擅自破坏草牧场生态环境的，均要依法进行处罚，责令停止对流转草场的破坏，并使其尽快恢复草原生态，终止并解除草牧场流转合同的执行。要充分尊重牧民的主体地位，确保牧民的草牧场流转收益不受侵害。草牧场承包制的实施使草场的承包权、经营权均有了明确的落实，各牧户应当自觉履行草场保护、建设等义务，从而促使草牧场的管理、建设、利用，以及流转向制度化、法制化逐步推进。建立健全草牧场经营权流转制度，制定明确、详细的执行方案，推动草牧场承包经营与合理流转之间相互统一。

（三）新型职业牧民培育是构建新型经营主体的根本

大力培育发展新型职业牧民，不断完善新型经营主体内部人员的培育体制机制和政策制度，同时注重完善引进人才、吸引能人的政策制度。一是加强主体内部从业人员培训，完成普通牧民、牧民工、回嘎查创业者、大学生及大学生村官等向新型职业牧民的顺利晋级。在制度层面，要制订长期培养计划，受众人群涵盖范围要广，既包括牧区苏木、嘎查干部，也要包括牧民家中未能继续升学的初高中生，要将新型职业牧民的教育视为一项长期、系统、持续的工作来开展落实。尽快制定职业牧民资格认定办法、畜牧业技术人员持证上岗及行业准入制度。二是从政府加大补贴、草牧场流转、完善社会保障、项目倾斜、升级通道、社会评价等新型举措，吸引富有经验、善于思考、勇于创新、勇敢创业、不辞辛苦、有知识、有才华、有能力、有情怀的专业技术人员和大中专毕业生服务畜牧业、献身畜牧业。要进一步加大力度落实选调生与村官制度，不断为新型草原畜牧业现代化发展的后备梯队补充专业人才与管理人才。设立专项创业基金与无息贷款，提供资金支持，鼓励相关专业人才将所学的专业技能应用到实际生产当中，将知识转化为实际生产力，逐步进行角色转换，使其成为新型经营主体的中坚力量。还可以挖掘返乡务牧的牧民工、转业退伍军人的潜力，对他们进行政策引导，焕发他们建设新型牧区的责任意识与担当，鼓励他们成为新型经营主体的领导者。

（四）投融资是构建新型经营主体的关键

金融部门要针对畜牧业生产季节性需求和财产抵押难的特点，创新抵押贷款与担保机制，适当放宽抵押条件，允许灵活多样的抵押形式存在，例如，畜产品存单抵押等，这样才能够因地制宜、切实有效地解决新型经营主体融资贷款的难题。此外，各类金融机构应该在规避风险、降低不良贷款发生率的同时调整贷款政策与贷款期限，结合牧民季节性大额贷款这一现实状况，扩大可循环使用的信用额度。推广土地草牧场承包经营权、畜牧业设施，以及动物活体抵（质）押贷款。盟、旗（县）两级政府均要探索设立畜牧业担保公司，设置专项基金，同时财政要为政策性担保资金做充足的预算，加大政策支撑与保障力度，这样在牧民不能提供有效抵押时，政策性担保基金能够发挥作用，避免因为资金短缺错过最佳生产时期，造成进一步的损失。政府更应该优先为能够带动牧民发展的龙头企业与合作社提供宽松的运营与减税政策，利用宏观调控手段来引导企业带动牧民综合发展。

（五）诚信体系是构建新型经营主体的法宝

加强龙头企业的监管，建立龙头企业诚信体系，开展龙头企业信用等级评定管理工作。将龙头企业与牧民利益联结情况作为企业信用评定的重要内容，对利益联结效果好、辐射范围广，带动牧民增收明显的企业，盟旗在评定龙头企业、产业化项目扶持、贷款担保、贴息资金补贴等方面给予优先扶持；对利益联结不好或损害牧民利益的龙头企业，不予评定龙头企业或取消现有龙头企业资格。引导建立龙头企业行业自律公约，开展诚信建设和承诺活动。探索建立合作社、家庭牧场、专业大户和牧民等生产经营主体的诚信体系，对失信主体不再给予项目扶持、信贷担保等服务。

二、如何实现草原畜牧业现代化

现阶段，我国正处于从传统畜牧业向现代畜牧业转型的关键时期，因此，更要把握住时机，加速推进草原畜牧业现代化的发展进程。对于为何要加快建设现代畜牧业，原因有三点：一是从发展阶段来看，我国畜牧业已经从"做大"到"做优"，目前进入了"做强"阶段，顺应历史潮流，加快建设现代畜牧业恰逢其时。二是从自身发展来看，传统畜牧业发展方式已经难以为继，要突破困境、解决各种难题，加快建设现代畜牧业是治本之策。三是从环境因素来看，在经济新常态的环境下，畜牧业面临着难得的机遇，但同时也面临着巨大的挑战，要跟上发展步伐，加快建设现代畜牧业是大势所趋。

在草原畜牧业中，牧民可以说是最小的经营单位。到目前为止，牧户的生产组织经营基本上仍是以个体单一型为主，单打独斗的经营生产格局还未改变，这样微小的经营主体在大的市场环境面前会显得极为脆弱。虽然近些年来，牧区出现了大量合作组织形式，牧户间也开始联户合作经营，但整体上重形式、轻实效的各种合作组织依然存在。

自改革开放以来，我国土地草牧场的权属关系发生了两次重要的变化：初期草牧场的所有权与承包权的分离和近些年来土地草牧场承包权与经营权的分离，进而呈现出所有权、承包权、经营权"三权分置"的局面。"三权分置"的实施是继家庭联产承包责任制后又一项土地草牧场改革，目的还是处理好土地草牧场与牧户之间的关系。土地草牧场经营权与承包权的分置，为土地草牧场流转提供了制度前提和法理依据，是加快构建新型经营主体，搭建基础保障，最终为实现我国草原畜牧业现代化创造了有利条件。

现阶段的畜牧业表现出总量不足、结构性问题的发展现状，通过调结构、转方式、促改革，便可以逐渐实现现代畜牧业的发展目标。那么，如何调结构、转方式、促改革？这就需要通过土地草牧场流转的方式，促进新型经营主体的形成，提高牧民的组织化程度，在利用现代科学技术手段的基础上，逐步达到产业化、规模化经营，从而实现现代草原畜牧业。因此，通过牧户草牧场流转扩大规模经营，提高畜牧业经营效率显得尤为紧迫。现阶段，牧户草牧场流转以同一嘎查内租赁、互换为主，并且流转双方多数为有一定血缘关系或婚姻关系，而不同嘎查牧户间的草牧场流转并不多见。从理论而言，牧户之间存在的边际产量差异是其流转草牧场的动力，即边际产量较低的牧户就有动力以高于自己的边际产量收益的价格将草牧场转出，而边际产量较高的牧户则有动机以低于自己草牧场的边际收益的价格转入其他牧户的草牧场。当市场达到供求相等的时候，单位草牧场面积的边际生产力都相等了，说明生产要素在草牧场上的分配达到了帕累托最优。草牧场经营权从承包权中分离可缩小牧户之间在劳动力、草地生产要素投入差异，使边际产量无差异化。根据《关于引导农村土地经营权有序流转发展农业适度规模经营的意见》和《关于引导农村产权流转交易市场健康发展的意见》，在草牧场集体所有权和牧户承包权不变的前提下，坚持依法、自愿、有偿，以牧民为主体，政府扶持引导，市场配置资源原则，鼓励牧民进行草牧场流转。为有效发展现代草原畜牧业，通过草牧场流转，必须下大力气培育发展名副其实且运行有效的各种经营组织形式。

依据牧区发展论坛达成的共识，其实绝大多数牧民都缺乏专业的技术培训和指导，因此，他们都十分期待政府对于牧区合作社的发展给予资金、人才、政策等多方面的引导和扶持，也迫切期望相关金融部门能给予适当的信贷支持和帮助。针对牧民的各种需求，政府部门可以通过制度安排和政策制定来缓解牧区这种特殊区域组织发展资金紧张的局面。如为了尽快解决牧民合作社专业技术人才短缺的问题，可以推行大学生村官制度。牧民合作社还要注重合理分配和民主管理。从目前状况来看，绝大多数合作社不重视分配的重要性，原因可能是建社时间不长或基本无盈余可供分配。但今后牧民合作社的发展必须要跟上产业化经营的步伐，将传统文化的传承和保护与牧区的经济发展相融合。在将以上问题进行合理安排的前提下，还应当注意那些"搭便车"的懒人，对于怕辛苦、不劳动只坐享收益的人，必须从源头上杜绝。牧民合作社的发展要以长远利益为目标，积极调动牧民进行主导产业的发展，提高畜牧业发展的技术含量。

总之，必须认识到，构建新型经营主体是一个循序渐进的过程。在长期内，草原牧区仍会以小规模散户经营牧户为主，但土地草牧场流转形成的新型经营主体将是草原牧区商品牲畜产品生产的主体，是内蒙古自治区草原畜牧业现代化的主体。加快土地草牧场流转是构建新型经营主体的基础，土地草牧场流转能够不断提高草原畜牧业现代化水平，并且未来畜牧业社会化服务体系关注的重点也应该是这些新型经营主体。因此，切实解决好"谁来养畜"和"畜怎么养"的问题，提高有限草牧场资源的市场配置效率，构建完善的新型牧区草原畜牧业经营主体，并发挥其能动作用，是促进草原畜牧业现代化早日实现的重要保障措施。

第十二章

结论与建议

一、研究目的和意义

从 2001 年开始，历年的"中央一号文件"中对农业现代化的问题均有提及。党的十七届三中全会通过的《中共中央关于推进农村改革发展若干重大问题的决定》中指出："把走中国特色农业现代化的道路作为基本方向"。另外，会议中首次提出将家庭农场作为规模经营主体之一。2013 年的中央一号文件中提到：要大力扶持和培育专业大户、家庭农场等新型生产经营主体；2017 年的中央一号文件中指出，要大力培育新型农业经营主体。推进农业现代化，现阶段最紧迫的便是加快转变农业发展方式。同农业一样，草原畜牧业的转型升级对于现代草原畜牧业的建设和实现具有重大的现实意义和深远的历史意义。随着牧区经济体制改革的不断深化，我国草原牧区的发展逐步由以粗放经营、生产成本高、风险大且附加值低为主要特征的传统草原畜牧业向生产专业化、规模化、标准化、集约化的现代草原畜牧业转变，从而实现牧区的经济效益最大化、畜牧业的投入产出效率最大化、牧民的经营收入最大化。

《2019 年中国新型农业经营主体发展分析报告》中明确指出："新型农业经营主体是推进农业农村现代化和乡村振兴的有生力量，推动新型经营主体高质量发展，对培育农业农村发展新动能，充分释放各类资源要素活力具有积极作用。"因此，以培育新型经营主体的形式积极发展适度规模经营，加快推进草原畜牧业现代化的建设，助力乡村振兴，对于2035年基本实现社会主义现代化、2050 年全面建成社会主义现代化国家极为关键。面对经济新常态下的新形势，学术界和政策制定部门对新型经营主体、草原畜牧业现代化等相关内容进行了大量的研究，在新型经营主体方面，主要集中在新型经营主体的发展现状、培育对策、经济效益等方面的研究；在草原畜牧业现代化方面，主要集中在对传统草原畜牧业的生产经营困境及其成因、草原畜牧业现代化的内涵、实现路径及必要性等方面的研究。学术界关于建设发展草原畜牧业现代化的研究远远滞后于农业现代化研究，尤其是基于包括专业大户、家庭牧场、畜牧业专业合作社及畜牧业龙头企业在内的新型经营主体的基础上，研究现代草原畜牧业的实现路径尚属空白。

本书紧紧围绕草原牧区以生态优先，绿色发展为导向的高质量发展新路径展开研究。牧区是有机、绿色、无公害畜产品基地的摇篮。基于新型经营主体的草原畜牧业现代化的路径研究不仅对缩小地区发展差距，加快牧区民族经济发展，实现乡村振兴战略的总目标具有关键作用；同时，对于实现草原牧区的生态环境与经济协调发展、牧区振兴与脱贫攻坚成果有机衔接的宏伟目标具有重要战略意义。

二、主要内容和重要观点或对策建议

本书以我国草原牧区为研究区域，以新时代牧区草原畜牧业面临的困境为切入点，深入分析了如何在构建新型经营主体的基础上促进草原畜牧业现代化的实现，归纳提炼重要结论和观点，并提出建设现代草原畜牧业的对策建议。

（一）主要内容

从内容上看，本书在对草地产权制度的进一步改革，即所有权归集体、承包权归牧户、经营权归市场的"三权分置"的背景下，从新时代牧区草原畜牧业面临的家庭承包经营体制困境、草原生态环境退化困境、自然气候变化影响困境、经营管理能力薄弱困境、组织化规模化滞后困境、标准化品牌化滞后困境、科技支撑体系薄弱困境、保障体系发展滞后困境这八大困境展开讨论，在详细阐述了构建新型经营主体的必要性（解决牧业、牧区和牧民"三牧"问题）、重要性（实现乡村、牧区振兴战略目标的根本要求、适应畜牧业生产经营方式加快转变的必由之路、适应现阶段草原畜牧业生产成本高、气候风险、疫病风险和市场风险的重要力量）和紧迫性（让广大牧民尽早摆脱举债经营的困境，如期完成脱贫攻坚的宏伟目标）后，提出草原畜牧业发展的最终目标，即要抓住机遇大力培育新型草原畜牧业经营主体，打造集约化、专业化、组织化、社会化相结合的新型畜牧业经营体系，实现草原畜牧业现代化。基于以上背景，主要从新型经营主体的基本概念、类型、特征、性质与职能、发展现状与现存问题等方面进行了论述，进而以新型经营主体形成的制度背景、政策影响、经济机制、社会机制、文化机制、环境机制为视角，系统阐述了其形成机制。那么，在新型经营主体形成后，其运行机制如何？本书从新型经营主体的组织管理机制、劳动分工机制、资源配置机制、利益分配机制、风险管理机制及其内部和之间的合作机理展开了分析。通过对我国畜牧业新型经营主体发展现状及其生产效率的分析，以及结合家庭牧场、牧民合作社及畜牧业龙头企业的具体案例分析，发现传统草原畜牧业向现代草原畜牧业转型升级的过程中，新型经营主体起着至关重要的作用。它作为推进农业农村现代化和乡村振兴的有生力量，既是草原畜牧业现代化发展的新动能，又是推广科技成果的载体。作为新动能而言，草原畜牧业现代产业体系的建设会在新型经营主体的作用下更加扎实与稳健，对构建草原畜牧业科技创新体系有着不容忽视的贡献，同时，还能够更好地促进草原畜牧业现代化程度的不断深入。由于新型经营主体更容易吸纳、应用和推广新兴科技成果，因此，也成为以生产管理智能化、产品营销网络化、社会服务平台化与科技投入多元化为目标的草原畜牧业现代化领域中的重要载体。

简言之，构建新型经营主体的落脚点就是摆脱现阶段草原畜牧业的发展困境，实现集约化可持续发展向现代草原畜牧业转型，这与乡村（牧区）振兴战略的总目标，即实现农业农村现代化完全一致。为了更加深入明晰草原畜牧业现代化的实现路径，本书从草原畜牧业现代化的概念、基本特征、原则、目标、任务、发展现状等方面探究其中存在的有关现代物质装备条件、牧民科技文化素质、科技成果的滞后性、实用性、艰难性及效益性等问题。基于此，应当从推进新型经营主体之间的合作，同时加大对小牧户的扶植力度，并充分发挥集体经济力量这三条重要策略来实现草原畜牧业现代化。为了客观、全面、动态地反映内蒙古自治区草原畜牧业现代化的发展水平及趋势，本书分别对 2000 年、2005 年及 2015 年这 3 个年份下，典型草原牧区呼伦贝尔市的新巴尔虎右旗、锡林浩特市的西乌珠穆沁旗和苏尼特左旗的现代草原畜牧业发展程度进行了评价，实证结果表明内蒙古自治区西乌珠穆沁旗现代草原畜牧业发展态势良好，应确保其稳步提升；新巴尔虎右旗的现代草原畜牧业发展有望进一步推进，其中，人、草、畜协同发展尤为重要；而苏尼特左旗则需采取针对性的措施来阻止草场退化，加强牲畜的品种改良数量，从而促进现代草原畜牧业的发展。另外，本书通过对锡林郭勒盟的 8 旗 1 市建立以生产水平、科技水平、生活及社会发展水平、气候及生态环境水平和基础设施建设水平为主体指标的评价指标体系，发现锡林郭勒盟草原畜牧业现代化发展水平表现出一定的规律：一方面，大体上呈现出以锡林浩特市为中心，距离市中心越远，草原畜牧业现代化发展程度越低的特征；另一方面，还呈现出东部高、西部低的区域差异性特征。由此提出，加快实现草原畜牧业现代化必须走绿色化、科技化、组织化、规模化、标准化和品牌化道路的对策建议。通过以上对新型经营主体与草原畜牧业现代化之间关系的详尽探讨，总结、分析了基于新型经营主体的草原畜牧业现代化的六种重要发展模式

（由生产资料"传统型"向"传统与现代结合型"发展、由劳动力"传统经验型"向"现代知识型"发展、由经营组织"个体单一型"向"联户合作型"发展、由草地利用"无控制型"向"控制型"发展、由产业功能"单纯产品生产型"向"多功能型"发展及由畜产品流通"单一型"向"多元型"发展），为广大牧区社会经济又好又快地发展提供了重要参考和模式，并对以上研究问题作出归纳总结。

从调查方法看，课题组实地调研中主要采用观察法、访谈法、问卷调查法，以及收集文件法等方法。通过深入草原牧区进行实地调研，走遍了内蒙古自治区最典型的锡林浩特市、东乌珠穆沁旗、西乌珠穆沁旗、阿巴嘎旗、正蓝旗、正镶白旗、镶黄旗、苏尼特左旗、苏尼特右旗、阿拉善左旗、新巴尔虎右旗11个纯牧业旗市，以及新疆维吾尔自治区、青海省部分牧区。

从分析方法看，除文献研究和归纳分析法外，还采用了实证分析与规范分析相结合的方法、微观分析与宏观分析相结合的方法、理论联系实际的分析方法、数据包络分析法（DEA）、层次分析法（AHP）和熵值法。

（二）重要观点、主要建树或对策建议

1. 新型经营主体的形成、运行机制

新型经营主体的形成是多维度的，经济机制、社会机制、文化机制、环境机制都在直接或间接地促成新型经营主体的构建。在其形成后，新型经营主体应当时刻以市场为导向，按照组织管理、劳动分工、资源配置、利益分配、风险管理等机制组织畜牧业的生产经营，从而保证新型经营主体的稳定发展。其中，在利益分配机制方面，在初级阶段，由于机制的不健全或刚处于起步阶段，新型经营主体的内部成员很少能实现利益分配。当发展到成熟阶段时，一方面，新型经营主体有了一定发展，利润有所积累；另一方面，利益分配机制也较为完善，因此，能较大程度上实现经营主体与内部成员的双赢。当其发展到终端时，可能重新回到初始阶段的利

益分配方式，与此同时，通过与本经营主体之外的畜牧业龙头企业等新型经营主体合作，从而实现共赢。

2. 新型经营主体与草原畜牧业现代化

学术界和政策制定部门虽然对新型经营主体、草原畜牧业现代化等相关内容进行了大量的研究，但主要集中在新型经营主体的发展现状、培育对策、经济效益等方面；关于草原畜牧业现代化的研究，主要集中在传统草原畜牧业的生产经营困境及其成因、草原畜牧业现代化的内涵、实现路径及必要性等方面。而本书则通过梳理不同生产关系阶段（1947～1978 年，合作化、人民公社化时期；1979～1997 年，草畜双承包时期；1997～2007 年，"双权一制"时期；2007 至今，以合作经营为主的新型经营主体形成时期）中有关新型经营主体与科技创新融合发展的演进历程，分析新型经营主体成为草原畜牧业现代化新动能的作用机理，在此基础上，从生产管理智能化、产品营销网络化、社会服务平台化及科技投入多元化四个方面进一步分析新型经营主体是草原畜牧业现代化的载体的理论逻辑，加快科技创新，驱动畜牧业高质量发展，引领传统草原畜牧业的转型升级，助推现代草原畜牧业的实现，即把新型经营主体与草原畜牧业现代化的关系进行了更深入的挖掘与探讨，并填补了该领域的空白。

3. 基于新型经营主体的草原畜牧业现代化的发展模式

归纳总结了由生产资料"传统型"向"传统与现代结合型"发展、由劳动力"传统经验型"向"现代知识型"发展、由经营组织"个体单一型"向"联户合作型"发展、由草地利用"无控制型"向"控制型"发展、由产业功能"单纯产品生产型"向"多功能型"发展、由畜产品流通"单一型"向"多元型"发展的六种发展模式。因此，草原牧区选择何种路径不是一成不变的，而是根据自身特点，在因地制宜的基础上，科学、合理地选择相应的发展路径。

4. 传统草原畜牧业与现代草原畜牧业的有机融合

传统的不一定都是落后的，现代的也不一定都是先进的。不应盲目地完全接受传统草原畜牧业落后论的观点，而将其与现代草原畜牧业对立起来。无论传统还是现代，都应当建立在可持续发展理论之上，传统与现代的融合是否成功的判断标准是能否可持续、高质量发展。本书中的重要观点明确指出，要实现草原畜牧业的可持续发展，应当将传统草原畜牧业与现代草原畜牧业进行有机融合，逐渐形成游牧、轮牧的现代化，也就是将游牧、轮牧的思想理念与现代科学技术进行有效的互补与衔接，最大化地发挥现代草原畜牧业为经济、社会、生态、文化带来的高效益。

5. 新型经营主体的生产效率

新型经营主体在草原畜牧业的转型升级中发挥着关键作用。与传统的小牧户不同，新型经营主体具有经营规模大，现代科技要素投入和使用率高等优势，因此，生产效率也不同。以往文献中对于单一类新型经营主体生产效率的研究较多，但鲜有将不同新型经营主体之间的生产效率进行对比分析。本书通过对普通牧户、家庭牧场、合作社牧户、"合作社＋家庭牧场"这四者的生产效率对比分析后，得出普通牧户、合作社牧户、家庭牧场、"合作社＋家庭牧场"的生产效率依次递增的规律。因此，走合作化道路是提高生产效率的有效途径。基于此，今后新型经营主体的发展方向很有可能在建立完整的利益联结机制的基础上，更偏重以家庭牧场为主体组建合作社，通过培育此类稳健且生产效率高的新型经营主体，进而推进牧区经济向好发展。

6. 草原畜牧业现代化的建设方向

本书通过总结锡林郭勒盟草原畜牧业现代化发展的客观规律，即表现出以锡林浩特市为中心，距离市中心越远，草原畜牧业现代化发展程度越低的特征。进而归纳演绎出今后的草原畜牧业现代化建设方向应当以城镇化程度高的城市作为中心，通过辐射带动周边草原牧区，向周围输出具有绝对优势的资源禀赋的同时吸纳周边具有相对优势的生产要素，以此实现整体地域的草原畜牧业的均衡发展。

三、学术价值和应用价值，以及社会影响和效益

迄今为止，无论新型经营主体的研究还是草原畜牧业现代化的研究，基本停留在以对某一层面问题的定性研究为主，绝大多数研究集中在理论综述、宏观论述、现状描述、问题分析、对策探讨等方面，而全面、综合、系统分析与现代研究方法手段相结合的深入、实证研究尚属空白。本书采用现代研究方法、手段，在基于构建内蒙古自治区草原牧区新型经营主体的基础上，对草原畜牧业现代化的实现路径进行了较全面、综合、系统地分析研究，并得到了具有一定可操性、实用性的结论和成果。例如，从家庭承包经营体制、草原生态环境、自然气候变化影响、经营管理能力薄弱、组织化规模化滞后、标准化品牌化滞后、科技支撑体系薄弱、保障体系发展滞后等角度，较系统地阐述了新时代牧区草原畜牧业面临的困境；首次分别从经济机制、社会机制、文化机制、环境机制，以及组织管理机制、劳动分工机制、资源配置机制、利益分配机制、风险管理机制等方面详细分析了新型经营主体的形成及运行机制；采用 DEA 分析方法对家庭牧场和牧民合作社的生产效率进行分析的基础上，对不同新型经营主体的生产效率进行比较分析，再用具体典型案例加以实证分析，凝练出不同新型经营主体的生产效率高低，提出了发展新型经营主体的优先序和侧重点。采用层次分析法、熵值法对内蒙古自治区典型草原牧区的草原畜牧业现代化的发展进程进行全面深入地实证分析，探究并明确了草原牧区畜牧业现代化的发展规律，在此基础之上，率先归纳了基于新型经营主体的草原畜牧业现代化的发展路径，旨在为各地推进草原畜牧业现代化提供参考。这些研究成果在一定程度上较好地体现了其学术价值和实践应用价值，将会产生较好社会影响，乃至为牧区建设带来一定的经济、社会和生态效益。

参 考 文 献

[1] 马克思，恩格斯. 马克思恩格斯文集（第 7 卷）[M]. 北京：人民出版社，2009：1000.

[2] 阿德力汗·叶斯汗. 草原产权：新疆现代草原畜牧业的必然选择 [J]. 新疆社会科学，2006（5）：31－35.

[3] 阿德力汗·叶斯汗. 从游牧到定居 [M]. 乌鲁木齐：新疆人民出版社，2005.

[4] 安琪尔. 关于锡林郭勒盟新型农牧业经营主体的调查与思考 [J]. 内蒙古科技与经济，2015（12）：13－15.

[5] 敖仁其，艾金吉雅. 内蒙古牧区合作经济组织研究 [M]. 沈阳：辽宁民族出版社，2018.

[6] 敖仁其，额尔顿乌日图等. 牧区制度与政策研究——以草原畜牧业生产方式变迁为主线 [M]. 呼和浩特：内蒙古教育出版社，2009.

[7] 白音巴特尔，杨金花. 锡林郭勒盟依靠科技促进畜牧业发展的现状、问题及建议 [J]. 科学管理研究，1994（6）：26－29.

[8] 宝力道. 内蒙古牧民专业合作社发展现状及对策研究 [D]. 北京：中央民族大学，2013.

[9] 暴庆五. 草原生态经济协调持续发展 [M]. 呼和浩特：内蒙古人民出版社，1997.

[10] 布尔金，金东艳，赵娜，等. 新巴尔虎左旗草地畜牧业转型升级的 SWOT 研究 [J]. 中国农业资源与区划，2016（4）：93－99.

[11] 曹志涛．内蒙古畜牧业龙头企业带动模式管理中存在的问题及对策 [J]．阴山学刊，2009，22（5）：76 - 79.

[12] 常祺．青海省环湖牧区家庭牧场生产经营模式探讨 [J]．草业与畜牧，2006（7）：53 - 54，59.

[13] 陈共荣，沈玉萍，刘颖．基于 BSC 的农民专业合作社绩效评价指标体系构建 [J]．会计研究，2014（2）：64 - 70.

[14] 陈洁，方炎．论从传统草原畜牧业到现代畜牧业的转变 [J]．中国软科学，2003（6）：36 - 40.

[15] 陈明鹤．论新型农业生产经营主体：家庭农场 [J]．农村经济，2013（12）：42 - 45.

[16] 陈清明，马洪钧，谌思．新型农业生产经营主体生产效率比较——基于重庆调查数据的分析 [J]．调研世界，2014（4）：38 - 42.

[17] 陈伟生，关龙，黄瑞林，等．论我国畜牧业可持续发展 [J]．中国科学院院刊，2019，34（2）：135 - 144.

[18] 陈晓华．现代农业发展与农业经营体制机制创新 [J]．农业经济问题，2012，33（11）：4 - 6.

[19] 陈永富，孙美美，韩苏．论家庭农场与其他农业经营主体之间的关系 [J]．农村经济，2013（10）：33 - 35.

[20] 陈振平．发展合作社事业离不开第三种资源配置力量 [N]．光明日报，2013 - 05 - 19（007）.

[21] 谌种华，蒋海舲．供给侧改革背景下农业龙头企业的价值链优化策略 [J]．商业经济研究，2019（4）：109 - 111.

[22] 程智强，程序．农业现代化指标体系的设计 [J]．农业技术经济，2003（2）：1 - 4.

[23] 达林太，郑易生．牧区与市场：牧民经济学 [M]．北京：社会科学文献出版社，2010.

[24] 戴健，刘晓媛，苏武峥，等．现代畜牧业指标体系研究 [J].

农业技术经济，2007（2）：48 – 53.

[25] 但其明 . 发挥优势构建现代草原畜牧业 [J]. 农村经济，2003，9：54 – 55.

[26] 道尔吉帕拉木 . 集约化草原畜牧业 [M]. 北京：中国农业科技出版社，1996.

[27] 邓衡山，王文烂 . 合作社的本质规定与现实检视——中国到底有没有真正的农民合作社？[J]. 中国农村经济，2014（7）：15 – 26 + 38.

[28] 丁谦 . 内生增长理论对我国农业现代化的启示 [J]. 科技管理研究，2010，30（7）：216 – 218，223.

[29] 东主加 . 关于当前畜牧业生产和提高牧民收入的思考 [J]. 青海社会科学，2000（2）：48 – 50.

[30] 杜富林，鬼木俊次，小宫山博，等 . 东北亚畜牧业可持续发展 [M]. 呼和浩特：内蒙古人民出版，2011.

[31] 杜金萍 . 对生产力与生产关系之间的辩证关系的研究 [J]. 科技视界，2015（8）：206.

[32] 樊寒艺 . 新常态下农业龙头企业经营管理研究——以 T 企业为例 [D]. 南昌：江西师范大学，2016.

[33] 盖志毅 . 新牧区建设与牧区政策调整：以内蒙古为例 [M]. 沈阳：辽宁民族出版社，2011.

[34] 高翠玲 . 内蒙古草原畜牧业生产组织制度创新研究 [D]. 呼和浩特：内蒙古农业大学，2014.

[35] 根锁，杜富林，鬼木俊次，等 . 东北亚干旱地区可持续农牧业系统发展研究 [M]. 呼和浩特：内蒙古科学技术出版社，2009.

[36] 耿宁，李秉龙，乔娟 . 我国畜禽种业发展运行机理、现实约束与路径选择 [J]. 科技管理研究，2015，35（13）：71 – 75.

[37] 郭亮，刘洋 . 农业商品化与家庭农场的功能定位——兼与不同新型农业经营主体的比较 [J]. 西北农林科技大学学报（社会科学版），

2015, 15 (4): 87 - 91, 128.

[38] 韩旭东, 杨慧莲, 郑风田. 乡村振兴背景下新型农业经营主体的信息化发展 [J]. 改革, 2018 (10): 120 - 130.

[39] 郝益东. 草原天道: 永恒与现代 (修订版) [M]. 北京: 中信出版社, 2013.

[40] 胡胜平, 王文艺, 邱双, 付学文. 中国"畜牧业现代化"的一点调研和思考 [J]. 中国畜牧杂志, 2012, 48 (16): 53 - 55.

[41] 黄祖辉, 俞宁. 新型农业经营主体: 现状、约束与发展思路——以浙江省为例的分析 [J]. 中国农村经济, 2010 (10): 16 - 26, 56.

[42] 纪永茂, 陈永贵. 专业大户应该成为建设现代农业的主力军 [J]. 中国农村经济, 2007 (S1): 73 - 77.

[43] 姜法竹, 张涛, 王兆君. 效益型畜牧业评价指标体系的构建 [J]. 农业技术经济, 2007 (5): 93 - 98.

[44] 孔祥智, 穆娜娜. 实现小农户与现代农业发展的有机衔接 [J]. 农村经济, 2018 (2): 1 - 7.

[45] 孔祥智. 培育农业农村发展新动能的三大途径 [J]. 经济与管理评论, 2018, 34 (5): 5 - 11.

[46] 李凤艳. 新常态下农民专业合作社发展问题研究——以西丰县永得利蔬菜专业合作社为例 [J]. 农业经济, 2017 (5): 81 - 82.

[47] 李贵霖, 丁连生. 家庭牧场优化模式在甘南州的推广与实践效果评价 [J]. 草业科学, 2006 (9): 99 - 102.

[48] 李瑾. 基于畜产品消费的畜牧业生产结构调整研究 [D]. 北京: 中国农业科学院, 2008.

[49] 李学森, 张丽萍, 张学洲, 等. 新疆草原牧区家庭牧场建筑要求及标准 [J]. 新疆农业科学, 2008 (S3): 107 - 112.

[50] 李治国, 韩国栋, 赵萌莉, 等. 家庭牧场研究现状及展望 [J]. 草业学报, 2015, 24 (1): 158 - 167.

［51］李治国，张富贵，姚蒙，等.生产管理策略转变对荒漠草原家庭牧场草地植被特征的影响［J］.中国草地学报，2017，39（1）：105－110.

［52］李主其，修长柏，曹建民.新时期我国农业现代化道路研究［M］.北京：经济科学出版社，2013.

［53］力争2025年畜牧养殖机械化率达50%［J］.中国饲料，2019（22）：2－3.

［54］刘骏，张颖聪，艾靓.农牧民专业合作社的真伪之争：分歧的焦点与原因［J］.农业经济问题，2017，38（7）：16－23，110.

［55］刘铁铮.建设江苏现代畜牧业的对策述求［J］.畜牧与兽医，2009，41（1）：1－2.

［56］刘同山，崔红志，孔祥智.从"大包干"到现代农业发展：安徽凤阳县的经验与启示［J］.中州学刊，2019（10）：32－38.

［57］刘伟杰，王德忠，李永芳.生态学原理在现代畜牧业建设中的应用［J］.干旱区研究，2003（2）：156－159.

［58］刘文斌.美日农业合作社发展经验及对中国的启示［J］.辽宁大学学报（哲学社会科学版），2013，41（2）：76－81.

［59］陆文聪，张宁，西爱琴，等.浙江省现代畜牧业发展水平的基本判断及综合评价［J］.华南农业大学学报（社会科学版），2007（1）：10－16.

［60］路战远.新牧区建设科技发展战略研究［M］.北京：中国农业出版社，2011.

［61］吕萍，葛鹏飞.对甘肃牧民增收问题的再思考——基于草原畜牧产业链建设的视角［J］.甘肃社会科学，2014（3）：155－157.

［62］马彦丽，魏建，刘亚男.让组织化的家庭牧场成为奶牛养殖的中坚力量［J］.中国畜牧杂志，2014，50（22）：21－24.

［63］马有祥."十三五"规划解读：新常态下我国畜牧业发展战略

分析 [J]. 中国猪业, 2016, 11 (1): 16 – 21.

　[64] 孟丽, 钟永玲, 李楠. 我国新型农业经营主体功能定位及结构演变研究 [J]. 农业现代化研究, 2015, 36 (1): 41 – 45.

　[65] 孟园. 陕西省畜禽养殖专业大户的现状及可持续发展探讨 [J]. 西北农林科技大学学报 (社会科学版), 2013, 13 (4): 88 – 92, 97.

　[66] 浦华, 郑彦, 王济民. 我国畜牧业生产现状与发展建议 [J]. 中国农业科技导报, 2008 (1): 63 – 66.

　[67] 秦国伟, 卫夏青, 田明华. 农村土地流转后新型经营主体的经营绩效分析——基于安徽省 33 个县市的调查 [J]. 现代经济探讨, 2017 (12): 109 – 118.

　[68] 任继周, 侯扶江, 胥刚. 放牧管理的现代化转型——我国亟待补上的一课 [J]. 草业科学, 2011, 28 (10): 1745 – 1754.

　[69] 任智慧, 刘俊盈, 赵运良. 基于乡村振兴目标导向的畜牧业发展模式探讨 [J]. 家畜生态学报, 2019, 40 (11): 83 – 85.

　[70] 萨础日娜. 内蒙古牧区经营方式之变革: 联户、合作、家庭牧场与股份公司 [J]. 干旱区资源与环境, 2017, 31 (12): 56 – 63.

　[71] 石娇, 刘显军. 从欧洲畜牧业现状谈中国畜牧业发展趋势 [J]. 畜牧与兽医, 2005 (1): 12 – 14.

　[72] 宋辉. 利益相关者视角下的科技创新领域公私合作 (ppp) 模式构建研究 [J]. 科学管理研究, 2019, 37 (2): 146 – 151.

　[73] 苏德斯琴著. 草场网围栏与草原畜牧业 [M]. 呼和浩特: 内蒙古科学技术出版社, 2017.

　[74] 塔布斯克·巴依朱马. 新疆阿勒泰地区畜牧业向现代化转变的几点思考 [J]. 中国畜牧杂志, 2011, 47 (18): 31 – 34.

　[75] 塔娜, 图雅. 草原牧区绿色发展现状及对策研究——以典型牧区内蒙古正蓝旗为例 [J]. 黑龙江畜牧兽医, 2017 (20): 64 – 68.

　[76] 谭爱花, 李万明, 谢芳. 我国农业现代化评价指标体系的设计

[J]. 干旱区资源与环境, 2011, 25 (10): 7-14.

[77] 田艳丽, 修长柏. 牧民专业合作社利益分配机制的构建——生命周期视角 [J]. 农业经济问题, 2012, 33 (9): 70-76, 111-112.

[78] 图雅, 文明. 内蒙古构建新型农牧业经营体系的迫切性及经营主体现状——培育新型经营主体视角 [J]. 前沿, 2015 (5): 66-69.

[79] 图雅. 我国牧民消费问题实证研究 [M]. 呼和浩特: 内蒙古教育出版社, 2012.

[80] 汪发元. 中外新型农业经营主体发展现状比较及政策建议 [J]. 农业经济问题, 2014, 35 (10): 26-32, 110.

[81] 王纯礼. 牧民定居对实现畜牧业现代化的意义研究 [J]. 世界农业, 2013 (5): 143-145.

[82] 王国刚, 杨春, 王明利. 中国现代畜牧业发展水平测度及其地域分异特征 [J]. 华中农业大学学报 (社会科学版), 2018 (6): 7-13, 150-151.

[83] 王济民, 谢双红, 姚理. 中国畜牧业发展阶段特征与制约因素及其对策 [J]. 中国家禽, 2006 (8): 6-11.

[84] 王济民. 国外畜牧业发展模式及启示 [J]. 中国家禽, 2012, 1: 2-6.

[85] 王建连, 张邦林, 贺春贵. 甘肃省草食畜牧业发展现状及生态循环发展措施 [J]. 中国农业资源与区划, 2019, 40 (10): 201-207.

[86] 王明利, 王济民, 申秋红. 畜牧业增长方式转变: 现状评价与实现对策 [J]. 农业经济问题, 2007 (8): 49-54, 111.

[87] 王明利. 改革开放四十年我国畜牧业发展: 成就、经验及未来趋势 [J]. 农业经济问题, 2018 (8): 60-70.

[88] 王明利. 转型中的中国畜牧业发展研究 [M]. 北京: 中国农业出版化, 2012.

[89] 王思再, 李亚力, 李刚. 加快现代畜牧业建设的对策思考——

以黑龙江省为例 [J]. 中国畜牧杂志，2011，47（12）：22-24.

[90] 王万江，解安. 国外农业合作社发展模式比较及启示 [J]. 天津行政学院学报，2017，19（1）：81-86，2.

[91] 王新媛，邵曙光. 内蒙古农牧民专业合作社发展方向研究 [J]. 内蒙古科技与经济，2019（1）：22，26.

[92] 王雁秋. 以龙头企业为核心发展现代畜牧业 [J]. 农村养殖技术，2007（11）：7.

[93] 王征兵. 论新型农业经营体系 [J]. 理论探索，2016（1）：96-102.

[94] 文明，吉雅，布仁吉日嘎拉. 新型草原畜牧业经营主体发展现状及对策研究——以内蒙古牧区培育新型经营主体为例 [J]. 黑龙江畜牧兽医，2016（7）：1-5.

[95] 翁贞林，阮华. 新型农业经营主体：多元模式、内在逻辑与区域案例分析 [J]. 华中农业大学学报（社会科学版），2015（5）：32-39.

[96] 乌云嘎. 草原家庭承包制实施的经济绩效研究 [D]. 南京：南京大学，2016.

[97] 吴晨. 不同农业经营主体生产效率的比较研究 [J]. 经济纵横，2016（3）：46-51.

[98] 西奥多·W. 舒尔茨. 改造传统农业 [M]. 北京：商务印书馆，1987.

[99] 希乐木格. 内蒙古自治区农牧民专业合作社发展研究 [J]. 商，2016（15）：71-71.

[100] 锡琳塔娜，白景武. 从传统畜牧业向现代畜牧业过渡的有效形式——关于"畜牧业生产模式化技术"的调查与思考 [J]. 科学管理研究，1995（6）：21-23.

[101] 现代畜牧业课题组. 国外建设现代畜牧业的基本做法及我国现代畜牧业的模式设计 [J]. 中国畜牧杂志，2006（20）：24-28.

[102] 现代畜牧业课题组. 我国建设现代畜牧业的经济社会背景、基本特征及当前存在的问题 [J]. 中国畜牧杂志, 2006 (18): 21 –26.

[103] 谢杰, 李鹏, 包荣成. 现代畜牧业转型升级机制和路径选择——基于"互联网＋"畜牧业模式的分析 [J]. 中国畜牧杂志, 2016 (10): 43 –48.

[104] 辛岭, 蒋和平. 我国农业现代化发展水平评价指标体系的构建和测算 [J]. 农业现代化研究, 2010, 31 (6): 646 –650.

[105] 秀英. 风险管理视角下的草原畜牧业科技创新探讨 [J]. 科学管理研究, 2012, 30 (2): 83 –86.

[106] 徐矶, 李易方. 当代中国的畜牧业 [M]. 北京: 当代中国出版社, 1991.

[107] 徐星明, 杨万江. 我国农业现代化进程评价 [J]. 农业现代化研究, 2000 (5): 276 –282.

[108] 徐雪高, 张照新, 郑微微. 农业产业化龙头企业转型升级的现状、问题与对策 [J]. 江苏农业学报, 2017, 33 (4): 951 –957.

[109] 徐贻军, 任木荣. 湖南现代农业评价指标体系的构建及测评 [J]. 湖南农业大学学报 (社会科学版), 2008 (4): 38 –44.

[110] 杨仕芳. 高标准家庭牧场建设值得提倡 [J]. 中国畜牧杂志, 2000 (1): 52.

[111] 杨婷婷, 丁路明, 齐小晶. 不同草地所有权下家庭牧场生产效率比较分析 [J]. 生态学报, 2016, 36 (5): 1360 –1368.

[112] 杨威, 杜富林. "七个一" 生态家庭牧场经营模式研究——以新巴尔虎左旗为例 [J]. 现代经济信息, 2013 (19): 414.

[113] 杨振海, 张富. 建设现代草原畜牧业促进牧区又好又快发展 [J]. 中国畜牧业, 2011 (22): 13 –15.

[114] 杨振海. 畜牧业应为农业农村经济平稳较快发展做出更大贡献 [J]. 中国畜牧杂志, 2009, 45 (2): 15 –17.

[115] 杨宗，熊凤水．专业大户培育研究 [J]．湖北经济学院学报（人文社会科学版），2018（4）：31-33.

[116] 叶晖．加快发展畜牧业，促进农业结构战略性调整 [J]．中国畜牧兽医，2008（2）：158-159.

[117] 易晓峰．西部马铃薯合作社技术效率研究 [D]．北京：中国农业科学院，2015.

[118] 于桂华，艾景利，格日勒，等．现代畜牧业的内涵及特征浅析 [J]．内蒙古民族大学学报，2011，2：77-78.

[119] 于健南，王玉蓉，王广深．农业龙头企业技术创新扶持政策的作用机制及启示 [J]．科技管理研究，2015，35（23）：15-19.

[120] 泽柏．川西北牧区家庭牧场优化模式研究示范阶段总结 [J]．四川草原，1998（4）：2-9.

[121] 张成虎．畜牧业生产方式的转变与低碳经济的关联性探析 [J]．中国牧业通讯，2011（6）：43-45.

[122] 张春花，吴春华，王洋，等．大连市农业现代化进程评价研究 [J]．辽宁师范大学学报（自然科学版），2004（3）：339-343.

[123] 张涵．内蒙古家庭牧场的发展研究——以克什克腾旗同兴镇家庭牧场为例 [J]．产业与科技论坛，2017，16（1）：30-31.

[124] 张红宇．中国现代农业经营体系的制度特征与发展取向 [J]．中国农村经济，2018（1）：23-33.

[125] 张立中．中国草原畜牧业发展模式研究 [M]．北京：中国农业出版社，2004.

[126] 张梅，余志刚．农民专业合作社法修订背景及修法思考 [J]．农业经济，2016（12）：54-56.

[127] 张明林，刘克春．我国农业龙头企业绿色品牌"局部化"战略的现状、动机、问题与对策 [J]．宏观经济研究，2012（8）：97-103.

[128] 张荣霞，史晓丹，张艳青．基于熵值法的我国三大城市群房地

产投资环境综合评价 [J]. 管理现代化, 2013 (3): 19 – 21.

[129] 张瑞琴. 推进畜牧业科技创新, 促进现代畜牧业发展 [C]// 中国畜牧兽医学会养羊学分会. 中国畜牧兽医学会养羊学分会全国养羊生产与学术研讨会议论文集. 中国畜牧兽医学会养羊学分会: 中国畜牧兽医学会养羊学分会, 2010: 125 – 127.

[130] 张瑞荣, 方园, 李直, 牧户加入牧民专业合作社的影响因素研究——以内蒙古自治区为例 [J]. 中央民族大学学报 (哲学社会科学版), 2018 (2).

[131] 张硕辅. 专业大户和农民合作社正在成为推进现代农业发展的生力军——对祁阳县专业大户和农民合作社的调查与思考 [J]. 湖南农业科学, 2013 (18): 1 – 3.

[132] 张晓庆, KEMP David, 马玉宝, 等. 冬春季暖棚舍饲对母羊体重损失及产羔性能的影响 [J]. 草业学报, 2017, 26 (6): 203 – 209.

[133] 张秀生, 单娇. 加快推进农业现代化背景下新型农业经营主体培育研究 [J]. 湘潭大学学报 (哲学社会科学版), 2014, 38 (3): 17 – 24.

[134] 张照新, 赵海. 新型农业经营主体的困境摆脱及其体制机制创新 [J]. 改革, 2013 (2): 78 – 87.

[135] 赵慧峰. 中国农民专业合作经济组织发育规律及运行机制研究 [D]. 保定: 河北农业大学, 2007.

[136] 郑林. 关于农民专业合作社发展问题的几点认识 [J]. 调研世界, 2012 (9): 32 – 35.

[137] 钟钰, 陈金波. 农户对不同类型农业产业带动模式选择——基于一个博弈理论模型 [J]. 农业现代化研究, 2016, 37 (6): 1107 – 1113.

[138] 朱继东. 新型农业生产经营主体生产效率比较研究——基于信阳市调研数据 [J]. 中国农业资源与区划, 2017, 38 (2): 181 – 189.

[139] Alvarez A, Arias C. Technical efficiency and farm size: a condi-

tional analysis [J]. Agricultural Economics, 2004, 30 (3): 241 – 250.

[140] Amano T, Kusumoto Y, Okamura H, etal. A macro-scale perspective on within-farm management: how climate and topography alter the effect of farming practices. Ecology letters, 2011, 14: 1263 – 1272.

[141] Anne Booth & R. M. Sundrum. Labour Absorption in Agriculture [M]. New York: Oxford University Press, 1985.

[142] Ariff, M. H. , Ismarani, I. , &Shamsuddin, N. (2014). RFID based systematic livestock health management system. 2014 IEEE Conference on Systems, Process and Control (ICSPC 2014).

[143] Asmild M, Baležentis T, Hougaard J L. Multi-directional productivity change: MEA – Malmquist [J]. Journal of Productivity Analysis, 2016, 46 (2 – 3): 109 – 119.

[144] Asraul Hoque. Farm size and economic-allocative efficiency in Bangladesh agriculture [J]. Applied Economics, 1988, 20 (10): 1353 – 1368.

[145] Baležentis T. Stochastic production frontier for the Lithuanian family farms [J]. Journal of Business Economics & Management, 2016, 17 (2): 283 – 298.

[146] Bengtsson J, Ahnstrom, Weibull A C, The effects of organic agriculture on biodiversity and abundance: a meta-analysis. Journal of Applied Ecology, 2005, 42: 261 – 269.

[147] Bravo – Ureta B E, Solís D, López V H M, et al. Technical efficiency in farming: a meta-regression analysis [J]. Journal of Productivity Analysis, 2007, 27 (1): 57 – 72.

[148] Carr A, Kariyawasam A, Casil M. A study of the organizational characteristics of successful cooperatives [J]. Organization Development Journal, 2008, 26 (Spring).

[149] Davis J H, Goldberg R A. A Concept of Agribusiness [J]. Journal

of Marketing, 1957, 22 (2): 221.

[150] Francois Quesnay. Reprints of economic classics University of Sydney [J]. Department of Economics, 1983 (31): 42 – 48.

[151] García – Martínez, A. , Rivas – Rangel, J. , Rangel – Quintos, J. , Espinosa, J. , Barba, C. , &de – Pablos – Heredero, C. AMethodological Approach to Evaluate Livestock Innovations on Small – Scale Farms in Developing Countries. Future Internet, 2016, 8 (4): 25.

[152] Goldberg J J, Kunkel J R, Pankey J W, et al. Improving milk quality and animal health through efficient pasture management. [J]. Journal of Dairy Science, 1990.

[153] Han G D, Qin – Fen L I, Wei Z J, et al. Response of Intake and Liveweight of Sheep to Grazing Systems on a Family Ranch Scale [J]. Scientia Agricultura Sinica, 2004, 37 (5): 744 – 750.

[154] Hennessy D A, Lawrence J D. Contractual Relations, Control, and Quality in the Hog Sector [J]. Review of Agricultural Economics, 1999, 21 (1): 52 – 67.

[155] Hole D G, Perhins A J, Wilson J D, etal. Does organic farming benefit biodiversity. Biological Conversation, 2005, 112: 113 – 130.

[156] Khandi S A, Mandal G M K, Hamdani S A. Knowledge level of Gujjars about modern animal husbandry practices. [J]. Environment & Ecology, 2010, 28: 1257 – 1260.

[157] Letourneau D K, Bothwell S G. Comparison of organic and conventional farms: challenging ecologists to make biodiversity functional. Frontiers in Ecology and Enviroment, 2008, 6: 430 – 438.

[158] RenÉ M, Francis D. Structures, strategies, and performance of EC agricultural cooperatives [C]. 1996: 265 – 275.

[159] Sen A. An Aspect of Indian Agriculture [J]. Economic Weekly,

1962（14）：243 - 246.

［160］ ŠtefanBojnec，Latruffe L. Measures of farm business efficiency ［J］. Industrial Management & Data Systems，2008，108（2）：258 - 270.

［161］ Thomson E F，Bahhady F A，Nordblom T L，et al. A model-farm approach to research on crop-livestock integration—Ⅲ. Benefits of crop-livestock integration and a critique of the approach ［J］. Agricultural Systems，1995，49（1）：31 - 44.

后　　记

现阶段，草原畜牧业正处于由传统畜牧业向现代草原畜牧业转型升级的关键时期。草原畜牧业现代化是由现代科技成果武装，与现代科技要素有机融合为一体的过程。草原畜牧业既是牧区经济的主体，也是我国畜产品的重要来源，还是牧民的主要生计来源。然而，当前草原畜牧业仍然面临着体制机制、草原生态、气候变化、经营管理、人才科技、组织化、规模化、标准化、品牌化，以及保障体系等诸多困境。为缓解这一困境，大量的新型草原畜牧业经营主体不断涌现，畜产品产量大幅增加，畜产品质量显著提升，牧区畜牧业经济得到快速增长。构建新型经营主体是新时代实施乡村振兴战略的根本要求，也是促使我国早日快速实现草原畜牧业现代化的重要举措。对于加快现代草原畜牧业的建设，增强草原牧区经济发展活力具有极其重要的现实意义。那么，如何实现新型经营主体与草原畜牧业现代化的有机衔接，却有很多不同的观点和认识。因此，我们怀着探求真理、振兴牧区的愿望，运用马克思主义的立场、观点与科学的方法和习近平新时代中国特色社会主义思想探究可行方案。这就是我们从事这个课题研究以及出版这部书的初衷。

我们深知从事这一课题研究的重要性、紧迫性和挑战性。坦率地说，"新型牧区畜牧业经营主体构建与草原畜牧业现代化研究"这一课题于2015年6月得到了国家社科基金项目资助以来，我们倾尽大部分精力在课题研究上。经过多次田野调查，课题组在收集整理了近20年来关于新型经营主体与草原畜牧业现代化研究文献基础上，对内蒙古自治区阿拉善盟、赤峰市、锡林郭勒盟与呼伦贝尔市等典型牧区进行了深入调研。调研中掌握的情况证实了上述观点在很多地区的普适性。

在深入牧区的调研基础上，课题组多次召开学术讨论会议，进行"头脑风暴"，针对课题的逻辑框架、各章节内容安排进行了充分的讨论与修改。对于课题组内的不同看法和学术界有代表性的观点，充分交换了意见，最终达成共识。在本书的撰写过程中，多次进行反复修改，常常针对某一细节字斟句酌，期望通过本书传递出精准科学的观点。我们深深感到，从客观实际出发，开展自由的学术探讨，使我们受益匪浅。

本书是课题组共同劳动和集体智慧的结晶，尽管笔者在整个课题研究中从设计、讨论、调研，到书稿各章逻辑布局、写作、修改等各个环节，可谓是呕心沥血，但可以说，没有科研团队的辛勤劳作，本书就不可能有今天的面貌。诚然，本书的顺利完成受益于课题组各成员长期的学术积累、不懈探索、立足前沿与团队凝聚力。

值得强调的是，本课题得以顺利完成，同内蒙古自治区许多牧区的鼎力协助是分不开的。借此结稿之际，谨代表课题组衷心感谢锡林郭勒盟、阿拉善盟、呼伦贝尔市和赤峰市农牧局等相关部门在资料收集和调研过程中提供的帮助。本书得以出版，还要特别感谢国家社科规划办、内蒙古社科规划办、内蒙古农业大学科技处和经济管理学院、内蒙古畜牧业经济研究基地、内蒙古农村牧区发展研究所的大力支持和帮助。在课题资料收集过程中，新疆畜牧科学院畜牧业经济与信息研究所研究员李捷、青海省农业农村厅研究员罗增海、青海省海西蒙古族自治州农牧局信息中心罗青宝提供了许多写作素材；在课题成果形成过程中，我的博士研究生宋良媛、王慧、永梅、尹光宇和硕士研究生张亚茜、迟琳、马文倩、范振耀做出了贡献；在课题成果的预评过程中，内蒙古社会科学院副院长包思勤研究员、内蒙古社科联副主席朱晓俊研究员、内蒙古党委宣传部出版印刷处戚向阳处长、内蒙古师范大学民族学人类学学院包玉山教授的给予大力帮助。在此，一并向对本课题开展和该书出版提供帮助的专家和个人表示感谢。最后衷心感谢课题组每一位成员，正是你们将科研当作信仰，始终保持不懈努力和探求真理的初心，化为翰墨，凝结在此书的字里行间。

本书在写作过程中，参阅了国内有关著作和论文，借鉴了专家学者们的研究成果。有的章节还直接引用了相关的资料、数据和结论。书中所列参考文献可能未能全面注明出处的，敬祈海涵并向原文作者深表谢意。

由于时间紧和水平所限，课题组对我国广袤草原牧区正在发生的日新月异的变革还在进一步认识的过程中。书中难免有错误和纰漏，恳请专家、同仁和读者批评指正。这绝不是形式的套语，而是真诚的期待！

杜富林

2021 年 9 月